本专著获国家社会科学基金项目(16BGL035) 资助

詹湘东 ◎ 著

知识生态化视阈下
创新生态系统演进范式
与治理机制研究

中国财经出版传媒集团

经济科学出版社

Economic Science Press

图书在版编目（CIP）数据

知识生态化视阈下创新生态系统演进范式与治理机制
研究/詹湘东著 . -- 北京：经济科学出版社，2023.2
　　ISBN 978 - 7 - 5218 - 4560 - 0

　　Ⅰ. ①知…　Ⅱ. ①詹…　Ⅲ. ①技术革新 - 生态系 - 研
究　Ⅳ. ①F062.4

中国国家版本馆 CIP 数据核字（2023）第 032778 号

责任编辑：程辛宁
责任校对：孙　晨
责任印制：张佳裕

知识生态化视阈下创新生态系统演进范式与治理机制研究

詹湘东　著

经济科学出版社出版、发行　新华书店经销
社址：北京市海淀区阜成路甲 28 号　邮编：100142
总编部电话：010 - 88191217　发行部电话：010 - 88191522
网址：www. esp. com. cn
电子邮箱：esp@ esp. com. cn
天猫网店：经济科学出版社旗舰店
网址：http://jjkxcbs. tmall. com
固安华明印业有限公司印装
710×1000　16 开　18.25 印张　320000 字
2023 年 2 月第 1 版　2023 年 2 月第 1 次印刷
ISBN 978 - 7 - 5218 - 4560 - 0　定价：98.00 元
（图书出现印装问题，本社负责调换。电话：010 - 88191581）
（版权所有　侵权必究　打击盗版　举报热线：010 - 88191661
QQ：2242791300　营销中心电话：010 - 88191537
电子邮箱：dbts@ esp. com. cn）

前　　言

　　从线性创新思维到创新生态系统理念，是创新范式的重大变革与演进。创新生态系统是创新范式演变历程中一次重大的跃进，尽管数字化时代的来临将会再次推动新的创新理论与创新范式涌现，但创新生态系统与时俱进的理论创新让其无疑还是创新管理研究中的重要议题。一方面，创新生态系统结构、演变规律和治理的复杂性给理论与实践研究带来了不少挑战。尽管现有研究已采取多种研究方法，切入多种研究视角，但创新生态系统的研究依然还存在不少亟待深度挖掘的问题。而且，由于方法、样本和研究背景的差异，已有研究在结论上也存在一些争议。但正是因为目前面临着一些挑战和存在亟须推进研究的领域，让创新生态系统这一议题不断吸引着学术界的持续关注。另一方面，以大数据、人工智能和云计算等数字技术为基础，数字化创新以及数字技术带来的创新模式变化使得创新生态系统在系统结构和关系演变上呈现出更多的表现形态。在理论创新上，创新生态系统的概念、独有特性、测量维度与绩效指标等还存在亟须进一步衍生的研究问题和深度拓展的研究范畴。实践应用方面，由于数字创新在创新主体、要素、流程和组织形式上呈现出一系列的新特征，导致创新的不确定性因素影响力越来越大，规避创新不确定性的方法探索更为复杂，应用创新管理领域传统的创新理论解释这些新的实践现象已存在挑战。人们开始意识到，创新生态系统演进与治理中的新现象、新问题需要有与之匹配的新的理论创造与涌现。

　　知识是创新生态系统的基本要素，无论创新生态如何演变与进化，创新生态的根本运行规律是知识的创造与应用。本研究吸纳且根基于知识生态和创新生态系统研究既有的理论与实践成果，借鉴知识生态理论、创新生态系统理论、知识生态系统理论和知识管理理论等理论观点，基于知识生态化的视角，首先进行文献综述和观点述评，提出创新生态系统知识生态化的认知，分析创新生态系统知识生态化的基因与架构，并采取演化博弈模型研究了知识生态对创新生态系统演化的影响。在此基础上，用整体网分析方法对知识生态系统与创新生态系统的关系进行研究提炼，提出了创新生态系统演进范式的解析观点。最后，采用案例分析和计量统计分析的方法研究了创新生态系统的知识治理问题，并根据整体网分析、演化博弈分析、案例分析和定量分析的结果对创新生态系统治理提出了政策建议。

研究以解答三个关键问题为线索展开：一是分析判定创新生态系统知识生态化的内涵与架构；二是证实知识生态系统与创新生态系统之间的关系并就创新生态系统的演进进行研究和理论解释；三是探讨创新生态系统的治理以及相应的政策建议。

研究得到的结论如下：

第一，基于知识生态化视角，采取定性与定量相结合的方法加强创新生态系统组织结构、演进范式与治理机制等问题的研究是契合实践发展需要和理论创新需求的科学可行的课题。为了确定知识生态化视角研究创新生态系统的可行性，本研究分别从创新生态系统、知识生态、知识生态系统、知识生态与创新生态系统、数字创新与数字化创新生态等五个方面对现有文献进行了梳理和述评。文献研究发现，从知识生态和知识生态系统的角度，探寻创新生态系统的结构、演变、治理和绩效是个很有意义的研究。各学者用不同的理论框架展开了不同内容的研究，得到不同的结论，有些研究对于该问题的深度研究非常具有参考价值。同时也说明，基于知识生态化视阈研究创新生态系统的演进范式与治理机制是一个科学可行的课题，当然也是个有挑战的研究。随着数字创新模式的兴起，创新生态系统发展出的新形式、新业态给该课题的研究带来了更多挑战，也充满更多乐趣，当然也具有更大的理论与实践意义。

第二，在解析创新生态系统知识生态化理念的基础上，提出了创新生态系统知识生态化基因概念，从成员角色、知识基因、知识基础和知识域等四个方面阐释了知识生态化基因内涵。进一步，还指出了结构、成分、功能和行为是创新生态系统的内部要素，而外部要素则包括市场、网络、社会和基础设施等。在融合知识生态化基因、内部要素和外部要素的基础上，提出了创新生态系统知识生态化架构的概念，并构建了架构图。基于演化博弈理论，采用演化博弈模型，设计基于知识生态的知识供给和需求关系结构，分析了知识供给和需求方合作策略选择博弈对创新生态系统演化的影响。研究结果表明，合作策略是知识供需博弈方主要的选择策略，但是众多因素会影响博弈方最终的策略选择。合作成本的增加以及博弈方所占比例系数的增加会降低合作意愿，知识需求方的敏感性要强于知识供给方。合作收益及博弈方所占比例对合作概念的影响是正向的。比例系数越小，知识供给方的合作意愿要强于知识需求方。在一方合作、一方非合作的非对称合作情境下，会产生"搭便车"现象。也就是说，采取合作策略一方的知识外溢并不会提升非合作方的合作意愿。违约金的增加会降低知识供需双方放弃合作的意愿，应建立非合作的违约金赔偿奖惩机制，以减少"搭便车"现象的影响。

第三，高校和科研机构在知识生态系统和创新生态系统中都属于高中心度节点，高校既是高中心度节点，同时也是知识流动的关键节点。内嵌式的知识生态系统是创新生态系统演进的重要驱动力，两者基于组织外部知识网络形成耦合。现有研究中，有文献提出创新生态系统包含了知识生态系统，或是知识生态系统并不能驱动以大企业为主导的商业生态系统发展的结论。用整体网分析方法研究了知识生态系统与创新生态系统的关系，通过采用我国四个省域的区域创新数据，以区域层面的知识生态系统和创新生态系统数据为样本分别对四个省域的两类生态系统结构模型和网络中心度进行分析，同时计算了度数中心度、中间中心度和接近中心三个网络中心度指标。研究结果发现：知识生态系统中处于关键"基石"的成员——高校和研发机构，在创新生态系统中也同样承担着关键角色的作用，尤其是高校，它是创新生态系统中中心度最大的关键角色。尽管不同区域的结构模型图只存在细微差别，但是网络中心度指标之间的差别足以判断：知识供给与需求规模、知识交易量的大小等知识活动因素是创新生态系统结构、系统成员关系演变的关键影响指标。创新生态系统的演进与知识生态系统有关，与知识创造和流动节点有关，演进的方向和路径受到知识活动指标规模大小的影响。

第四，创新生态系统知识治理的重要元素——成员间知识获取、知识合作和知识交易等知识活动对成员的创新产出产生重要影响，应通过机制设计与制度安排有针对性地加强创新生态系统治理的政策体系建设，提升创新生态系统整体的创新水平。创新生态系统的知识治理需明确治理的主体以及治理过程所遵循的机制，一是要挖掘不同层次创新生态系统的治理逻辑，发掘其逻辑共性，二是需解析治理机制所承载的知识活动实践和关系。本研究采用企业、产业和区域三个层面的创新生态系统案例，基于扎根理论研究用**NVIVO**软件对案例素材进行数据编码和分词处理。分别构建了三个不同层次创新生态系统基于"创新生态－演化驱动－治理机制"三个核心范畴组成的理论框架，并提出了企业、产业和区域层次创新生态系统治理的研究结论。以创新生态系统的知识活动为自变量，创新生态系统创新绩效为因变量，以我国规模以上工业企业与外部机构的知识交互数据为样本，采用计量经济模型分析了自变量对因变量的影响关系。研究发现：以国内技术引进为主的知识获取、企业与高校和科研机构的知识合作、以技术合同形式承载的国内外技术市场交易对创新生态系统创新绩效存在正向作用。工业企业引进国外技术的行为对创新生态系统创新绩效并无明显正向作用，这对于创新生态系统的治理有着重要的实践意义，表明技术获取之后技术的转化吸收才是形成自主创新能力的根本。定量分析的结果与整体网分析的结果也形成呼应，印证了两类研究方法所研究问题的科学意义。

与已有研究相比，本研究的研究进展和创新之处包括：

第一，提出新的研究视角，利用知识生态学理论，剖析创新生态系统演进和治理的规律和机制，为创新生态系统的研究提供一个新的研究视角，同时也是一种新的研究范式的拓展。

创新生态系统的演进呈现的是复杂化多脉络的规律。通过文献梳理来看，学术界多从系统结构以及系统成员关系机理和运行机制等角度探讨创新生态系统的演进，但演进的驱动力及演进规律和路径亟待进一步的深度探讨。此外，创新生态系统治理的研究文献不多，已有的结论所提出的治理机制和方法缺乏针对性。本研究发现，大学作为公共知识的主要生产者，基础研究的主要基地，知识流动的重要节点，是创新生态系统的重要组成部分。与其他主要的知识生产机构一起，大学等机构能形成一个基于知识价值创造与实现的知识生态系统。本研究这种新的而又切中重要界面的研究视角，抓住了创新生态系统创新行为的本质以及创新生态化演化的实质是知识生态化的要点，对准确分析知识生态系统与创新生态系统关系，研究知识生态如何驱动创新生态系统演进具有重要的创新意义。尽管知识生态化视角研究创新生态系统有一些难度，但是立足该视角能准确契合创新生态系统的特点，是一种新的有效的研究推进。

　　第二，采用了新的研究方法，采用整体网分析方法研究创新生态系统，突破创新生态系统的研究范式，通过方法的创新达到研究对象与研究目的的契合。

　　国内外现有关于创新生态系统的研究主要采用案例分析等定性研究方法，以及模拟仿真模型进行共生演化等问题的研究，或基于已有文献的综述研究，较少采用统计分析等实证研究方法。对于创新生态系统的内在演化动力，多数据来源的对比还缺乏相关的研究。由于创新生态系统借用了生态学中种群演化的研究理论，对生态系统的结构解剖是研究中的一大难题。本研究采用整体网分析方法，通过结构模型图分析、网络中心度等指标计算的方法，剖析知识生态系统与创新生态系统的关系，发掘系统的关键节点和高中心度成员，用以解释创新生态系统演进的驱动力，解剖创新生态系统的成长递进关系及演进路径。本研究采用整体网分析方法，在方法论上扩展了现有创新生态系统研究的统计分析模型。

　　第三，提出新的研究理念与逻辑关系，拓展了知识生态和创新生态理论的研究范畴。已有学者对知识生态与创新生态系统、知识生态系统与创新生态系统以及商业生态系统的关系在理论上进行了阐述和总结。但基于案例的分析或基于有限指标变量的研究还无法满足对创新生态系统演进与治理广度和深度的理解，有定量分析则发现与研究逻辑不一致的结论。本研究提出创新生态系统知识生态化的新理念，对该理念进行了系统的诠释，构建了一种新的逻辑架构。

　　基于知识学理念，本研究解析了创新生态系统的认知挑战，提出创新生态系统知识生态化认知视角的内容：创新主体的知识分布、创新行为的知识互动、创新地位的知识竞争和创新能力的知识演化。提出了创新生态系统知识生态化的概念，并从本质、实质、特性和机理等四个方面阐释了其内涵。提出创新生态系统知识生态化基因、内部要素和外部要素，构建了创新生态系统知识生态化架构。提出了基于知识生态化视角探究创新生态系统演进与治理的研究逻辑框架，为解释"知识生态化如何影响创新生态系统的治理效率进而促进系统效率增长"这一命题开拓了新的逻辑思路，从而丰富了创新生态系统演化发展理论，拓展了创新生态系统结构、成长与治理等理论研究范畴。基于知识供需关系结构的逻辑框架，采用演化博弈模型研究了知识生态视角下知识供给和需求方博弈策略选择对创新生态系统演化的影响路径。

这一研究逻辑不仅推动了演化博弈模型在创新生态系统研究中的创新性应用，而且也揭示了创新生态系统成员合作创新的多种机制及重要的影响因素。

第四，就创新生态系统知识治理研究，提出新的研究方法体系与研究框架。已有文献中涉及创新生态系统治理的研究不多，一些文献采用案例分析等方法探讨了创新生态系统知识治理的问题，但是研究结论针对性不够，可借鉴成果缺乏。

本研究系统论述了创新生态系统知识治理的理论基础与认知概念，通过案例研究提出了创新生态系统治理研究的"创新生态－演化动力－治理机制"理论逻辑框架。用计量经济模型实证分析了创新生态系统成员之间的知识活动对创新生态系统创新绩效的影响。通过研究结果发掘有价值的结论，针对结论提出了创新生态系统知识治理的观点。并在研究总结部分，提出了加强创新生态系统治理的政策建议。新的研究框架延伸了知识生态与创新生态系统的研究空间，挖掘了创新生态系统知识治理涉及的重要因素，归纳总结了创新生态系统治理的基本规律，推动了创新生态系统研究的进一步深入。

在政策建议方面，结合企业、产业、区域创新以及数字创新等实践，从深化政府的创新治理机制改革、引导企业创新生态系统培育、发挥高校和科研机构的支柱作用、强化产业创新生态体系治理服务能力、提升区域创新生态系统治理水平和效应以及推动数字经济时代创新驱动发展战略的深度实施等方面提出了针对性强、目标明确的政策措施与建议。

综上所述，本研究具有视角契合、多种方法融合的特色。理论上，通过识别创新生态系统研究范式的新变化，提出并解析了创新生态系统知识生态化的基因、内外要素以及架构等理论观点，为研究不同层次创新生态系统的演进范式与治理机制提供了一个新的开放性解释框架，发掘了创新性的理论成果，达到完善现有创新生态系统理论，丰富知识管理和创新管理理论的目标。研究方法方面，综合采用了定性和定量等多种方法的混合研究，突破已有研究方法和逻辑框架的局限性，达到完善创新生态研究方法体系、理论与实证研究促进研究综合效率的目标。在实践上，面向创新生态构建的实践需求，紧密结合创新生态系统创新范式的理论阐释，为企业等组织创建创新生态，重塑创新机构角色提供管理启示，为各级政府部门制定和实施"构建开放式创新生态"政策提供建议，达到服务于微观组织创新管理与中观、宏观层面创新政策管理双契合、平衡化的实践目标。

目　录

第一章

绪　　论

　　21世纪以来，互联网技术与商业模式的结合迅速打破组织原有竞争模式，变革组织创新方式。组织创新的模式从线性范式、创新系统，进入到创新生态系统阶段。就组织的创新模式来看，创新生态系统成为创新研究的热点话题。伴随着数字技术在企业等组织创新过程中的全面渗透，数字创新成为组织创新发展与竞争的新的主导战略。创新生态也呈现数字化创新生态的演化趋势。一是创新组织在类型、组织性质及生态位上呈现多元化和多层次的形态，二是创新过程数字化、创新组合数字模块化以及数字平台等增加了创新生态系统的复杂性。创新生态系统数字化发展的同时也带来了知识形态、知识呈现方式和传播渠道的数字化。创新生态系统的涌现及演变，引起学术界和实业界的极大关注。一方面，是因为不同于线性创新和创新系统范式，创新生态系统中拥有不同创新行为的创新组织之间形成相互依存和共同演化的关系（Ritala and Almpanopoulou，2017），强调生态系统组织微观和宏观创新行为的联系（Overholm，2015），也关注系统成员彼此之间的竞合交互对生态系统平衡与动态演化的影响（Valkokari，2015）。另一方面，是因为平台型创新和生态化创新等丰富的创新实践生动诠释了创新生态系统战略在突破性和颠覆性创新上的引领作用，也更为凸显了加强创新生态系统理论研究的必要性和重要意义。

　　基于理论与实践的需求，国内外学者围绕创新生态系统展开了多视角、多层面的相关研究。一是对创新生态系统的内涵、类型、特征、结构、机制和演化等形成全方面的内容体系开展研究；二是从多种视角研究创新生态系统的演化与治理，探寻其内部子系统的共生演化以及与其他生态系统之间的关系演变。相关学术研究蓬勃发展的同时，创新生态实践也带来更多丰富的研究问题，需在研究视角与方法上获取更多的拓展。知识生态研究视角源于创新生态系统演进与治理的基础是知识的生产、创造、流转与交易等知识管理过程理念。知识是创新生态系统的基本要素，创新组织在生态系统中的知识供给与需求关系、供需地位与能力决定了它们所处的"生态位"。从知识生态化视角探究创新生态系统的演进与治理，有两个核心基础：一是知识生态与创新生态是两个不同类型的生态系统概念，两者都是基于生态关系建构的动态系统；二是知识属于两个生态系统关键的流动要素，知识要素可以构建起两者之间的共轭关系。已有的关于创新的研究主要集中于创新生产与应用的分析，限制了创新理论在创新生态系统研究上的可复制性和可扩充性。随着创新现象的演变与创新实践的发展，理论研究方面，创新生态系统的研究需提出契合实践表征的新的研究视角，发掘新的理论观点与思想。实践需求方面，多元化的主体决定了不同创新组织对创新生态系统构建与治理的需求是不一样的，探究创新生态系统建构、演进与治理中的共性问题，将能更好地引导创新组织在创新生态系统框架下的合作、协同与共生发展。因此，本书提出知识生态化的研究视角，采用多种研究方法探寻创新生态系统的演进范式与治理机制，探究创新生态系统在创新资源知识化、创新组织多元化和创新要素数字化发展态势下需解决的重要理论与实践问题。

第一节 研究背景

一、创新生态的实践发展

（一）创新生态构建的基础：组织的开放式与合作创新

打造良好创新生态是实施创新驱动发展战略的基础，一是构建创新生态才能凝聚创新驱动资源与要素，二是优化创新生态系统才能完善创新驱动发展战略的环境（詹湘东，2020）。创新驱动的核心是科技创新，实质上是以知识的生产与创造作为推动经济增长的动力与引擎（吴建南等，2014）。据世界知识产权组织（WIPO）发布的《2021 年全球创新指数报告》内容可知，中国的创新指数排名第 12 位。从创新投入端看，我国的贸易、竞争和市场规模、知识型工人等大类指标均处于全球领先地位；而在创新产出端，我国则在无形资产、知识的创造、知识的影响等指标上展现优势①。创新驱动发展战略在国家、区域和组织三个层面呈现出不同的驱动形态。无论是哪个层面，开放和互动是创新驱动发展必然的战略模式。开放合作的方式有多种，可以是个人和团队以达成"共识目标"为目的的、承诺式的正式与非正式合作，也可以是多种形式的联盟。例如，战略联盟、研发联盟、"大学 – 工业"和"政府 – 工业"伙伴关系等（道奇森等，2019）。不管采取何种合作方式，知识资源共享是合作创新的根本基础。在创新生态系统中，知识的获取与转化是开放合作的基础，其主要的原因在于：现代经济发展过程中，组织不可能拥有创新所需要的所有专业和交叉领域的知识（詹湘东，2017）。此外更关键的因素在于知识合作与共享的过程中，隐默知识比显性知识的获取与转换更为困难（Jean et al.，2017）。例如，对于知识接受方来说，要识别、选择并获取嵌入在企业管理、制度、工艺和文化中的知识，需要自身具有一定的知识基础和吸收能力。除此之外，合作伙伴在提供知识的过程中，需要综合运用静态和动态的方式提高知识的可识别、可观察和可传授的特性，以便提高合作的效率。从外部知识获取和知识转换的过程来看，开放合作创新需要构建一个比联盟伙伴关系更为紧密的、基于创新合作与协同的知识生态关系。

创新生态系统的构建与演变为合作伙伴之间的知识生态化发展提供了空间和机制的保障。创新生态的价值理念就是为处于创新生态系统中各个"生态位"的异质类创新组织创建一个知识供给与需求结构，形成一个与组织知识基础与吸收能力相匹配的动态知识系统。创新生态系统强调组织之间与知识互动相关联影响因素的作用，以及互动过程中外部环境的支持与保障作用，包括技术、市场、平台等的支撑。相互关联的各类组织和机构在认同创新生态价值创造理念的基础上，根据彼此所处的"知识生态位"形成一个机制明确、共享有效的外部知识网络。例如，谷歌（Google）的安卓（Android）操作系统是开放式的，手机用户都在免费使用。但是，其自身平台联

---

① 《2021 年全球创新指数报告》发布 中国名列第 12 位［N］. 经济日报，2021 – 09 – 20.

合了手机制造商与通信运营商，制造商、运营商与用户一起形成一个密切合作的知识生态网络系统。通过操作系统开放式的推广，谷歌让数百个设备制造商和众多的服务供应商使用其安卓操作系统，并且通过开放源代码，吸引应用平台资源的开发，包括应用商店、地图服务和通信服务、支付系统等。在资源共享的状态下，安卓生态系统中包含更多的其他类别的生态系统，为更多的创新应用提供知识源和互动平台。因此，无论是企业创新能力的比较，还是未来产业链高端的竞争，一定是生态系统之间的竞争。

需要强调的是，数字经济时代的来临，创新生态系统呈现出新的形态与演变趋势。数字化创新时代，组织创新的开放度变得更广，创新参与者更多，涉及的领域也更多。数字创新生态系统成为数字创新时代重要的创新组织形式（柳卸林等，2020）。与此同时，数字创新生态系统，或是数字化创新生态成为数字经济背景下创新生态研究新的构念或概念。数字化创新生态加大了组织开放与合作创新的程度，但同时也引出开放合作创新的新现象与新问题。例如，小米生态圈打破了传统的创新链成长模式，它采取"借用"的方式，将与小米具有相同创新价值理念的企业纳入它的生态圈。小米给消费者提供的不再只是单一的产品和服务，而是整个小米生态链带来的价值创造与增值服务。谁拥有创新生态的核心价值，谁就能在数字创新时代赢得先机。数字化创新生态下，知识创造不仅过程数字化，知识的载体与形态也呈现数字化。当然，数字化并不意味着创新生态系统中组织的开放与合作对创新绩效更为有利，需要伴随着开放与合作创新组织结构、关系机理的重构与资源的重组才能保障数字化对创新生态系统创新绩效产生有效的正向促进作用。数字技术的渗透会加快创新生态的结构演变与要素更新，数据的生产要素禀赋会重组物质资源和虚拟资源在创新过程中的组合、比例和角色作用。因此从创新实践过程来看，数字化背景下的知识生态化及其对创新生态系统产生的新的影响将是亟待探究的重要议题。

（二）创新生态发展的新动源：研发经济与基础性创新

在创新生态系统的价值创造过程中，研究与开发是关键的功能要素。我国经济正处于"培育壮大新动能，加快发展新经济"的关键时期，数字经济以及由此带来的新技术、新产业和新业态的快速成长是新经济的显著特征。科技创新是数字经济的基础，研发投入和研发活动是科技创新的根本，数字技术的革新、数据资源的流动和应用是科技创新的驱动力。研发投入激发新经济增长新动能，尤其是基础性创新、原始创新和关键"卡脖子"技术的突破，研发是基础。随着世界各国研发投入占 GDP 比重的比例逐步增长，研发活动在全球产业链中的作用也越来越大，研发成为越来越重要的经济形态，能直接推动产业升级和经济发展。有学者指出，研发经济应该从第一、第二、第三产业中独立出来，并可能引发人类新一轮创新革命（吴剑，2017）。

2021 年，我国全社会研发投入达到 2.79 万亿元，同比增长 14.2%，研发投入强度达到 2.44%[①]。在区域层面，创新生态越发达的地区，研发投入也会越高，研发投入与创新生态系统的打造是一种相辅相成的关系。图 1.1 显示了我国（未统计我国台湾、香港和澳门地区）31 个省（区、市）2020 年研发投入经费和投入强度。从研发投入强度来看，北京、上海、广东、山东、江苏和浙江是研发投入强度最高的六个地区。德勤研究院在《中国创新崛起——中国创新生态发展报告（2019）》中发布了中国创新生态城市排名数据，各城市按照创新生态总分数进行排名，如图 1.2 所示。[②] 从图 1.2 可以看出，北京、上海、深圳、杭州、广州、南京等城市的创新生态建构与发展最为发达，与这些地区研发投入经费和投入强度的水平高低形成呼应。由此来看，研究与开发占主导的研发经济是创新生态系统打造与优势形成不可或缺的因素及基础。作为一种经济形态，研发经济不仅仅只是研发投入与产出，而是一系列与研发相关产业要素的聚集，以及由研发活动所形成的知识供给与需求的机制耦合。

发展研发经济，不仅仅只是研发投入，更需要构建研发产业链和打造研发生态圈。研发经济的核心理念是要将科学研究与关键技术的研发过程紧密结合，以科研成果快速转化为生产力为使命，提高研发产出，推进研发成果产业化。习近平总书记曾指出："科技创新绝不仅仅是实验室里的研究，而是必须将科技创新成果转化为推动经济社会发展的现实动力。"[③] 因此，从创

---

① 中国产业经济信息网. 2021 年全社会研发投入达 2.79 万亿元同比增长 14.2% ［EB/OL］. http：//www. cinic. org. cn/xw/tjsj/1249704. html，2022－03－02.

② 城市创新生态总分数按百分制计算，包括创新机构、创新资源和创新环境三个维度的评价指标.

③ 中共中央宣传部，国家发展和改革委员会. 习近平经济思想学习纲要 ［M］. 北京：人民出版社，2022：126.

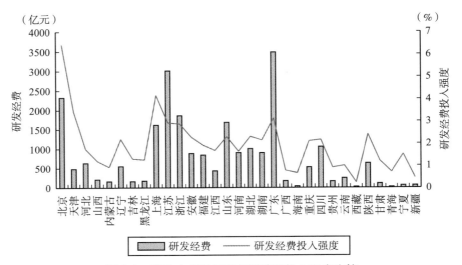

图 1.1   2020 年各地区研发经费及投入强度比较

资料来源：国家统计局 . 2020 年全国科技经费投入统计公报［R］. 2021 - 09 - 22。

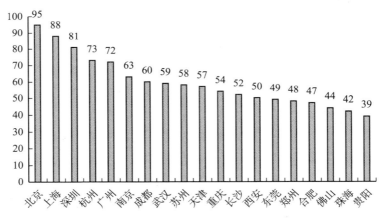

图 1.2   中国创新生态城市排名

资料来源：德勤 . 中国创新崛起——中国创新生态发展报告（2019）［R］. 2019。

新生态的角度看，研发经济不能只看成是单纯的研发行为，而是一种研发产业。它不仅占据产业创新链和企业价值链的高端环节，还能创造出新兴产业形态，推动产业生态系统的高级化发展。尤其是在新冠疫情以及全球经济下行对区域经济增长形成巨大压力的情况下，研发经济的发展将以直接助推产业升级、创造产业新形态的方式提升区域经济的增长及质量。

从区域的角度看，研发是区域创新的核心活动，不仅能创造区域知识基础和打造区域创新能力，也是区域知识管理的源头（詹湘东和王保林，2015）。研发经济是区域经济高质量发展，实现创新引领的重要战略。研发经济不仅能直接推动产业升级和经济发展，还能催生创新发展的新动能。有文献观点认为，谁最早实现研发成为独立的经济板块并影响国家经济，谁就能在新一轮的创新革命竞争中处于领先（吴剑，2017）。研发经济所拉动的新动能，一方面具有基础性、持续性的创新爆发力，另一方面能提升产业创新的竞争力，促使区域研发创新能占据产业链的高端。以研发带动产业转型升级，可以解决产业转型升级难点，研发经济也是解决创新基础薄弱的有效战略。促进研发经济的发展，一是适应科技创新发展的环境变化需求，顺应经济转型发展对科技驱动效应的新要求，二是在面临数字经济蓬勃增长的背景下，推动区域在新的创新竞争中赢得先机，引领经济发展，充分强化研发在创新生态中的作用。

研发是创新生态系统中重要的、基础性的创新行为与知识活动。吴等（Oh et al.，2016）认为创新生态系统包含两个明确的，但是又相互独立的经济形态——研发经济和商业经济。其中研发经济是由基础性研究而驱动，而商业经济则是由市场驱动。研发经济与商业经济在理念上的冲突正是"创新生态系统"这个新的专业术语出现的驱动因素。研发经济强调基础性研究主导的知识创造与开发，而商业经济注重价值创造及实现过程中的知识转化与应用。创新生态系统则整合了两者的核心内涵，用生态化循环的框架耦合了研发经济与商业经济的共同价值，联结两者之间的知识活动路径与轨道。创新生态系统包括了研发经济的关键实施主体——高校和研究机构，它们是基础研究的主要承担者，是经济发展新动能的重要助推力量。创新生态系统契合了基础研究与应用研究价值创造与转换的组织模式，与研发经济形态形成耦合的创新组织结构。反之，在研发经济推动之下，创新生态系统的演进与治理也衍生出更多的理论与实践问题。

企业等组织的研究开发活动涉及基础研究、应用研究和试验发展三个方面的进程，能串联起科技创新的整个创新链流程。研发活动包括了大量的知识流动和交换，是一个新知识创造与积累和旧知识更替与转化的知识螺旋增长过程。此外，现代研发活动是开放式的协同研发，参与到研发各个环节的组织都在研发过程中获得收益。因此，研发活动将各类研发与创新组织链接成一个创新生态圈，为创新主体提供创新动力，创造新的创新业态和新的商业模式。研发经济之所以成为创新生态系统演变的新动源，源于企业等组织的研发活动所联结而成的研发创新链和产业链，以及由此构建的知识链。具体来说，有三个方面的原因可以进一步阐释：第一，跨组织研发形成生态化的创新网络。开放式创新模式下，任何组织都无法独自承担创新所需要的所有资源，需要与其他组织形成跨组织的创新网络。创新网络的形成为所有研发活动参与者提供了源源不断的创新资源。第二，共同研发在一定程度上可以实现研发的规模经济效益，促进知识外溢，增加社会经济福利。在知识吸收与外溢的交互过程中，增加了区域研发活动的知识投入，实现研发资源的良性循环。第三，研发活动的协同可以增加对创新机会的把握能力，降低创新风险。数字技术支撑下企业对创新机遇的把握，需要其他研发组织的协同努力才能识别、选择和实施。充分利用各组织在研发方面的专业能力，能降低创新不确定性，避免研发与技术创新的失败给组织所带来的困境。

（三）创新生态演进的新引擎：数字经济与数字化创新

创新生态发展及研究的一个重要的实践背景无疑就是数字经济时代的来临。以人工智能、大数据、云计算等为代表的数字技术的蓬勃发展与广泛应用，凸显了数字经济助推创新驱动转型发展、发掘经济增长新动能、推动经济高质量发展的重要作用。2017 年 3 月数字经济首次写入我国《政府工作报告》。中共十九大报告指出，建设现代化经济体系，要推动数字经济与实体经济深度融合，以数字经济助推实体经济发展。2022 年 1 月，国务院印发《"十四五"数字经济发展规划》，该规划提出：到 2025 年，数字经济将迈向全面扩展期，数字经济核心产业增加值占 GDP 比重达到 10%[①]。数字化创新引领及发展能力大幅提升，智能化水平明显增强，数字技术与实体经济融合取得显著成效，数字经济治理体系更加完善，我国的数字经济竞争力和影响力稳步提升。该规划对数字经济所包含的创新战略和发展提出了一些目标，

---

① 国家发改委. "十四五"数字经济发展规划 ［EB/OL］. https：//www. ndrc. gov. cn/fggz/fzzlgh/gjjzxgh/202203/t20220325_1320207_ext. html，2022 - 03 - 25.

提出应鼓励发展新型研发机构、企业创新联合体等新型的创新主体，积极打造多元化参与、网络化协同、市场化运作的创新生态体系。首次指出应构建创新协同、错位互补、供需联动的区域数字化发展生态，以数字化提升产业链供应链协同配套能力。也明确指出需鼓励开源社区、开发者平台等新型协作平台发展，培育大中小企业和社会开发者开放协作的数字产业创新生态，带动创新型企业快速壮大。数字经济正在成为国家和省域层面产业升级和经济增长的重要驱动力，成为创新驱动发展的主攻方向和供给侧结构性改革的关键动力。

《"十四五"数字经济发展规划》还提出了数字经济的基本内涵，数字经济是以数据资源为关键要素，依托现代信息网络等载体，通过信息通信技术融合技术应用，以全要素数字化转型为驱动要素，是一种将注重公平和效率更为统一的新的经济形态。根据前瞻产业研究院《2020年中国数字经济发展报告》中定义，数字经济是以数字化的知识和信息作为关键生产要素，以数字技术为核心驱动力量，以现代信息网络为重要载体，通过数字技术与实体经济深度融合，不断提高经济社会的数字化、网络化、智能化水平，加速重构经济发展与治理模式的新型经济形态（前瞻产业研究院，2020）。从两个内涵阐述的内容可以理解为，数字经济是一种新的经济形态，数据是关键生产要素，数字技术是经济形态发展的支撑。数字经济既包括了传统经济形态和产业的数字化，也包含了全要素数字化的完全数字经济新形态。从数字经济实践发展情况看，数字经济对我国经济社会发展的全面作用也越来越重要。数字经济在不断发展的过程中，对于经济增长的贡献也在不断增长。图1.3展示的是2016～2019年我国数字经济对经济增长的贡献情况①。数据显示，2016～2019年期间，数字经济对于经济增长的贡献率均在50%以上。其中2019年数字经济对经济增长的贡献率为67.7%，而同年，第一、第二和第三产业对经济增长的贡献率分别为3.8%、36.8%和59.4%，数字经济对于经济增长的贡献均高于第一、第二和第三产业对经济增长的贡献。从该研究机构的研究数据来看，数字经济对我国经济增长具有非常重要的作用。

---

① 前瞻产业研究院. 2020年中国数字经济发展报告［R］. 2020.

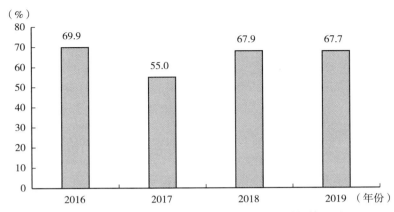

图 1.3　2016 ～ 2019 年我国数字经济对经济增长的贡献

资料来源：前瞻产业研究院 . 2020 年中国数字经济发展报告［R］. 2020。

为更加明确数字经济的重要作用，笔者从中国信息通信研究院所发布的《中国数字经济发展白皮书（2021 年）》获取更多的数据以便进一步加以分析和阐释。图 1.4 显示了 2015 ～ 2020 年我国数字经济占 GDP 的百分比。可以看出，数字经济占 GDP 的比例逐年上升，2020 年达到 38.6%，相对于 2015 年，提升近 12 个百分点。

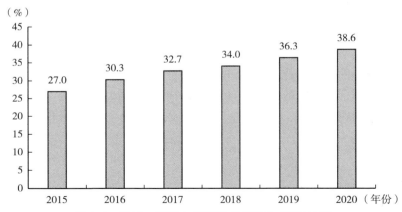

图 1.4　2015 ～ 2020 年我国数字经济占 GDP 比重

资料来源：中国信息通信研究院 . 中国数字经济发展白皮书（2021 年）［R］. 2021。

数字经济在我国经济增长中的地位愈发重要，同时数字经济在不同的产业中所产生的影响力也是不一样的。图1.5显示的是2016~2020年我国数字经济分布在第一、第二和第三产业之中的渗透率。

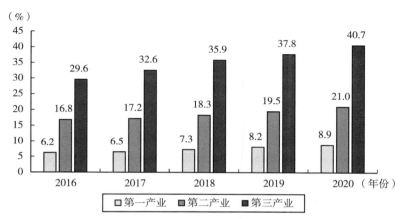

图1.5　2016~2020年我国数字经济的产业渗透率
资料来源：中国信息通信研究院.中国数字经济发展白皮书（2021年）［R］.2021。

从图1.5可以看出，我国服务业、工业和农业数字经济占行业增加值比重从2016年至2020年一直呈现增长态势，2020年服务业、工业和农业三大产业的数字经济渗透率分别已经达到40.7%、21.0%和8.9%，相对于2016年，分别增长了37.5%、25%和43.5%。产业渗透率的提高，表明产业的数字化转型不断提速，数字经济对传统产业的影响也越来越深。为了进一步理解数字经济在"转型升级产业"和"产业转型升级"中的作用，笔者收集并以"数字产业化"和"产业数字化"的相关数据为例进一步了解这两个概念的具体表现和含义，如图1.6所示。

从图1.6的数据来看，数字产业化规模占数字经济的比重由2015年的25.7%下降到2020年的19.1%。而反之，产业数字化规模占数字经济比重由2015年的74.3%提升到2020年的80.9%。两个数据的一降一增说明了"数字产业化"和"产业数字化"两种数字经济态势发展变化的情况。数字产业化属于数字技术带来的新业态，如数字平台、数字企业等。这类业态倾向"独角兽"企业方向发展，以构建数字化创新生态整合线上线下资源，数字化

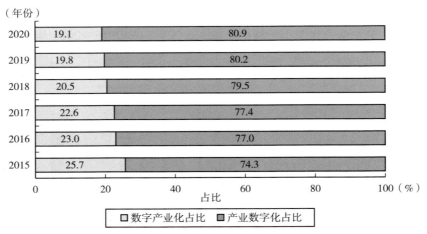

图 1.6 2015～2020 年我国数字经济内部结构

资料来源：中国信息通信研究院 . 中国数字经济发展白皮书（2021 年）［R］. 2021。

资源是其主要资产形态。产业数字化是数字技术对传统企业的改造与升级，以推进传统创新生态系统数字化演化与重构来重塑企业、产业和区域创新生态，以及资源数字化和数字化资源等产业数字化过程中资源共存共生模式。

如今，数字经济在创新领域产生的影响已引起实业界与学术界的广泛关注。数字产业创新研究中心、锦囊专家、首席数字官联合全国 30 多家 CIO 组织机构 2022 年 5 月发布了《中国数字化转型与创新评选（2018—2021）四年对标洞察报告》。该报告收集了 16 个省份、11 个行业的 1370 多家企业的数据，从数字化战略、数字化技术、数字化创新和数字化生态等维度对企业数字化转型进行了分析和总结。[①] 其中一些分析数据对于我们理解数字化背景的创新生态非常有启示意义。图 1.7 显示了 2018～2021 年受访企业数字化创新方式的数据。

如图 1.7 所示，2018～2021 年各年的"利用已有资源的内部创新开发"指数均是各年排名首位的数字化创新方式。尽管"利用已有资源的内部创新开发"指数在这四年中的比例是最高，但"通过产品购买租赁获得创新能力"指数和"利用合作伙伴资源，与其共同创新开发"指数的所在比例都在逐

---

① 数字产业创新研究中心，等 . 中国数字化转型与创新评选（2018—2021）四年对标洞察报告［R］. 2022.

年上升，成为企业获得创新能力的重要的数字化创新方式。其中，"利用合作伙伴资源，与其共同创新开发"指数从 2018 年的 2.80 增长到 2021 年的 3.43，表明数字化背景下，聚焦合作与协同创新的创新生态系统创新模式发展成为企业关键的创新战略。

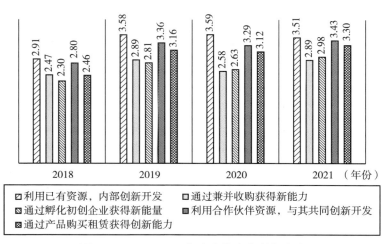

图 1.7 2018~2021 年企业数字化创新方式

资料来源：数字产业创新研究中心，等. 中国数字化转型与创新评选（2018—2021）四年对标洞察报告［R］. 2022。

数字化创新的新实践与新现象带来了新的理论需求。已有文献中涉及多种视角的研究认为，数字经济已渗透到各个创新领域，成为创新模式演化、创新生态演变不可缺少的影响因素，具体体现在三个方面。第一，数字经济对微观创新主体创新行为产生影响。在微观层面，数字技术会影响新产品和新服务的研发、开发、生产以及营销和售后服务的所有环节。甚至可以认为，新产品和新服务的出现，以及老产品和已有服务特征的变化，产品和服务配置方式的变革导致市场结构和竞争形态的变化等都源于数字技术的应用（Lerner et al.，2000）。数字技术可以重构企业与外部组织合作、协同创新的模式，进而形成的数字化创新是企业获取创新优势的新模式（Viardot，2017）。有学者还进一步指出，企业只有建立数字化创新平台，才能从创新生态系统中获取动态能力和集成能力（Helfat and Raubitschek，2018）。第二，数字经济对中观层面产业或区域创新的影响。因为具有数字化的基因，数字经济会产生新的产业形态，传统产业的生产、物流和消费模式也会发生大的变化。其中受到影响最为明显的是企业的创新平台和创新生态系统，两者以数字技术为支撑基础，由产业链或区域间的创新组织组成（Teece，2018）。人和技术要素是创新生态系统不可或缺的关键因素，而在数字化创新中，数据要素的支撑与流动将重构创新生态系统的结构与成员关系（Kolloch and Dellermann，2018）。第三，数字经济对宏观层面国家创新体系的影响。数字技术是社会创新的基础，对于国家的基础性研究和原始性创新有着重要意义（Suseno et al.，2018）。政府在推进数字技术的应用与推广过程中，所形成的数字化创新趋势是化解金融危机的重要举措（Kokkinakos et al.，2017）。因此，对于国家创新体系，数字经济有着举足轻重的作用。从现有的理论研究结论来看，数字经济对国家创新体系的影响在于数字经济改变了系统性创新的模式，拓宽了开放式创新中创新资源的来源渠道。相对于以地理空间为划分依据的国家创新体系，数字技术以及数字化创新带来的是一片新的、多元跨界的和没有固定边界的创新价值领域（Henfridsson et al.，2018），也为数字经济与创新生态系统的研究带来了更多的空间与广度。社会创新研究需寻求对数字化创新中社会交互作用的理论解释，需要对建立在某类特定数字技术基础上的数字创新与数字经济形态进行理论探讨（Holmström，2018）。从知识管理的角度看，数字化技术的使用改变了知识流转的速度，同时也推动了知识形态之间转化效率的提高。数字化产品有一个显著特点，它们不会独立存在，数字产品具有强的"黏性"。例如，黏附于物理载体的数据、无法脱离的数字电影与数字播放器等。数字产品之间的关联性也强，其作用的发挥依赖于其他数字产品的支持（Stuermer et al.，2017）。例如，在信息系统中查询和使用数据，就必须访问存储介质中的数据文档，数据窗体的使用还必须借助操作系统的支持。借助多元的辅助支持，数字产品嵌入在广泛的和动态的生态系统中（Kallinikos et al.，2013）。

创新生态系统的研究离不开数字经济背景，数字经济背景下数字技术、数字平台和数字生态驱动企业、产业、区域和国家创新发展的新模式，此方面的研究目前还处于探索阶段。以往创新研究中所倡导的自主创新理念突出企业在创新管理中的自主性、独立性和引领性，数字化创新赋予企业自主创新以更多的新含义。创新数字化和数字化创新形成了多元化的创新主体，在数字技术的深度渗透与融合下，数字经济的兴起创造了大量的新业态和新型商业模式，甚至科研机构及科技院校都可以成为新一代招商引资（引智、引能）的重要平台（詹晓宁和欧阳永福，2018）。在数字技术和数字平台等数字化创新要素的"冲击"下，与创新生态系统耦合紧密的知识生态系统结构也会发生演变。因为数字技术的渗透和创新速度的加快，知识的创造、转化及效应周期将会变短，知识的治理也将面临新的挑战，这些将是知识生态化视阈下创新生态系统研究的新问题。

二、创新生态研究的理论创新趋向

（一）知识生态化是研究创新生态系统新的理论视阈

经济增长下滑的情况下，创新被认为是刺激经济复苏和增长的核心发展战略。通过实施创新驱动发展战略，转变经济增长方式，使得经济保持中高速增长。促进经济的转型发展，关键在于发挥创新要素对于经济可持续发展的推动作用。其中，企业的技术创新仍然在创新驱动发展战略中起着决定性的作用。互联网强化了创新要素之间的连接，数字技术重构创新的组织模式，促使企业技术创新战略的推进必须要考虑网络技术和数字技术在创新流程的作用。基于数字技术的创新正不断颠覆以往的创新模式和流程，一是它强化了组织创新效应的外向性，二是数据要素的串联与流动增加了创新组织的多样性。注重用户体验感的分享经济、新兴创新生态圈的不断涌现与扩大以及创新的全球化使得组织的创新节奏日益加快，单个组织依赖自身的能力独自开展创新活动已不再现实。创新生态模式下，企业不管规模大小，也不论行业特点，或多或少开展了与高校、科研机构以及其他组织的多层面、多渠道的合作，以便及时获取行业最新技术信息和市场信息，尽快实现创意和创新设计的市场化。

数字技术支持下的开放式创新加快了企业、高校、科研机构等组织之间的合作。根据全球著名的信息供应商汤森路透公司发布的《2016年全球创新报告》（2016 *State of Innovation*），开放式创新的发展显示出跨国公司与多产的科研机构之间合作越来越紧密，通过与优势互补的其他组织合作，企业可以加快市场化步伐，满足顾客对缩短创新周期的需求（汤森路透，2016）。例如，宝洁公司与圣保罗大学、美国食品药物管理局（FDA）及哈佛大学等知名研究机构在化妆品领域的合作；福特汽车公司与密歇根大学、都灵理工大学等顶尖研究机构在汽车领域的加强合作；波音公司不但与美国许多大学建立完善的合作关系，还与英国的剑桥大学以及西班牙、意大利的著名航空航天研究机构建立了密切的合作关系，涉及信息技术、航空和制造技术等。组织之间的合作与协同，本质是知识资源的共享与流动。但是在任何一种形式的知识交互过程中，组织对外部资源并不是简单地获取和利用，组织与外部其他组织之间也不仅仅只是简单的合作与联盟的关系。在信息高速流动、知识交叉和融合高度显性的创新环境下，组织创新能力的竞争不再是单打独斗，而是表现为组织所形成的创新伙伴关系生态圈整体实力的竞争。组织对市场需求的应对能力以及对创新环境的适应能力是创新生态系统整合能力的表现。构建和培育创新生态系统是组织获取创新收益最重要的创新驱动发展战略，这反映出创新范式的一种变化，组织的创新范式从线性范式、创新系统开始进入到创新生态系统阶段。创新生态系统研究将从以往的更加关注要素构成和资源配置问题的静态结构性分析，演变到强调各创新主体之间知识供给和需求关系的动态演化分析。

在不断的演变过程中，创新生态系统的创新形态呈现出创新组织知识形象化、创新增长知识驱动化、创新链知识网络化、创新环境知识情境化、创新效应知识外溢化和创新产出知识商品化等知识生态化发展趋势。聚焦于系统的视角，创新生态系统全方位、全链条和全界面呈现的就是一种知识生态化的建构形态。生态化模型是分析复杂创新生态系统的一种"适配性"方法，在商业管理、分类系统以及其他相关领域的研究中，生态系统之间存在的"共有根基"和交互连接已经得到学界的承认（Scaringella and Radziwon，2018）。创新系统中的演化经济学（Malerba，2002；Martin and Sunley，2006）、组织生态（Amburgey and Rao，1996）以及知识生态与商业生态系统之间的耦合性研究（Van der Borgh et al.，2012）等都高度强调了生态化模型的分类功能。基于生态化理念的分析模型既考虑了经济因素，也纳入了对于知识交换非常重要的社会因素。例如，生态化研究中所采用的重要研究方法——社会网络分析方法就充分考虑了网络组成单元的社会属性。因此，基于知识生态化视阈探寻创新生态系统的演变及其治理，能契合创新的本质，也就是知识的创新与应用，耦合创新的机制和知识的传播与治理。创新生态与知识生态之间存在共生演化的机制与耦合的机理，但目前有关创新生态系统的研究并没有阐述清楚知识生态化在创新生态系统中的表现形式与作用，知识生态化对创新生态系统演进与治理的影响也亟待深入探讨。基于上述分析，笔者认为，应对创新生态系统的知识生态化进行理论辨析，提出创新生态系统的知识生态化模型，以及基于知识生态化的创新生态系统架构，为知识生态化视角研究创新生态系统演进范式和治理机制提供理论基础。

（二）知识生态系统是解析创新生态系统新的逻辑框架

创新生态系统是复杂系统，需要有解析其结构与内部要素关系的"镜像"。知识生态化是研究创新生态系统的新视阈，而知识生态化形成的知识生态系统则可以作为解析创新生态系统结构、内部组成、演进范式的逻辑框架。早期关于产业空间聚集的研究中，有研究就同时定义了知识生态系统、创新生态系统和创业生态系统等概念（Scaringella and Radziwon，2018）。创新生态的核心价值是创造新知识，通过知识更替、知识聚焦和知识增长推动系统的成长与演进。有关研究文献主要从企业价值链（Adner and Kapoor，2010），网络模型（Luo，2018）和复杂网络（Chae，2019）等角度对创新生态系统的结构、演化等内在机理与成员关系进行了各种探讨。此类研究从不同角度探究创新生态系统的结构与机理，遵循的研究准则是用不同的方法（如网络分析法）分析系统中各个创新组织之间的关系以及这种关系维持所赖以要求的条件和机制。资源基础理论、社会网络理论和复杂系统理论等是研究的理论基础。

数字化创新时代，信息技术渗透于创新过程，由此也增加了创新的不确定性，也对企业等创新组织的创新能力提出了更多要求。研发的高端化演化和凸显能提高组织创新在创新链中的资源支配地位，企业的创新经济行为更为依赖于知识基础，产业的聚集效应加快了基于知识的创新体系演化（Russell and Smorodinskaya，2018）。改变线性创新规律的开放式创新模式能打破线性创新所固有的应对创新机遇能力不足的缺陷。数字化的开放创新遵循现代科技创新的规律，整合组织外部知识资源，克服组织无法拥有创新所需全部知识的不足，形成网络化创新的生态圈。基于新技术、新业态基础上所形成的创新生态系统呈现出与传统地理空间范围内的创新生态系统不一样的特点。例如，数字创新生态系统打破边界限制，大数据创新生态系统中数据要素成为非传统认知的重要资源。宏观、中观和微观层面创新的演变势必会带来理论解释的挑战，由此需寻求契合创新生态系统演进规律的逻辑框架。一是知识生态系统与创新生态系统的概念与内涵都是起源于摩尔（Moore）最初提出的"商业生态系统"概念中所阐述的生态系统理念与内涵。二是知识生态系统与创新生态系统都可以看成是相互联结的组织交互而成的网络系统。网络平台是知识生产者与需求者知识交互的供需平台，同时也是产品生产者与用户及相关利益者参与研发成果或产品商业化的创新平台。

从核心组织的角度看，创新生态系统的开发与发展也是打造一个知识生态系统的过程。知识获取与转换的复杂过程促使知识供给与需求方形成基于知识生态系统结构的交互关系，因此组织管理者和政策制定者倾向于积极推动知识生态系统和创新生态系统成为组织或区域发展和福利增长的动力（Järvi et al.，2018）。但是知识生态系统的存在并不必然带来区域经济的增长，它必须嵌入创新生态系统中驱动知识在创新生态中的流转与增长才能发挥其自身的作用。当知识生态系统的关键成员成为创新生态系统中高中心度的知识创造与供给主体，知识生态系统才能成为创新生态系统动态演进的驱动力量。从政策制定的角度看，创建一个"厚重"的知识生态系统是"点燃"区域创新最大活力的保障（Clarysse et al.，2014）。基于高校和科研机构等知识生产机构在创新生态系统动态演进中的巨大作用，可以确定由知识生产和流通机构组成的知识生态系统将是剖析创新生态系统演进范式与治理机制的重要界面。一方面，与线性创新理念相比，强调交互性的生态化创新与知识经济学的整体观点是兼容的（Russell and Smorodinskaya，2018）。知识经济学着重突出知识要素在社会生产与创新中的基础性支撑作用。知识既是社会生产要素，也是研发、试验、产品制作与市场化等创新生产的基础元素。正是知识所具有的社会经济、组织创新及个体创意的多层属性，知识组织、知识流动要素和知识环境所构建的知识生态系统才具备映射创新生态系统的基因。另一方面，非线性经济是一种"远离平衡态"的经济形态，为了使"非平衡态"的经济达到可持续发展，传统的做法是采取货币和财政宏观刺激手段（Russell and Smorodinskaya，2018）。相对于这些传统政策，生态系统导向的政策则聚焦于提升社会生产率的组织动机，并强调提出的创新政策对创新资源的整合效应。这种政策寻求增强由集群内部和集群之间的合作所产生的创新协同效应（Ketels and Memedovic，2008）。不同层面的创新生态系统将会创造更广泛的价值链和创新网络，组织的创新能分享更强大的创新生态系统的资源。例如，来自不同区域的集群化创新生态系统在数字平台创新生态系统的支撑下，可以构建成一个跨地理边界、跨领域、跨层次的协同生态化体系，能促进广泛的跨界融合和知识外溢。使用知识生态系统的逻辑框架，与其相关的知识网络、知识管理和知识交易等理论将是解析创新生态系统新的理论基础。

（三）知识治理是阐释创新生态系统治理机制新的理论视角

如何对创新生态系统进行治理？此问题一直引起相关研究者的关注探讨。随着数字化趋势的发展，数字创新生态系统的出现延伸和拓展了创新生态系统治理的边界和范畴，同时也复杂化了创新生态系统治理的问题（张超等，2021；魏江和赵雨菡，2021）。笔者认为，基于知识生态化视阈，知识治理是阐释研究创新生态系统治理非常契合的理论视角。因为知识治理能反映创新生态系统创新要素之间的知识供需关系，也能体现创新生态系统在宏观、中观层面的机制设计和制度安排。在创新管理研究中，组织内部知识管理一直是理论研究的热点，因为内部知识管理是提高组织创新绩效和竞争优势的根本性战略（Alavi and Leidner，2001）。但组织内部知识管理有明显的边界限定，主要是组织员工个体之间正式和非正式的知识共享与交流。创新生态系统中各创新组织的创新，需通过合作、协同等方式获得组织所缺乏的或希望增加的专门资源。由此而形成的是组织之间的知识管理行为，也就是外部知识管理，包括组织对外部知识的识别、选择、吸收、转化和整合、再创造等过程。外部知识管理行为一方面依赖于各创新组织资源交互所形成的外部知识网络，另一方面依托于各创新组织在统一框架下所构建的运行机制与保障制度。创新生态越是演变，组织外部知识资源的管理在组织知识管理体系中的作用就日益突出。例如，新兴经济体的供应商把跟跨国公司的合作看成是一个赢得发展、降低成本的有利机遇，跨组织的知识管理能促使它们从一个低层次的装配企业成长为一个高精尖产品的设计商，并能为产品供应链提供更多的价值创造平台（Gold et al.，2001）。

随着外部知识资源重要性的日益突出，外部知识管理成为知识管理研究的重要主题。相对于内部知识管理来说，外部知识管理所处的环境更为复杂。实施外部知识管理，外部知识网络是基础条件，也是知识管理活动的"场"。外部知识网络是组织获取外部知识资源的渠道,但是网络的存在并不必然带来组织创新的成功和能力的提升。知识资源所具有的专属性和排他性在一定程度上加重了组织获取和应用外部资源的难度。在创新生态系统的组织结构中,组织只要接触到外部知识资源,就必然会有对知识的管理过程。从外部知识资源使用的"收益最大化原则"出发,组织将会采取合理的和有针对性的管理行为来获取和利用知识资源,以达到以最小成本实现最大收益的经营绩效。这将是一个知识供给与需求双方博弈的策略选题问题。

以参与外部知识管理的组织为范围边界,外部知识管理所呈现的依然还是组织行为视角。外部知识管理的概念界定仍然是从组织内外知识活动出发。立足于生态系统的层面,外部知识管理理论及视角对生态系统内各类组织之间知识行为关联及产生的效应还存在解释力的局限。生态系统理念认为创新组织在创新生态圈处于适宜的"生态位",在创新生态系统中则承担相应的角色,担负相应的作用。之所以会存在"生态位"的适宜度,是因为创新组织之间存在一定的知识位差,位差的存在会导致创新组织在作用及角色上的区别,创新组织在创新能力、创新过程和创新作用上也会存在差异。从知识管理的角度看,"生态位"的区分根本原因是创新组织在知识基础、知识管理能力方面的差异。在创新生态系统整体的知识供给与需求关系中,各创新组织因自身所拥有的知识基础、知识异质性和知识互补性等属性而处于知识流动的各个环节上。也正是创新组织之间的这种知识异质或知识距离,才产生了组织之间知识获取、知识转换、知识扩散和知识溢出等知识活动。企业等创新组织在协同创新过程中独立地或是联合地对知识活动的管理过程就形成了外部知识管理。外部知识管理所包含的一系列知识活动构建了创新生态系统知识生态化的动态支撑体系,是协同组织内部网络闭合性和外部知识网络开放性的重要手段。例如,对企业外部知识获取行为制度化,就是对企业知识获取行为进行引导和管理的必要途径(张龙,2007)。但创新生态系统的治理并不仅仅是某个创新组织对外部知识资源获取、转化与整合的过程,因为创新组织的外部知识管理建立在自身知识活动能力而确定的战略目标和自身的知识管理能力和管理制度基础之上。在创新生态系统框架下,创新组织的外部知识管理行为需内嵌于创新生态体系之中。例如,创新生态系统的知识供需市场会影响组织外部知识搜索的质量。本地化企业的外部知识搜索如果没有跨区域创新生态系统的整合，就会错失一些关键性的知识资源。数字化创新时代，企业如果没有多层次跨界创新生态系统的支撑，外部知识搜索、外部知识识别和选择都会受到很大的局限。由此可以推断，在复杂创新生态系统框架下，企业等组织的外部知识搜索、获取、转化和整合等行为必然置于创新生态系统的协同运行机制之下。也就是说，组织的外部知识管理行为需要考虑所处的创新生态系统的环境、机制、价值链与"非平衡"状态演变过程。对于创新生态系统框架下的组织外部知识管理行为如何加强协同与治理，需要探寻一种更适宜的理论来分析研究。

笔者认为，知识治理是研究创新生态系统治理问题新的理论及视角。相对于知识管理，知识治理强调从超越组织之外的更高层次对组织之间知识活动过程中各种利益相关人，如知识转移者、知识利用者的利益关系进行协调与保障。知识治理是从多元组织协同、不同层次系统互嵌的层面上对知识管理理论的补充，是知识管理理论的新发展。从系统的角度看，知识治理关注通过合适的管理结构和协调机制，以提高知识活动过程的绩效（于淼等，2021）。创新生态系统中的知识活动涉及企业、高校、研发组织、中介机构、政府、金融机构、平台和用户等各种不同知识供给与需求组织，知识在这些组织之间流动需要通过设计一个生态系统的协调治理机制，通过创新生态系统治理结构的选择和治理机制的设计达到知识过程的最优化。知识活动过程中所涉及的各类组织，尤其是知识异质性组织之间需达到协同的知识管理结构和治理机制，以保证宏观层面知识管理活动的顺畅和微观层面具体知识管理活动的顺利开展。知识治理理论之所以可以适用于阐释创新生态系统的治理机制，一方面，对创新生态系统中各类创新组织外部知识管理活动的协调管理，更适合用治理的理念来解释与剖析。知识治理的目标是通过创新组织之间多种关系的协调充分开发利用各类知识，实现知识价值的最大化。另一方面，基于知识治理视角，可以探寻与生态化创新绩效相关重要因素来探究创新生态系统的治理。这既是知识治理理论的拓展和新领域研究的延伸，也是建立在创新生态系统基础上的知识管理活动技术轨迹、行为范式和支撑体系新的探讨。研究知识治理在创新生态系统创新绩效增长中的作用，对于深入探讨创新生态系统治理机制将具有重要的理论意义，也是本研究理论贡献的重要来源。

第二节　研究问题及意义

一、问题的提出

至今，创新生态系统依然吸引了创新管理研究理论学者与实践人士的关注。因为，如今大部分企业都嵌于由供应商、中介机构、业务外包机构、研发机构、技术提供商等外部组织所形成的创新生态系统之中。企业等组织的创新行为会影响创新生态系统的"健康"，反过来，创新生态也会影响到企业等组织自身的绩效（Su et al.，2018）。因此，组织的管理者必然关注创新生态系统运行管理中遇到的实际问题，以服务于组织自身的创新管理。同样，创新生态系统的发展也正经历不同的技术和经济背景，不断产生的新的实践问题也推动着理论研究创新与进步。据此，笔者从实践与理论两个方面阐释研究问题的来源与思考，再提出本研究所聚焦探讨的关键问题。

（一）问题的实践与理论溯源

创新生态系统是开放式创新背景下组织创新模式演变重要的发展趋势。在数字技术和创新全球化的时代，构建和培育创新生态系统是创新组织整合全球智慧、赢得竞争优势的重大选择。创新生态是一种"竞合"的理念，强调系统成员之间共生演化、价值共创的生态平衡关系。创新生态系统不仅仅只是改变了组织创新的模式或过程，而是从根本上变革了创新竞争的态势和组织创新的环境。如果线性创新突出的是要素的线性组合以及组织知识从创意变成商业应用的过程，那么创新生态系统则突出体现了创新要素的"生态化"组合，反映了知识的多种溯源性以及生态系统整体知识资源竞争能力的最优化。创新范式的演变给创新管理学和创新经济学研究带来了许多新的概念，例如，创新 2.0 和 3.0，以及商业生态系统、创业生态系统、数字创新生态系统等。有些新兴的概念一直吸引着学术界和实践领域学者的关注，并且形成一个独立且有影响力的研究领域。创新生态系统就是属于这种新概念和新理念不断深入研究所形成的创新研究领域。随着数字技术对创新方式渗透式和根本性的影响，数字创新、平台创新、虚拟创新等新兴的创新模式开始不断涌现。在新技术、新要素和新模式的迭代之下，创新生态系统产生、成长的演化过程也呈现新变化，其治理也需要新的机制与制度体系进行管控。这也反映出创新生态系统研究的生命力，因为越来越多的创新组织参与、更多创新行为的链接，在创新生态系统的现象分析与理论研究上需要加入更多的新视角、新方法和新概念来拓展研究范畴，丰富理论成果。也正是新的实践发展需要，创新生态系统演进现象和治理规律需要新的理论诠释与展望。十多年以前，在摩尔（Moore）提出"商业生态系统"概念之后，学界延伸提出创新生态系统概念，并引起了国内外学者的高度关注，也很快涌现出了许多采用案例研究、概念化理论分析和其他研究方法来寻求理解和解释这种现象的学术研究成果。但目前，已有研究对于创新生态系统的定义、范围、边界和理论基础并没有形成一致意见（Ritala and Almpanopoulou，2017）。吴等（Oh et al.，2016）的研究指出，创新生态系统仍然是一个没有清晰定义的概念，也缺少理论。而且，现有概念过于强调市场的力量，与自然生态系统的类比研究是有缺陷的。该研究还在创新生态系统的类型、成功因素和测量等方面提出一系列问题，包括创新生态系统的研究方法、核心企业的定位与作用等。

从创新实践发展的情况看，创新生态系统已经成为创新范式发展过程中一个阶段性的，并且具有持续生命力的创新现象。随着数字技术的快速发展，组织跨界创新的形式越来越多样化，创新的边界越来越模糊，创新过程越来越融合，同时也推动着创新生态系统形态的变化。例如，由于互联网等数字技术的运用，企业作为创新生态系统领导者的作用角色已经开始模糊化。数字平台代替了核心企业的角色，是创新生态系统中关键的"节点"以及"资源聚集区与转换场"。与传统的以企业为核心组建的创新生态圈相比，平台创新生态系统强调平台、规则和文化对生态系统各类创新组织的影响与作用，领导者的界定难以形成固有的身份。在涉及共性技术、"卡脖子"技术的创新突破上，高校和科研机构在创新生态系统的治理与演化中则展现出主导作用。在以金融服务创新，包括支付方式、支付安全为主的创新生态系统中，数据和信息的共享、创新规则与条例才是推动平台、金融机构合作以及创新监管的重要力量。在文化创意产业创新生态系统中，来自用户的体验和个性化需要对文化创意产品以及服务创新起着决定性作用，终端用户的参与及其创意对产业创新升级与创新生态系统构建的作用比企业本身的创新更为重要。创新的实践情况是研究问题的来源，创新生态系统作为一种创新的组织模式，企业等创新组织必然需要嵌入其中。对于组织的创新实施者和管理者，需要了解创新生态系统的运行规律，在构建与管理创新生态系统的过程中目标明确，采取有效的步骤和规划构建与其他各类外部组织的关系。对于产业、区域和国家层面的政策制定，需要了解宏观、中观及微观层面创新生态系统在运行与治理机制上的区别，能根据创新资源、创新能力等创新要素制定相应的契合不同层面创新生态系统创建、成长、成熟与演变的政策及其相关实施体系。

从理论研究的视角看，近年学术界对创新生态系统的各类研究文献涌现不少。但正如里塔拉和阿尔姆帕诺普卢（Ritala and Almpanopoulou，2017）所指出的，如果创新生态系统的概念研究给学者形成挑战的话，它的实证研究需求也许会呈现更多的障碍。现有研究的方法更多是采用案例分析的方式，案例分析适合于复杂实体的结构、机制等的研究，但对创新生态系统呈现出的多维层面、多类形态进行研究却存在一些困难和不足。因此，学术界也提出既然无法拥有完美的研究设计，创新生态系统的研究就值得采取多种范式、多层视角对重要的现实问题进行学术探讨和探索。我国创新管理研究学者陈劲（2017）也指出，需要从多理论的逻辑角度分析创新生态系统及其组织运作的原理与机制，并探寻更多的实证方法来讨论创新生态系统外部合作伙伴的变化及其各利益主体之间的价值交换。从企业等组织在创新生态系统中的角色作用看，企业等组织之间是以创新行为和创新活动而形成合作和协同关系。不管是研发合作、产品开发、用户创意共享、共性技术共享还是基于平台所构建的企业供应链，组织所涉及的与外部其他机构进行的各类交互关系都是建立在数据、信息等知识资源的创造、扩散与应用基础之上。合作的知识交互性构建了知识生态与创新生态系统内在的耦合关系，奠定了知识生态化理念研究创新生态系统的理论可行性。

理论创新的动力来源于现有理论的不足以及新的实践问题不断涌现。推动创新生态系统的理论研究，一方面，已有在以企业为核心的生态系统、数字平台、区域创新生态系统，以高校为主导的生态系统等为对象的研究中，创新生态系统概念的使用缺乏一致性（Oh et al.，2016）。究其原因是，各种不同创新生态系统形态所处的实践情境存在区别，聚焦的重点目标也不一样。因此，需要寻找用于描述各类创新生态系统共性基础要素的概念、理论与视角，以形成具有普遍性的抽象概念，具备概念价值的包容性。另一方面，创新生态系统中的"生态"最先来源于自然界生物"生态"系统的类比，自然生态系统强调自组织状态，突出生态系统中的"物竞天择、适者生存"原始生存法则。显然，自然生态系统的运行规律与法则用来描述创新生态系统是不够确切的。创新生态系统除了具有一定程度上的自组织特性之外，还是一个内部机制可控、演进规律可循和组成结构可优化的适应性生态系统。因此，需要探寻一个新的研究视角，既能映射和表征创新生态系统的特性、结构与运行规律，又能共轭于创新生态系统演进的范式与治理的机制。知识生态系统既独立于创新生态系统而形成自有的理论与概念体系，又嵌于创新生态系统之中与之形成共轭演化频率。据此，本研究确立的知识生态化研究视阈，将为创新生态系统及其数字化时代新现象、新情境的研究提供理论贡献。

（二）聚焦的关键问题

现有研究不断拓展了创新生态系统的研究范畴，夯实了研究的理论基础，丰富了研究的方法，展现了不少有价值的研究视角，同时也挖掘出更多尚需深度研究的问题。里塔拉和阿尔姆帕诺普卢（Ritala and Almpanopoulou，2017）曾提出过创新生态系统研究所涉及的四个方面开放性问题。第一，创新生态系统与国家和区域创新系统是否存在区别？如果存在，如何区别？第二，创新生态系统的绩效如何测量？第三，自然生态系统和创新生态系统的相似点和不同之处是什么？第四，在研究过程中，如何用不同的词来区分不同层次的创新生态系统？他们的提问是从创新生态系统整体研究的角度提出的，涉及创新生态系统的起源、与国家和区域创新系统的区别以及绩效度量等。这些问题已有一些研究进行过探讨，有些问题需探寻新的视角和方法加以深入分析。随着研究背景的发展，以及研究目的的需要，创新生态系统已衍生出越来越多的理论学术探讨。除了其本身的概念、结构、演化和机制等问题研究的复杂性之外，更重要的一个原因是数字技术给创新生态系统带来的新的冲击，导致创新生态系统新形态、新结构的涌现，例如，平台创新生态系统、数字创新生态系统、大数据创新生态系统等等。从研究动态的角度看，创新生态系统演进与治理的动态变化是应该考虑的重点研究课题。苏等（Su et al.，2018）在研究中提出，创新生态系统价值创造、产生、成长和衰落的重要概念需要深入探讨。除此之外，创新生态系统的演化、协同演变和系统单元的嵌入，创新生态系统中创新组织的模仿创新、协同创新和共生关系需要深入研究。生态系统演化下的组织变革、组织流程再造、系统中的突变管理也值得深入探讨。笔者认为，生态的概念来自自然界，其含义是体现自然物种之间相生相克的关系。运用到创新研究中，用来描述创新组织之间的关系，其实践的根源来自创新生态圈中不仅只有资源互补者的合作共生，还存在资源替代者等竞争者之间的竞合共赢。实践的发展让创新生态系统的演进与治理解析愈加复杂，限制了从不同嵌入视角、理论基础、研发方法和研究框架所产生的已有研究结论的可借鉴价值，因此也需要视角、方法与研究内容的创新。与商业生态系统（business ecosystems）以价值获取为目的不同，创新生态系统强调价值创造，专注于知识的创造与增值。参与创新生态系统创新行为的创新组织既有知识的获取与应用需求，同时也可以是新知识的生产者，并且在知识链接的生态圈中处于知识生态系统相应适宜的"知识生态位"上。创新生态系统中的"生态位"是以创新组织在系统中具备的角色作用来决定的，如领导型、基石型、关键型等。衡量的标准以该类组织在创新进程中的作用和角色所体现。例如，装配型企业在产业链中处于核心地位，可以通过对上下游企业的纵向联合而构建企业创新生态系统。如果是属于以零售企业为核心构建的创新生态系统，生产商、供应商就处于供应链生态系统的非核心地位。因此"生态位"的适宜度与企业、高校、科研机构等创新组织的组织规模、研发实力、产业影响力和行业特征等有着密切关系。如果以"知识生态位"衡量创新组织在创新生态系统中所处的地位，则主要体现为创新组织在知识供给与需求市场的知识获取、转换和应用等一系列知识活动过程中所发挥的作用和所处地位。例如，在小米公司所构建的平台创新生态系统中，用户的创意与体验是公司产品创新重要的、关键的创新理念来源。用户是小米公司产品创新与营销创新不可或缺的外部知识来源，在创新生态系统中处于知识输出和输入的关键性"知识生态位"。笔者提出，从知识生态化的视角探讨创新生态系统，基于一个既有前提：各类创新组织的创新活动建立在创新生态系统知识供需双方知识共享的基础之上，基于组织外部知识输入和自有知识输出的知识活动过程而形成创新生态系统的系统架构与成员关系模式。知识生态系统和创新生态系统是两个独立考察的系统，但是两者又是基于共有的系统单元而形成一致的界面和考察窗口。因此，从知识生态化视角看创新生态系统，能够将系统内部的结构抽象化，便于关系结构的构建与描述。此外，还能对创新生态系统中所有创新进程所涉及的组织之间所需的资源进行知识化阐释，从而能有效明确各创新组织所处的"知识生态位"，建立起组织之间的关系网络，标定出组织之间所展现的知识管理流程，标识各类组织所运行的知识活动。据此，笔者进一步提出本研究所需探讨的问题：如何从知识生态化视阈的角度分析创新生态系统的演进范式与治理机制？从哪个切面将知识生态化理念嵌入创新生态系统的内容体系之中？采取什么样的合适研究方法整合知识生态与创新生态系统的研究内容，完成研究目标？由于创新生态系统的复杂性，对其研究需要层层递进。要研究上述问题，必须分步骤解决以下三个方面的问题。

第一，创新生态系统知识生态化的本质和内涵是什么？以知识生态化的视角探究创新生态系统，基于的重要前提是创新生态系统中各类创新组织所具有的知识属性、创新活动所呈现的知识流动特征以及系统节点和要素相互之间所具备的知识关系。因为创新生态系统的知识生态化发展才使得知识生态化视角的研究成为可能。从知识生态化视阈认知创新生态系统，需要确定：什么是知识生态？如何认知创新生态系统的知识生态化？知识生态是认知创新生态系统的一个嵌入点，设定的基础是创新生态系统成员的创新是以知识为载体进行价值创造与交互，生态圈囊括了知识的创造、传播与商业化应用过程中参与进来的各类组织机构。这样的认知角度既符合以工业企业为核心的创新生态系统状况，也契合数字技术支持下涌现出的数字创新生态系统、平台创新形态等新兴创新生态系统的认知。因此，本研究首先对创新生态系统知识生态化概念进行理论辨析：一是通过相关理论的讨论与分析，探寻创新生态系统知识生态化的理论基础；二是梳理已有相关的一些研究文献，在对现有研究纵横交叉述评的基础上形成系统性的观点体系。此问题的深度研究，主要在于既要弄清楚创新生态系统已有的研究脉络和不足，也要从逻辑上、理论上辨析争议，提出创新生态系统知识生态的逻辑框架和可行性。解析创新生态系统知识生态化的基本内涵将是整个研究的基础，一方面是要使得知识生态化视阈的研究建立在理论基础之上，另一方面是需要奠定后续其他问题研究的逻辑起点。需探究创新生态系统知识生态化包括哪些要素，具有什么样的架构？明确知识生态化对创新生态系统演化的影响是奠定知识生态化视角研究意义的关键环节。此外，数字化场景下，知识生态与创新生态系统的研究会有哪些新的内容和问题，数字化时代，创新生态系统的知识生态化会呈现什么样的变化？这将是在场景情境变化情况下，创新生态系统知识生态化的新趋势和新领域。

第二，知识生态系统与创新生态系统是什么样的关系？如何判断两者之间的关系？两者之间的关系是依托于什么样的支撑条件？用知识生态化理论与方法如何阐释创新生态系统的演进范式？如何描述这种演进范式的过程？此部分所需探讨的问题是本研究的主体内容，是承前启后的关键研究问题。在知识生态系统与创新生态系统关系的相关研究中，有学者研究发现，知识生态系统对商务生态系统并没有直接的驱动作用，而且研究中所设想的两者关系的支撑网络——金融网络对大企业构建商务生态系统没有支撑作用（Clarysse et al.，2014）。知识生态系统与创新生态系统的关系是否也是如此？笔者认为，创新生态系统与商务生态系统存在明显的区别，两者所依赖的价值创造机制不一样。前者是知识价值的创造与实现，后者注重产品和服务商业价值的创造与实现。因此，克拉里斯等（Clarysse et al.，2014）的研究结论不适用于知识生态系统与创新生态系统关系的描述，必须探寻一种契合两者特性的研究方法有效剖析两类不同系统之间的内在联系。知识生态系统和创新生态系统各自的系统成员之间是一种网络联结关系，两类生态系统都属于网络组织结构，这个特性为采用社会网络分析方法进行研究提供了可能性。本研究将采用整体网分析方法，以省域范围内包含了企业、高校、研发机构等创新组织的创新生态系统为样本收集数据，采用结构模型图和中心度指标分析两条途径对这两类不同生态系统进行研究。通过数据实证分析的方法，验证两类生态系统之间的关系，建构知识生态视角研究创新生态系统的科学性与可信度，对创新生态系统演进范式提出理论探讨。

第三，创新生态系统的演进是一个动态演变的过程，在演变的各个阶段需加强治理以保障系统的效能发挥。创新生态系统的治理是各类创新参与者构建生态圈关系，实现价值共创，促进创新生态系统平稳良性发展的必要前提条件。提高创新生态系统创新效率，必须加强系统的治理。创新生态系统如何进行治理？采取什么样的模式治理？如何实施知识治理？治理的内容有哪些？有研究从交易经济学角度把创新生态系统看成是一个双边交易市场，从工程设计角度把创新生态系统看成是技术结构系统，以此探讨创新生态系统的治理问题（Gawer，2014）。但此类研究是基于交易成本经济理论以及工程设计理念，不能解决以知识资源，尤其是数字化知识为创新资源，创新组织之间多元结构关系、结构复杂但动态演进平衡稳定的创新生态系统治理问题。因此，笔者提出基于知识生态的角度，知识治理的本质内涵和特征都契合对创新生态系统治理的描述与分析。无论是对创新生态系统中知识创造与流通的关键节点关系描述，还是对创新生态系统中知识流动与商业化价值创造过程的理解与分析，知识治理是阐释创新生态系统治理的重要概念与逻辑设计。认知知识治理有哪些知识活动？这些知识活动对创新生态系统有何影响？这是确定如何实施知识治理以及实施内容等需考虑的重点。本研究首先采用跨层次多案例分析方法，通过构建创新生态、演化动力和治理机制三个核心范畴组成的理论框架，提出创新生态系统治理的理论观点。其次，用计量统计模型验证知识活动的各项指标与创新生态系统创新效率的测量指标进行回归分析，通过案例分析与定量分析得出研究结论，为进一步提出创新生态系统治理的政策建议提供理论依据。

二、研究意义

源于越来越多产品和技术设计及创新是由参与创新生态系统的、相互依存的各类创新组织来执行（Luo，2018），创新生态系统概念自提出之后就一直是创新管理研究的热点。数字化时代的来临，不仅没有削弱创新生态相关理论研究的重要性，反而创造了多样化的、多种术语表述的创新生态系统概念。研究背景的变化和研究对象的复杂化带来了更多实践问题和理论需求的同时，也更凸显了深度挖掘创新生态系统研究的重要意义。从现有文献内容的梳理来看，传统的创新理论研究主要聚焦于企业等组织的创意创造、产品研发与产品商业化过程管理与创新的研究，而创新生态系统的研究则主要是关注创新环境生态化、创新组织关系多层网络化、创新模式动态复杂化以及创新过程多层嵌入和同步化等。创新环境与资源的差异，限制了传统创新理论在创新生态系统研究上的可复制性和作用。在方法论上，现有创新生态系统研究需采用混合型研究方法和综合的数据定量分析方法，以便拓展研究的深度和奠定理论挖掘的可行性。在实践情境中，平台企业、虚拟企业以及新创企业的涌现打破了创新组织的边界壁垒，数据等知识的数字化、多主体的深度参与和关系的动态变化带来了创新资源管理难、创新组织关系协同复杂和生态化创新过程协调管控不易等创新生态系统治理的实践挑战。

（一）理论意义

基于生态化的类比，知识生态在区分创新生态系统要素，提高创新生态系统整体创新绩效和促进相互连接的创新机构共同演化等方面起着独特的研究价值。通过对知识生态化作用下创新生态系统结构、节点关系、动态网络等情境和现象的新认知及新的理论辨析，进一步拓展创新生态系统的研究范围，丰富创新生态、创新经济学等理论的内涵。基于知识生态化视阈的研究，是为了构建一种以知识的供给与需求为基础，解析创新生态系统结构架构、内在关系和演化进程，探寻创新生态系统演进范式与治理机制的理论技术框架。该技术框架打通"生态化–演进–治理"的动态逻辑联系，为多种外部环境演变下创新生态系统的发展变化研究提供独特视角，呈现具备新的思维方式的学术观点，衍生新的理论研究逻辑关系，拓展创新生态系统研究的新范式，为宏观、中观和微观层面的创新生态系统研究提供更多有价值的理论观点。

数字技术在创新过程中的使用，进一步提升了知识生态化视角研究创新生态系统的理论意义。如何认知数字经济背景下创新生态系统成员以及成员之间创新活动和联系的变化，应该对数字技术给创新生态系统形成、发展、演变与治理所带来的从思维体系到技术方法的变革进行全面深度的剖析。一方面，数字化背景下，创新合作关系重塑，创新行为的博弈选择具有更大的不确定性。另一方面，知识数字化趋势凸显，显性和隐性知识的角色转化及传播具有更多路径，创新主体的知识交互选择面临更多的考量因素。基于此，本研究希望能通过问题的解析探讨实现企业、区域及国家创新生态系统治理的决策创新，这既是本研究的立足点，也是本研究发掘新观点所基于的实践前提。目前学术界相继提出了数字创新生态系统、大数据生态系统、平台生态系统等理念，但对于这些新概念的探讨重点还没有涉及或还需进一步深度分析创新生态系统演进态势与治理等问题。情境化和场景化也是推动创新生态系统理论研究的重要因素。情境化和场景化创新研究必须基于我国创新生态的实践,采用适宜的研究方法揭示创新生态系统演进规律,探寻情境化、场景化创新的相关理论观点。因此,数字技术的涌现及数字经济的影响,为创新生态系统研究带来了理论创新的新背景和新场景。企业创新、区域和国家创新体系等面临多种创新生态系统形成与动态演变带来的新问题,新问题的研究则需要新的理论解释与支撑。尽管数字化技术可以引起创新生态系统资源重组、关系重塑和结构重构,但并不会改变创新生态系统概念的本质,创新生态系统依然还是一个以知识为基本资源要素,以知识交互连接为基本行为准则的由诸多类型创新组织所组成的创新联合体。从知识生态化视角探究创新生态系统的演进与治理,可以整合多视角研究创新生态系统的理论观点,拓展创新生态系统理论研究范围,深化知识生态系统与创新生态系统关系实证研究的理论深度,衍生出创新生态系统战略演进、形态演化的多层面理论角度,开拓创新生态系统研究的新范式,把创新系统研究进一步深化。

生态系统研究的复杂性使得创新生态系统的定量测度存在一定难度,因此现有关于创新生态系统研究以案例分析、模拟仿真和模型演绎等研究方法居多。尽管生态系统的指标选取和测度受制于数据获取和模型构建的一些限制,但是在以现有文献为基础,通过缺口发现和质疑假定等过程提出研究问题的理论研究中,多元化的计量统计分析方法不失为一种契合创新生态系统研究要求且有效的方法之一(徐淑英等,2016)。作为一种网络结构状的系统,整体网络分析方法可以为创新生态系统的解析提供一种新的方式,可以加深对创新生态系统结构和成员之间关系的洞见与理解。在理论研究上这是一种新的范式,在研究方法上这是一种新的视角,可以沟通微观和宏观层面创新生态系统之间的逻辑关系,为创新生态系统演进范式与治理的解释提供更多的理论观点与结论。

(二)实践意义

创新生态是复杂创新环境背景下组织合作和协同创新的生动实践写照,一是企业等组织需要创建创新生态圈以搭建符合共同创新目标的创新联合体,二是企业等各类组织也需要嵌入更多的创新生态圈以实现价值共创与共享。创新生态系统已经成为微观、中观和宏观创新体系的一种创新情境,其结构、运行机制与不同层次之间的演化关系尚需深入研究与发掘。企业的创新实践需要了解创新生态系统的构建与培育机制，宏观政策制定者需要掌握创新生态系统发展与管理的规律与路径。用整体网分析等方法解构创新生态系统，通过建模与实证研究提出创新生态系统构建与完善的政策建议与具体措施，对于企业整合和提升技术能力，高校和科研机构等组织理顺创新机制以及为政策制定者优化创新环境提供政策建议具有非常重要的实践参考价值。从知识生态进化的视角解剖创新生态系统培育、成长与演化的规律、机制，可以系统地分析影响创新生态系统作用的能力要素和外部环境，为组织构建、管理创新生态系统提供实践指导，为企业等创新主体整合和提升技术能力提供措施和方法的借鉴，为各类创新组织创建生态化创新环境提供政策建议。

如何在推进创新生态系统治理机制构建的同时加强知识生态化治理，这是创新生态系统服务于组织创新的前提和先导，也是宏观和微观层面创新生态系统治理应解决的实践问题。创新生态系统的构建与治理须处理系统成员之间复杂的关系网络，强化基于知识生态驱动和创新生态驱动共轭共生的治理机制与制度设计。现有研究对基于知识生态视角下创新生态系统演进与治理的研究还不多，能提供给企业和中观、宏观创新生态系统管理者决策实践的研究结果还远远不够。本研究以知识生态系统与创新生态系统关系解剖为突破口，充分运用网络分析、案例分析和定量分析等方法，对两类系统的关系进行分析，提出创新生态系统知识治理的检验方法，验证"知识驱动"的知识生态系统治理和"价值创造驱动"的创新生态系统治理双重关系，并提出创新生态系统治理的具体政策建议。研究成果为企业微观决策提供实践依据，为政策制定与制度设计提供决策参考，对于提升我国国家、区域、产业和企业创新生态系统的整体竞争力具有重要的实践意义和应用价值。

本研究的逻辑框架也具有独到的政策应用价值。对于地方政府来说，应聚焦区域自身具有特色优势的创新生态打造，引导区域创新资源的合理分配而避免锁定风险并形成具有韧性的区域创新生态，不应忽视区域技术知识积累和产业基础而过分追求数字经济产业发展红利。同时，对于处于创新追赶的地区来说，在区域创新政策制定和产业规划中，加强区域自身独特的经济"韧性"和超越路径的研究，充分利用数字经济浪潮的推动力，发挥区域创新生态系统的韧性作用，为区域创新生态数字化转型升级提供富有针对性的政策建议。

第三节 研究方法和技术路线

本研究所构建的研究思路建立在大量文献资料的梳理与理论分析基础之上，理论的阐释与推导贯穿了研究的全过程。自商业生态系统提出到创新生态系统概念的出现，学术界就采用各个领域和来源的理论对创新生态系统概念及内容进行了多层次和多角度的解释和分析。随着研究的与时俱进，也产生了许多研究框架和理论观点，使用的研究方法也不断创新。创新生态系统的研究从根本上讲就是需要探寻更多的理论观点，发掘更多理论观点，丰富现有的理论体系，也是完善目前理论研究的需求。本研究基于开放式创新、创新系统、创新网络、知识网络、知识管理等理论基础，结合文献的系统梳理，采用理论逻辑和推论分析构建了本研究整体的理论框架。具体来讲，就是做了以下研究工作：第一，搭建创新生态系统知识生态化的理论框架，通过理论借鉴、逻辑推导和模型阐释的方法明确创新生态系统中知识生态发展的趋势与特征。第二，分析创新生态系统知识生态化的基本架构，论证基于知识生态视角研究的理论基础，尤其是推出了知识生态化视角创新生态系统演进与治理的理论观点。基于演化博弈理论研究了知识生态化视角下基于知识供需关系结构的创新生态系统演化路径及其影响因素。第三，建构知识生态系统与创新生态系统整体网分析的理论框架，搭建了整体网分析方法研究创新生态系统演进的研究思路。第四，提出创新生态系统知识活动影响创新产出的理论假设，并通过理论与实践的融合加强假设提出的理论性。在理论分析的过程中，理论的应用和文献的梳理与分析是重要的研究方式。笔者多年一直关注知识管理、创新管理的研究，对创新生态系统、协同创新、知识网络、知识管理等国内外学术论文和实践案例进行了长期跟踪。通过多项课题的研究对国内外文献进行了系统的梳理和综述。在本研究中，利用文献研究熟悉现有研究的现状与不足，寻找研究的问题。通过文献研究与对比，总结提炼本研究的创新之处。在研究各个具体问题的过程中，本研究采用了相应适宜的研究方法。

一、研究方法

（一）案例研究法

整体来说，本研究采用了定性与定量相结合的体系化研究方法。定性研究方法聚焦于重点案例的分析，案例分析主要目的是挖掘创新生态系统展现的实践情境，其中采用了基于扎根理论的探索性研究。本研究在创新生态系统知识治理研究的部分采用此类案例研究方法。选取了山河智能、长沙视频文创产业和湖南省创新生态分别作为企业、产业和区域创新生态系统的案例样本，通过参与式观察、调研和新闻报道、企业年报、政府政策文件、企业和政府统计数据等来源收集素材。采用了扎根理论研究的三步编码法，对三个案例分别从创新生态、演化动力和治理机制三个维度提出了研究结论。

（二）演化博弈分析

演化博弈，也叫进化博弈，强调博弈方策略选择的战略价值。演化博弈中的"战略"概念是指一类群体的行为方式，而不是个体的选择。创新生态系统是借用生物学中生物种群的类比所形成的概念，而演化博弈是社会科学家引入生物进化博弈理论来研究社会问题，特别是用来解释社会制度的变迁、社会习惯以及社会规范形成等问题而形成的新的博弈论研究视角（张维迎，2013）。演化博弈理论适宜生态系统演进的研究，它强调博弈方基于自身需求选择和特定行为方式而形成的"演化稳定战略"（evolutionary stable strategy，ESS）是生态系统演化稳定的一种趋势。

本研究采用演化博弈分析方法构建了知识供给方和需求方基于合作与非合作的演化博弈模型。在假设提出的基础上，对收益矩阵进行了均衡点分析与演化稳定性分析。进一步还通过参数设置，对各参数水平下，合作成本、合作收益、非对称性策略收益和违约金对知识供需双方博弈策略选择动态演化的影响，从而分析了基于知识供需关系结构的知识生态对创新生态系统演化的影响路径与作用机制。

（三）整体网分析方法

整体网分析方法是社会网络研究方法应用的前沿，适于以网络化结构为基础的复杂系统的密度、成员关系、子群结构等内容的研究。本研究以模型构建为前提，采用整体网分析方法，以 UCINET 软件为分析工具。选用 4 个省域区域反映各类创新主体之间合作情况的数据，对知识生态系统和创新生态系统进行结构模型图、度数中心性、中间中心度和接近中心度等指标研究，分析知识生态系统与创新生态系统之间的关系，发掘有价值的规律和理论贡献。

（四）计量统计分析

本研究运用了计量统计分析研究方法，采用了 Stata 软件进行数据处理。在指标维度解析的基础上，收集时间序列数据，采用二项式回归模型进行回归分析，测量创新生态系统知识活动对创新产出的影响程度，为提出创新生态系统的知识治理建议提供了实证依据。

二、技术路线

本研究以知识生态化视角下的创新生态系统为研究对象，围绕"推动创新生态系统演进的动力是什么及如何治理创新生态系统"为核心问题展开研究。从问题提出和理论综述入手，综合采用案例分析、演化博弈、整体网分析和计量统计分析等研究方法，按照"对创新生态系统知识生态化概念进行理论辨析—提出创新生态系统知识生态化的基因与架构以及创新生态系统演化博弈—用整体网分析基于知识生态化的创新生态系统演进—案例和定量结合分析创新生态系统的知识治理—提出创新生态系统治理的政策建议"的研究思路组织研究内容。具体研究思路与技术路线如图 1.8 所示。

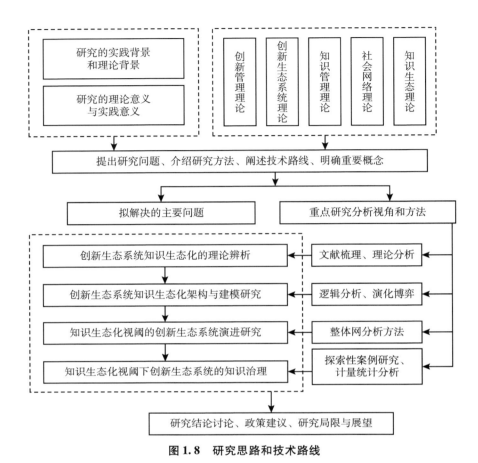

图1.8 研究思路和技术路线

第四节 研 究 内 容

本研究共分六章，具体的章节内容如下：

第一章为绪论。本章从现实和理论两方面引申出研究背景，提出所要研究的问题和研究意义。对研究该问题的方法、研究思路和研究内容进行了说明和阐述，对相关概念进行了明确。

第二章为创新生态系统知识生态化的理论辨析。本章首先从创新生态系统研究、知识生态和知识生态系统研究、知识生态与创新生态系统研究和数字创新与数字化创新生态研究四个方面进行文献梳理及述评，了解现有研究的发展脉络，发掘研究不足。然后提出现有关于创新生态系统认知的挑战与新视角。在分析的基础上，提出创新生态系统知识生态化的理念，并对其内容展开深入的诠释。从知识生态化视角对创新生态系统的演化与治理进行了理论逻辑分析，为后续研究奠定理论基础。

第三章为创新生态系统知识生态化架构与建模研究。本章从系统成员角色、知识基因、知识基础和知识域四个方面提出了创新生态系统知识生态化基因的理念和内容。提出创新生态系统知识生态化内部要素和外部要素，并以基因要素、内部要素和外部要素为基础，建立起创新生态系统知识生态化的支撑要素架构模型，为后续整体网络分析和实证研究提供理论支撑和内容框架。进一步，基于演化博弈理论，采用演化博弈分析方法研究了基于知识供需关系结构的知识生态对创新生态系统演化的影响。设置不同水平的参数值，通过模拟仿真方法分析了不同的合作成本、收益、非对称策略收益和违约金水平下知识供需双方策略选择动态演化路径。

第四章为知识生态化视阈下创新生态系统演进研究。本章采用整体网络分析方法，分析了知识生态系统和创新生态系统之间的关系，发掘知识生态系统驱动创新生态系统演进的动力与支撑体系。分析过程主要采用系统结构模型图和中心度分析指标分别对收集于江苏、湖北、湖南和四川这四个省域的数据进行知识生态系统和创新生态系统整体网络分析。在结果分析的基础上，提出了创新生态系统的演进范式，总结了研究贡献和实践应用。

第五章为知识生态化视阈下创新生态系统知识治理。本章主要探究创新生态系统如何进行知识治理的问题。采用基于扎根理论的案例分析方法对选择的企业创新生态系统案例——山河智能、产业创新生态系统案例——长沙文化创意产业、区域创新生态系统案例——湖南创新生态系统等三个案例进行了跨层次的多案例研究，对每个案例从创新生态、演化动力和治理机制三个维度提出了研究结论。然后采用计量统计模型实证分析了创新生态系统内企业与其他组织之间的知识活动对创新生态系统创新绩效的影响关系，并以研究结果为基础分析了创新生态系统知识治理的实践启示。

第六章为研究总结与展望。本章总结了本研究所涉及的所有研究结论，提炼概括了研究的创新之处。结合研究结论，提出了加强创新生态系统建设与治理的政策建议。最后指出研究的局限，提出可进一步研究的问题。

第五节　概念界定

一、知识生态

知识生态是借用生物学理念用来解释知识与创新社会动态环境的类比型概念，用来解析创新生态系统在数字技术、数字经济等新技术、新经济因素驱动下所出现的新的进化现象。知识生态概念能诠释这种现象的核心理念，能搭建起传统创新经济理论与新进化经济理论之间的关系。知识生态包括能存储和重新获取知识的组织，也包含了以多种形式管理知识流动的机构。但是其中关键和重要的组织是营利性企业、高校和公共的、私有的专业研究机构（Metcalfe and Ramlogan，2008）。知识生态包括了知识技术、动机前因、知识转换和绩效产出之间的影响关系。具体而言，知识生态是指知识主体之间基于知识创造、交互与应用流程而形成的分布式组织系统结构，是一类集中于解释创新生态现象的理论与实践。

二、知识生态系统

知识生态系统出现在研发成果商业化之前的阶段，远离应用和商业化新知识的创新链下游活动（Valkokari，2015）。有学者提出知识生态系统是系统成员在地理空间的聚集，高校和研究机构是关键核心组织（Clarysse et al.，2014），系统知识开发的关键活动是通过系统成员的协同研究完成。此外知识生态系统也可以看成是通过知识价值创造将各类知识主体集成的一种网络化结构。在知识生态系统中，除了高校、研究机构等主要组织之外，还存在技术市场、公共技术研发机构等知识节点（Valkokari，2015）。布雷（Bray，2009）认为知识生态系统是知识技术、动机前因、知识转换和绩效产出以自下而上的过程整合而形成的适应性"搭配"。该研究还进一步指出，知识技术包括计算机界面和网络系统，支撑人与人之间的成组织的知识转换。动机前因包括组织动机、标准价值和基于信任的竞争，能支持和鼓励组织内和组织之间的知识转换。知识转换则包含组织内和组织之间的知识共享、重复使用以及知识保护行为。基于已有文献和理论，本研究认为知识生态系统是指由各类知识主体按照知识交互和流动的关系与过程，依托于知识网络的支撑和数字技术的支持所组成的分布式生态结构化系统。

三、创新生态系统

生态系统强调系统中各组成单元之间相互关联的关系，"生态"就是聚焦于组成单元之间关系的属性。从创新的角度看，位于创新生态圈中的创新机构是从属于一种适宜的生态位，在创新链中承接创新演化与互动的作用。在自然生态系统中，生物共生关系有三种形式：共生（双方都能互助获益的关系）、共栖（一方受益而另一方不受影响）、寄生（一方受益但另一方受到消极影响）（Offenberg，2001）。创新生态系统是动态演化的，因为它建立在系统组成单元连接和伙伴关系等属性之上（Mazzucato and Robinson，2018）。例如，由于政策的影响，企业的业务拓展与变化会导致投资与研发战略进行调整，企业构建的外部知识网络体系由此会产生新的链接与关系模式而重构。

因此，本研究倾向于对创新生态系统偏中观层面（meso-level）的定义。中观层面的定义能全面反映系统单元之间的关系，既能表征微观层面（micro-level）组织所形成的网络系统本质，也能搭建与宏观层面（macro-level）系统描述的联系。本研究认为，创新生态系统是由处于生态圈中适宜"生态位"并且具有与创新过程相关创新行为的各类组织，通过共生机制和共享平台构建知识供给与需求关系，在产品和服务的开发与应用方面实现价值创造的网络化体系。创新生态系统包括领导者、核心企业、用户、中介、竞争与合作伙伴、创新服务机构和基础设施等。知识是创新生态系统的核心要素，知识的创造与管理是系统的运行基础，知识在时间轴和空间轴上的转化、更替与增长是系统演进的驱动力，知识创造、传播与应用的机构是系统治理的主体。

四、知识网络

社会网络理论强调，网络资源会影响企业的创新绩效，企业应利用外部知识网络获取企业内部所需的关键资源（Granovetter，2005）。以组织结构为边界，知识网络分为内部知识网络和外部知识网络。形成知识生态系统与创新生态系统共有支撑网络的是组织的外部知识网络。本研究认为外部知识网络（external knowledge networks）是指组织之间以各种联系方式所形成的，以具有不同知识属性的组织之间知识流动为主要形式，能促进组织获取、转移外部知识的效率，具有结构、关系和知识特征的动态网络体系（詹湘东和谢富纪，2019）。外部知识网络是企业与外部组织以各种联系方式所形成的，以具有不同知识属性的组织之间知识流动为主要形式，具有结构、关系和知识特征的动态网络体系（Tsai，2001；Oyelaran-Oyeyinka，2003）。

五、知识治理

知识治理是在知识管理概念基础上衍生出的，包含了知识管理内涵的新的概念。知识管理包括组织内部知识管理和外部知识管理，外部知识管理（external knowledge management）是指组织获取和转移外部知识资源的行为。外部知识管理的一系列知识活动体现组织识别、选择、获得、吸收和整合外部知识及与其他组织建立更紧密联系的方法和程度。除了获取知识的实践之外，外部知识管理还包括建立共享知识的价值系统和知识编码化过程的实践（经济合作与发展组织、欧盟统计署，2011）。

创新生态系统的知识治理建立在外部知识管理内涵衍生的基础上。创新生态系统知识治理是指依托于政府、企业、高校、科研机构等组织联合形成的实施主体及相关政策体系，对系统成员之间的知识活动进行针对性的方式选择、规模确定和流程优化以提高创新生态系统创新绩效的一种机制设计和制度安排。创新生态系统知识治理的活动按三个维度测量：知识获取、知识合作和知识交易。知识获取体现创新生态系统组成成员之间知识供给与需求的关系，它是系统成员进行创新过程中的必不可少的知识活动。知识合作反映的是系统成员之间的合作、协同创新关系的知识活动。知识交易是以合同形式承载的技术、产品、工艺等创新产出的交易形式，体现创新生态系统中介机构活跃程度的知识活动。

六、数字创新

数字创新的出现来源于创新过程的数字化。尤等（Yoo et al.，2012）认为数字技术独一无二的特征就是产生新形态的创新过程，让数字经济时代与工业时代的创新过程产生本质的区别。数字创新的出现源于三个最根本的因素：第一，数字技术在企业等组织创新过程中的使用；第二，数字技术对组织创新资源、过程和模式的重构；第三，基于数字技术的渗透与运用涌现的新型创新模式，如数字平台创新。参考南比桑等（Nambisan et al.，2017）的定义，本研究认为数字创新管理是指数字技术和数据等数字化元素在创新过程中使用与渗透而导致的创新组织结构、创新过程、合作关系和创新模式的重构再造，以及完全基于数字化资源而形成的组织、资源和环境之间新的创新组合。

第六节　本 章 小 结

本研究选题的意义来自实践和理论的重大需求。创新生态系统是一个有着多样性的、丰富实践场景的创新现象，实践的创新发展形成了与时俱进的理论创新需求。本章从创新生态构建基础、创新生态发展新动源和创新生态演进新引擎三个方面着重阐释了创新生态发展的实践。在创新生态系统研究中，知识生态化是新的理论视阈、知识生态系统是新的逻辑框架，以及知识治理是阐释其治理机制新的理论视角三个方面提出了理论创新的范畴。在阐述实践与理论溯源的基础上，提出了本研究所聚焦的三个方面的关键问题。本章还对研究中所涉及的部分重要概念进行了提前的阐释与介绍，以便读者先行对研究中的关键性的研究主题有个基本了解和界定。

第二章

创新生态系统知识生态化的理论辨析

　　伴随企业技术创新研究的历程，组织知识管理理论也与时俱进，不断发展丰富。创新生态系统是企业等组织创新演化发展而成的新范式。与"生态"理念的观察窗口和研究视角相适应，用知识生态理论及相关研究方法来分析与检验创新生态系统中组织机构的知识活动和知识资源流动机理和路径，将更为有利于创新生态系统实践与理论问题的解析与阐释。如今，大部分企业都会把自己嵌入在一个由供应商、分销商、外包商、产品和服务提供商、知识供应方和其他组织所组成的创新生态系统中（Iansiti and Levien，2004；Su et al.，2018）。创新生态圈或创新生态系统是商业模式和创新模式演化更替发展而成的高级阶段，它们突出表现为创新组织与其存在创新链接关系的其他组织形成一个各自处于适宜"生态位"的结构相对稳定，且动态演化的结构化系统。创新生态系统是一个功能强大的价值创造系统，其价值的创造是基于创新生态系统成员之间的知识活动而实现。知识生态化是创新组织之间一系列知识活动互嵌而成的知识供需关系，以及由知识活动推动知识供需关系动态演化所形成的发展方向和趋势。建立知识生态化视阈下的创新生态系统研究框架，需先理解创新生态系统知识生态化的逻辑来源与理论内涵。基于此目的，本章重点辨析创新生态系统知识生态化的理论逻辑与内涵，剖析创新生态系统认知中的挑战，提出创新生态系统知识生态化的内容，建立内涵认知的框架。理论辨析需要有理论溯源和理论基础作为前提，因此本章首先对已有相关研究文献进行综述与述评，从已有文献述评和理论溯源中探寻本研究的价值。

第一节 创新生态系统研究综述

现今，创新生态系统是创新管理和创新经济学领域研究的重要议题。而且，随着创新环境的变化，创新生态系统研究的聚焦对象、研究目标和研究内容也正与时俱进。创新生态系统是组织创新模式演化形成的产物，是传统线性创新模式以及创新系统模式逐级演变发展的高级阶段。有学者认为创新生态系统是在创新所面临的高度不确定原因影响下组织创新演变发展而形成的（de Vasconcelos Gomes et al.，2018）。除了不确定创新环境的影响之外，在开放式创新模式下，创新生态包含了两个或两个以上的组织，企业必然嵌入并成为由创新伙伴、创新资源、创新行为和创新制度相互融合所形成的创新生态系统的一部分（Holgersson et al.，2018）。创新生态系统的概念在战略、创新与创业等领域的研究中得到了广泛的应用。国内外学者从多角度、多层面对创新生态系统进行了丰富的研究。通过对以创新生态系统为研究对象和研究主题的相关文献进行梳理，确定从研究起源与理论脉络、概念研究与理论基础、系统结构与运行机制、作用机制与系统治理以及研究范式与研究方法等五个方面对现有文献进行综述。

一、研究起源与理论脉络

"生态系统"这一概念的出现可以追溯到 20 世纪 30 年代，研究"生态化"的学者解析了它的不同含义（Willis，1997）。创新生态系统的研究最早开始于 1993 年摩尔（Moore）提出的"商业生态系统"（business ecosystem）概念及其相关研究（Moore，1993）。摩尔（Moore）将企业之间的网络从宏观和高度抽象的概念层次进行解释，而不只是单单从某个企业的角度进行定义。他还将商业生态系统的演化分为四个独立的阶段：初生、扩张、领导和重生（Su et al.，2018）。商业生态系统的主要目的是解释商业组织之间的关系，其所描述的商业组织之间的关系并非指短暂的合作关系，而是指需要建立一种深度互信的关系。有学者则认为商业生态系统是由来自不同产业的企业所组建的"异质"联盟，联盟企业围绕着核心领导企业建成一个基于商业价值创造与共享的网络型和战略性社区。商业生态系统中的企业以共享商业愿景或技术标准为联盟基础，因此具备两个基本的特征：技术标准和共享网络（Guittard et al.，2015）。商业生态系统的提出为创新生态系统概念的出现提供了参照标准，商业生态系统的内容拓展与领域外延都会触及到创新所包含的内容、涉及的范畴和层叠的边界，创新生态系统概念的提出与研究也成为可能。

随着生物学中的"生态"概念在管理学领域运用于类比研究的深入，"生态系统"一词后来被广泛应用于管理学的研究，其主要是用来描述"与提供产品和服务的核心企业进行交互的组织所形成的网络"（Moore，1993）。2004 年美国竞争力委员会首次提出"创新生态系统"（innovation ecosystems）的概念（Summit and Competitiveness，2005；蒋石梅等，2015）。在概念提出之后，各国研究机构和学者从多个角度展开了对创新生态系统的研究。近二十年来，学术界在概念、结构、演化和绩效等各个领域对创新生态系统开展了丰富的研究。"创新生态系统"一词在学术界、实业界和政府部门等领域都是一个流行词（Oh et al.，2016）。在研究层次上，创新生态系统的研究逐渐形成了宏观、中观和微观三个层次，也就是国家、产业或区域、企业创新生态系统（赵放和曾国屏，2014）。在研究脉络上，梅亮等（2014）认为，基于理论研究的视角，现有研究形成了新制度经济学理论、战略管理理论和创新管理理论三大理论流派。他们认为新制度经济学理论是基于有限理性的共演关系视角来研究创新生态系统；基于战略管理理论的创新生态系统研究则强调产业和资源对于企业获取竞争优势的影响；基于创新管理理论视角的创新生态系统研究则强调打破边界实现跨组织的功能互补。源于各个视角的理论研究丰富了创新生态系统研究的理论基础，产生了许多理论观点，为创新生态系统的演化与治理研究奠定了基础。同样，创新生态系统的复杂性决定了从任何一种角度切入的研究都存在一定的局限性。随着数字技术的涌现及由此而产生的数字创新的出现，创新生态系统呈现出非传统理论范畴所无法解释的一些新现象，这也导致了一些学者认为创新生态系统在概念、类型、驱动力、成功因素与测量等方面的研究还存在诸多空白以及许多尚需解释的现象与问题（Oh et al.，2016；Ritala and Almpanopoulou，2017；Granstrand and Holgersson，2020）。正是不断变化的创新环境以及不断涌现的新现象与新问题，才使得创新生态系统的研究具有越来越旺盛的生命力。

尽管学术界最先提出的是"商业生态系统",但是商业生态系统和创新生态系统之间的差异及对比研究则是引起了不少学者更多的关注。赖特(Wright,2014)认为创新生态系统是商业生态系统之后兴起的研究热点,区分两者之间的不同是深入创新生态系统研究的意义所在。两者的主要区别在于商业生态系统的需求方是消费者或用户,而创新生态系统的需求方不仅仅只是消费者或用户,还包括其他类型的创新组织(Wright,2014;Clarysse et al.,2014)。相对于创新生态系统,商业生态系统接触消费端的方式更加的"刚性",但两者主要的区别还是在于,商业生态系统是"获得价值",创新生态系统是"创造价值"(Clarysse et al.,2014)。斯卡林格拉和拉齐温(Scaringella and Radziwon,2018)指出商业生态系统接近用户的方式比创新生态系统更为实际和明显。在创新生态系统中,关键企业应建立一种能协调知识流和应对合作网络中所固有挑战的战略。因此,创新生态系统的概念应能体现出关键"基石"企业在创新生态系统新生和成长过程中起到的重要作用,并具有能持续向新的方向演化的资源和能力,如虚拟空间、平台等。综合现有研究结论,很明显可以看出,商业生态系统与创新生态系统在组织结构和价值贡献等方面存在明显区别,学者们在该研究内容上的观点是较为一致的。

随着研究范式的扩展,所采用的研究方法也逐渐增多,创新生态系统的研究也呈现出更多的理论视角,获得了更多的理论观点,学者们的研究也形成了更多的聚焦点。德·瓦斯孔塞卢斯·戈梅斯等(de Vasconcelos Gomes et al.,2018)通过文献引用网络分析的方法发现与创新生态系统研究所需理论基础相关的五大研究领域,并提出了支撑创新生态系统研究的理论体系。这五大研究领域分别是开放式创新与产品平台、战略管理、演化经济学、组织研究和生态系统结构。开放式创新与产品平台研究的主要学者包括有高尔(Gawer)、库苏马诺(Cusumano)、切萨布鲁夫(Chesbrough)和亨德森(Henderson)等。他们的主要贡献是提出了平台战略的"四层次框架"(Gawer and Cusumano,2002),指出了创新生态系统是开放式创新环境下获得外部知识的途径(Chesbrough,2003),研究了平台所有者如何管理互补性市场的准入性问题(Gawer and Henderson,2007)。战略管理研究的代表性学者有波特(Porter)、艾森哈特(Eisenhardt)、马丁(Martin)和蒂斯(Teece)等,该领域的主要观点指出战略管理是创新生态系统研究的重要部分，动态能力、跨行业合作等是战略优势的基础（Teece，1986；Eisenhardt and Martin，2000；de Vasconcelos Gomes et al.，2018）。演化经济学研究的代表性学者是纳尔逊（Nelson）、温特（Winter）、多西（Dosi）等，该领域的研究采用自然生态系统类比的方法研究创建了解释商业行为的演化理论和技术转换理论（Dosi，1982；Nelson，2009）。组织研究的代表性学者有图什曼（Tushman）和安德森（Anderson）、马奇（March）、鲍威尔（Powell）、扎拉（Zahra）和乔治（George）等，他们提出的概念，例如，知识开发、探索、知识学习和吸收能力等是创新生态系统研究的基础（Tushman and Anderson，1986；March，1991；Powell et al.，1996；Zahra and George，2002）。生态系统结构研究包括了商业生态系统和创新生态系统研究的学者伊安斯蒂（Iansiti）和莱维恩（Levien）、摩尔（Moore）、佩尔托尼米（Peltoniemi）和阿德纳（Adner）等，其主要的研究贡献是构建了商业生态系统的理论框架，并从多角度提出了研究内容，形成了研究观点（Iansiti and Levien，2004；Peltoniemi，2006；Adner，2006）。德·瓦斯孔塞卢斯·戈梅斯等（de Vasconcelos Gomes et al.，2018）的总结将创新生态系统研究的理论基础以及理论来源进行了较为详细的阐述，对于了解创新生态系统的研究视角非常有帮助。

国内学者也对创新生态系统的兴起与发展进行了研究。比较多的做法就是采用文献梳理和知识图谱的方法对国内外现有研究进行综述，提供国内外的研究现状，总结国内外创新生态系统研究发展的路径（刘钒和吴晓烨，2017；陈衍泰等，2018；黄鲁成等，2019；解学梅等，2020；汤临佳等，2020；战睿等，2020；高静等，2020）。有学者从演变的角度认为创新生态系统是创新范式演变的产物，第三代创新范式就是创新生态系统，也就是企业创新模式 3.0（李万等，2014）。有学者对已有研究进行整理，认为创新生态体系的研究有较长的历史渊源，创新生态系统研究形成了三类研究视角：组织生态、战略和公共政策。组织生态学视角探讨区域内组织种群发展演化的规律，但是侧重规律的统计分析，忽视了组织之间机理的研究。战略视角的创新生态系统融合了动态能力、演化经济等观念，思考基点以多个创新组织组成的生态系统为主。公共政策视角的创新生态系统理论研究强调国家或区域通过创新获得经济社会发展的问题（吴金希，2014）。随着数字化创新的出现，国内学术界现在更为关注数字创新生态系统和数字化创新生态。基于中国情境，重点聚焦于国家创新体系生态系统、区域创新生态系统、产业创新生态系统和企业创新生态系统等不同层次创新生态系统构建、治理与演化中的问题研究，强调和凸显创新生态系统研究中中国知识体系的构建与发展。

二、概念研究与理论基础

尽管创新生态系统的概念在战略、创新和创业等诸多研究领域得到广泛的应用，但目前并没有一个统一且特别明确的定义。一则是因为创新生态系统概念内涵与外延的复杂性。二则是因为研究角度的多元化，使得创新生态系统的概念界定出自不同的领域，基于各种不同的目的。在数字经济时代，数字技术应用于创新的实践使得创新生态系统呈现新的形态，拥有更多丰富的含义，也产生了更多不同的解释。对于创新生态系统的定义，学者们基于不同的实践和目标提出了定义，主要的一些概念定义如表 2.1 所示。关于什么是创新生态系统？如何定义？由于学者们的研究视角各异，关注重点不同，因此创新生态系统的概念定义较为难以形成一致看法。从现有文献中已有的关于创新生态系统的定义、含义解析、结构和演化研究的内容来分析，创新生态系统概念及其内涵聚焦于三个方面。第一，创新生态系统是一种网络结构体系。网络视角的定义认为创新生态系统是个人和组织等不同角色交互与合作所组成的网络或平台系统（Iansiti and Levient，2004），或者是由相互联系的行动者按照一个特定的价值链所组成的网络，这些行动者包括公共机构、企业、中介和任何对价值链上产品和服务的生产与使用有贡献的其他机构（Mazzucato and Robinson，2018）。创新生态系统表征为一种网络结构是学者们较为普遍认同的观点，网络结构的形成一是基于系统成员之间交互而成的复杂网络关系，二是环境、成员和系统资源构建而成的多层次和类型各异的网络体系。该定义也为运用社会网络分析方法研究创新生态系统奠定了概念基础。第二，创新生态系统是一个协同的价值共创系统。以协同视角提出的定义认为，创新生态系统是企业与外部组织因为互补和共生而形成的协同性创新体系（Adner，2006；张运生，2008）。价值共创强调了"生态"的意义，系统成员附属于某个子系统，通过网络链接产生资源的互补交换，形成价值共创模式。协同视角的定义突出了创新生态系统成员、子系统与环境要素之间共生、共存和共创的价值创造理念，为模拟仿真等方法的研究提供了理论基础。第三，创新生态系统是由知识构件和知识块所组成的创新联合体。

知识生态角度的概念定义以知识生态系统与创新生态系统之间的关系为基础。知识生态系统以知识创造与传播为核心，创新生态系统以价值创造为中心，包括了知识价值的实现（Clarysse et al.，2014）。此类视角的定义为知识生态化视角的研究提供了理论观点的借鉴。来自不同视角对概念的理解，也折射出创新生态系统研究的复杂性。对于组织来说，创新生态系统是位于组织外部，同时组织也嵌入其中的系统化创新组织形态。虽然现有研究没有对创新生态系统形成一个统一的看法，但依据已有研究文献可以认为，从"多维化生态结构"的角度来定义创新生态系统是可行的概念定义范式。创新生态系统可以看成是一个由各类创新组织和机构所构建而成的"交互空间"，通过不同交互方式，创新生态系统成员以及生态系统整体的创新过程和模式通过研发、新颖创造和传统市场行为等来创造社会和经济价值（Mazzucato and Robinson，2018）。就概念内容来说，已有文献中对创新生态系统的定义并没有区分国家、区域、产业和企业等不同层次，更多是抽象概念的提炼，重点突出创新生态系统的结构组成、系统成员关系、价值创造目的和知识范式等。

表 2.1   **创新生态系统概念的部分定义**

概念定义的内容	作者
创新生态系统是企业通过将它们独立的产品和服务组合成一个连贯的、面向客户的解决方案而形成的合作体系	Adner，2006
创新生态系统是一类由新兴的联节点或中心点组成的模块，由人、文化和技术等形成的知识构件或知识块构成体	Carayannis and Campbell，2009
创新生态系统是系统要素或实体之间所形成的复杂关系，其功能是促进技术开发与创新。系统要素包括物质资源（资金、设备和工具等）和人力资本（学生、教师、员工、行业研究者和代理人等）。系统要素组成有制度保障的实体（大学、工学院、商学院、企业、风险资本、产业 - 大学联合研发机构等）。创新生态系统包括由基础研究驱动的研发经济和由市场驱动的商业经济	Jackso，2011
创新生态系统是新知识探索和基于商务生态系统价值共创的知识开发利用之间的一个整合机制。创新政策制定者、创新中介、创新经纪人和基金机构等是创新生态系统的重要成员	Valkokari，2015
创新生态系统是异质性利益攸关主体的联结与协同，强调成员及其相互关联所形成的协调机制以实现价值创造	陈劲，2017

续表

概念定义的内容	作者
创新生态系统是建立在各种各样的系统成员基于创新目的的合作行为基础之上，如供应商提供关键设备和技术、各种组织提供互补性产品和服务以及用户构建需求及能力	Dedehayir et al.，2018
创新生态系统是由相互联系的行动者按照一个特定的价值链所组成的网络，这些行动者包括公共机构、企业、中介和任何对价值链上产品和服务的生产与使用有贡献的其他机构	Mazzucato and Robinson，2018
创新生态系统是一个包括了成员、行为、人工产品以及制度和关系的进化体，其中互补性和替代性关系对某个成员或一类成员的创新绩效非常重要	Granstrand and Holgersson，2020

综合已有研究观点可以认为，创新生态系统是由相互关联的组织通过链接关系而形成的网络结构系统。系统成员之间交互形成的网络（创新网络、知识网络等）以及在网络中所呈现出的"生态位"关系是创新生态系统研究的重要对象，而不仅仅是单个的企业或其他个体机构。此外，有学者认为创新生态系统是一种基于价值创造与实现的复杂体系。瓦拉维（Walrave et al.，2018）认为创新生态系统构建与演化的目的是"定位生态系统的价值"，也就是通过生态关系的动态平衡调整为系统的组成成员提供"最重要的普遍性生态系统建设建议"，能为创新参与者带来创新效应是系统的关键定位。他们将创新生态系统定义为由独立机构组成的网络，这些独立机构整合专业或互补的资源和能力以寻求合作创新及向终端用户传递重要的价值主张，并且从这些过程中获得相应的收益。与创新系统相对比，创新生态系统的概念突出"生态"的含义。尽管生态的理念来自自然界，但是创新生态系统是由人和组织所组成的经济社会系统，具有社会生态和经济生态的特质。例如，创新组织或机构之间的凝聚超越市场的合作关系，以及网络效应、互补效应和存在路径依赖等表明创新生态系统具有社会和经济生态属性（吴金希，2014）。

"生态"的概念源自生物学中关于种群、群落和环境等的描述，生态代表着一种非常复杂的结构性关系，因此创新生态系统在测量维度和指标选择分解上存在一定的难度。因为定量的指标需要在一定时间范围或者是空间范围内保持相对的稳定性，但是生态概念重在对演化与演变过程的阐释，具有

"矢量"的特点，而当量型数据在刻画系统演化发展的趋势与深度方面存在一些不足。尽管存在难度，还是有不少研究试图从多个角度来解读创新生态系统指标维度分解与测量的可行性，并提出一些有价值的指标维度测量相关的内容。蓬博－华雷斯等（Pombo-Juárez et al.，2017）在其研究中就提出了创新生态系统维度的分类：水平维度、垂直维度、时间维度和系统间维度。第一，水平维度指的是创新组织与政策的协调、与专业领域的跨领域协同。例如，创新组织与竞争对手、金融机构的协同，对区域创新政策、人才政策与教育体系的适应和对接等。灵活的治理机制是这种协调与协同的关键基础。第二，垂直维度指的是多层次生态系统之间的协同，分别从地方、区域、国家和跨国创新生态系统嵌入视角进行分层次的分类。第三，时间维度是指政策与创新生态系统在时间上的契合，该分类标准强调某项政策如何与其他政策和社会资源在时间上实现交互和呼应。将时间上的契合看成为政策在时间进程中将资源集中和行动协调的时间与规则作为创新生态系统指标选择与维度分类的依据，以区分创新生态系统的发展进程。第四，系统间维度是对不同子系统在集中资源、获取能量以及形成规模经济影响力方面的共同兴趣和合作能力加以区别，并以此为识别标志区分不同子系统在创新行为、创新能力和创新绩效等方面的差异。蓬博－华雷斯等（Pombo-Juárez et al.，2017）提出的创新生态系统维度分类适合于模拟仿真模型的深度分析，维度的包容性强。但是用数据进行精确测度存在难度，该研究也没有进一步对这一维度进行实证应用与分析。如果从差异的角度看，创新生态系统与创新系统指标维度分解的关键区别重在对"生态"的描述与测量。如果是关注绩效产出，两者的测量维度具有相似点和同一性。

此外，基于不同的组织形式和作用机制，学术界对创新生态系统也提出了不同类别的界定概念。例如，商业生态系统（Moore，1993）、数字创新生态系统（Rao and Jimenez，2011）、开放式创新生态系统（Chesbrough et al.，2014）和平台生态系统（Gawer and Cusumano，2014）。不同的概念名称及其内容为创新生态系统的理解提供了不同的理论来源，但同时也因为对界定的不同理解会导致相反的结论。例如，有些学者认为商业生态系统与创新生态系统是同义的（Overholm，2015；Gawer and Cusumano，2014），而有些学者认为两者存在区别（Valkokari，2015）。商业生态系统主要与价值获取有关，而创新生态系统则主要是与价值创造有关（de Vasconcelos Gomes et al.，

2018）。本研究认为，无论是从系统成员与结构角度，还是从系统的价值目标来看，两者存在本质的区别。

基于创新生态系统概念界定上的多元化、系统结构与层次的多样性和系统目标的差异化，学术界则采用了多种理论作为其研究的理论基础，这为创新生态系统的深入研究提供了多样化的理论来源。科洛克和德勒曼（Kolloch and Dellermann，2018）基于行动者网络理论，研究了虚拟发电厂的独特类型、机制和生产路径之间的争议等对创新生态系统的影响，强调了创新生态系统成员非理性行为在创新生态系统演化中的作用。演化理论也是较多用来研究创新生态系统的理论基础，该理论主要用来解释和关注生态系统成员基于重构过程的动态行为（Luo，2018）。刘平峰和张旺（2020）则从共生演化理论等角度对创新生态系统的演化规律及机制进行了研究。由于创新生态系统的研究涉及的范围非常广，采用的理论观点也较多。已有研究中较常见的创新生态系统研究理论包括：复杂科学理论（Russell and Smorodinskaya，2018）、动态能力理论（Lütjen et al.，2019）、互补性多平台理论（Kwak et al.，2018）、集体不确定性理论（de Vasconcelos Gomes et al.，2018）和生态理论（Shaw and Allen，2018）等。应用多种理论的解析，揭示了创新生态系统的内涵和机理，也为后续更多问题的发掘与研究提供了理论基础和溯源，但基于不同理论基础的概念定义也产生了关于创新生态系统的不同理解。德·瓦斯孔塞卢斯·戈梅斯等（de Vasconcelos Gomes et al.，2018）就指出，由于缺乏关于创新生态系统学术概念的理论一致性，就导致了学术研究方面对创新生态系统"情境"理解的模糊性。由此导致的结果是创新生态系统概念的使用会产生零碎和多样化的理论，从而难以对各个研究进行比较，也无法确保知识的整合。由此笔者认为，应探寻契合创新生态系统构建、演化与治理等大框架研究理论，建立能映射和表征各个层次以及不同发展阶段创新生态系统研究的分析逻辑与理论基础。

三、系统结构与运行机制

创新生态系统结构的研究在战略、创新和创业等领域的研究中得到越来越多的关注。由于创新生态系统概念的提出及研究是源自商业生态系统研究的深化与拓展，有一些研究则以商业生态系统为参照开展创新生态系统结构的分解（Gawer and Cusumano，2004；Iansiti and Leiven，2004；Adner，2006；Adner and Kapoor，2010）。创新生态系统结构的研究，关注点包括系统成员的组成、成员之间的关系模式，以及不同类型的创新生态系统所展现出的不同结构等。此外，还包括创新生态系统与商业生态系统、创新生态系统与知识生态系统在系统结构上的区别以及相互之间所能形成的组合关系（Valkokari，2015）。在不同的研究视角下，相关研究对创新生态系统结构的研究也呈现不一样的结论。但不管是什么样的视角，对于创新生态系统结构的组成成员的认定和识别，存在有着共同认知和角色定位的组织和机构。摩尔（Moore，2006）曾在他的研究中提出过一个典型的商业生态系统的结构框架，是创新生态系统结构组成和成员研究的基础，他提出的系统结构如图 2.1 所示。

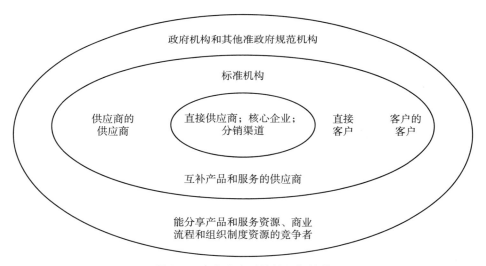

图 2.1　商业生态系统的组织结构

资料来源：Moore J F. Business ecosystems and the view from the firm ［J］. The Antitrust Bulletin, 2006, 51（1）: 31 –75。

从图 2.1 可以看出，摩尔（Moore）提出的商业生态系统结构囊括了关键商业业务的实施者和其他利益相关者，也包括了与系统环境相关的权力机构，例如，政府机构和管理组织、代表客户或供应商的协会和标准化机构等。此外与核心企业有直接竞争关系的竞争者以及其他社区重要成员也是商业生态系统的组成部分。摩尔（Moore）所描绘的商业生态系统结构体现了核心企业构建商业生态圈需要联合的商业力量，包括类似供应链组织结构的上下游企业联合体，也包含了创造和管理商业环境的政府机构和其他与商业环境相关的组织。此外，企业的竞争者也成为商业生态系统重要的一部分。在一定程度上，竞争对手之间也可以共享知识资源。摩尔（Moore）的商业生态系统概念及其理论对创新生态系统概念的建立以及结构的研究提供了非常重要的借鉴参考。商业生态系统结构着重突出商业"价值捕获"的作用，重在商业价值链的创建，关注商业价值实现与商业环境优化的关系。创新生态系统结构的研究借鉴和参考了商业生态系统结构的界定及相关理论。在创新生态系统的研究中，通过与商业生态系统在系统组成要素和结构等方面的对比，注重探究创新生态系统在组成结构和要素单元上与专注于商业行为和商业目的的商业生态系统之间的区别，探测以知识创新及创新协同为特征的创新生态系统在组成结构与要素上的特点。随着知识在企业创新竞争中的作用日益凸显，以创新为驱动的经济体越来越注重无形资产在新产品、新服务创造与生产中的重要性。蒂斯（Teece，1986）在其文章中提到，由于知识贯穿于公司创新全过程，而且必须在最终进入市场的新产品中体现出来。因此创新过程的系统化必须要有一种将产品研发和新产品商业化连接的新的创新组合方式出现。该研究观点在研发实践中也得到印证。20世纪八九十年代，大企业的研发开始去中心化，加入用户和消费者等群体。企业与研究型大学的科学和工程院等的联系也越来越多，并且加强了研发、制造和营销等各创新环节在垂直和横向层面上的联盟（霍尔和罗森伯格，2017）。创新模式的变化以及附属的新现象表明开放式创新是公司主导的创新模式，由此所建构的创新生态系统与以商务活动为主体的商业生态系统呈现不一样的组织结构。创新生态系统的成员类型比商业生态系统更为丰富，成员之间的关系也更为多样化，结构也更为复杂。伊安斯蒂和莱维恩（Iansiti and Levien，2004）提到创新的"生态系统战略"必须要有"基石"作为战略的重要支撑。商业生态系统的"基石"是核心企业，创新生态系统的"基石"则与系统的类型有关。在创新生态中，发挥核心作用的组织是创新生态系统构建的关键因素。综合已有文献的观点，本研究提出创新生态系统的组织结构可归纳为如图2.2所示。与图2.1所示的商业生态系统结构相比，创新生态系统的结构中增加了知识创新机构这一重要创新组织，还有金融、人力资本等支撑性机构。除了市场化结构体系之外，知识结构和技术结构都加入到了创新生态系统的重要支撑体系当中。而且，由于价值创造比价值捕获的机制更复杂，创新生态系统成员之间的关系也呈现出复杂网络化多重链接态势。这在一定程度上也促使创新生态系统结构、演化与治理的研究在研究方法上有了更多选择。

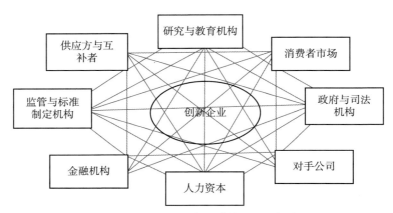

图 2.2　创新生态系统的组织结构

有文献还进一步拓展了创新生态系统结构研究的范围，包括了组成要素和结构形式两方面的内容。综合研究文献的观点认为，创新生态系统组成要素一般包括企业、研究机构、供应商、分销机构、消费者等基本组成单元（Ginsberg et al.，2010；Nambisan and Sawhney，2011）。还包括创新参与者、技术、规则和内容等关键创新要素（Bulc，2011）。成功的创新政策能推动各类生态系统主体和创新要素的合作与协同，包括企业家和企业、研发投入、高等教育系统、风险资本、税收及法律环境、公共政策机构和国际网络等。该观点进一步拓展了创新生态系统组成要素的范畴与内涵。创新生态系统的结构组成形式既可以是各类组织所组成的模块化结构，也可以是知识系统、创业系统以及创新系统所形成的集成结构，或者是基于产业链形成的垂直和水平结构（Dhanaraj，2006）。有学者采取从抽象到具体的方式分解创新生态系统的结构，提出生态系统层次结构和要素层次结构的概念。生态系统层次结构由生态系统价值主张、用户、系统单位等内容组成；要素层次结构则分为资源、行为、附属价值、价值获取和依赖性等内容（Talmar et al.，2020）。也有学者从范围和层次上将创新生态系统分为跨国创新生态系统、国家创新生态系统、区域创新生态系统和组织创新生态系统（Pombo-Juárez et al.，2017）。综合来看，创新生态系统结构的组成要素包括了系统成员以及支持生态化创新的规则与资源等创新要素。此外，子系统之间的嵌套和相互依存是创新生态系统结构的重要特征。

关于创新生态系统的运行机制，研究的侧重点则是描述系统成员和结构要素之间的关系机理以及维持关系所需构建的各类运行控制机制。学术界主要借鉴生物进化学的理论和方法研究创新生态系统的运行机制。例如，有学者提出生态位分布是一种重要的运行机制（Iansiti and Levien，2004）；生态系统成员共同参与（Adner，2006）是创新生态系统的运行机制；成员之间的关系等内部动力是生态系统实现运行功能的保障机制（Dhanaraj and Parkhe，2006；Weil et al.，2014）。摩尔（Moore，2016）曾提出商业生态系统运行进程有四个阶段：初生、扩展、成熟和自我重构或衰退。他提出的四阶段论同样适合于描述创新生态系统基于生命周期的运行机制和规律。有研究从创新环境的角度指出创新生态系统运行规律（Surie，2017），创新生态系统的内部环境和外部环境是系统运行的关键因素。在宏观层面上，需要从新制度的创造、发布产生需求的政策、支持能力构建的制度等方面创建创新生态系统的运行机制。微观层面则是提供创新生态运行的支撑机制，例如，加快社会创业服务农村人口的需求，使用新技术平台传播创业技能，增强社区交流、建立外部组织连接强化资源获取等（Surie，2017）。运行机制只是对创新生态系统内外关系和组成结构动态规律的描绘。随着研究范畴的扩展、范式的增加，可以采用更多研究方法和研究逻辑探寻创新生态系统的内外运行机制。

四、作用机制与系统治理

创新生态系统的作用机制有多种类型，现有研究主要从运行功能、核心企业与系统成员关系等方面来探讨外部要素对创新生态系统的影响机制及系统内部要素之间的作用机制。有研究指出促进生产效率提升是创新生态系统的运行功能，资源配置和风险管理是重要的作用机制（Iansiti and Levien，2004）。核心企业与系统成员的相互信任、技术资源互补和系统准入机制对于创新生态系统的运行非常关键（Adner，2006；石新泓，2006；张运生和田继双，2011）。对作用机制的研究，需要分析和构建相关的指标体系，以构建作用机制的路径。由于"生态"结构和形态在分解和阐释方面存在诸多模糊概念，以至于创新生态系统特有的和标志性的维度分解和指标构建存在一定难度。目前系统地提出创新生态系统评估指标的文献较为缺乏。有学者提出用合作伙伴数量、成员多样性、差异性等指标来评价创新生态系统（Williamson and De Meyer，2012）。也有学者提出成员异质性、网络中心度等创新生态系统的衡量指标（Ginsberg et al.，2010），但相关指标的提出一则缺乏对具体创新生态系统的针对性，无法全面反映出各类不同层次创新生态系统的特点。例如，企业创新生态系统与区域创新生态系统的区别。二则无法体现与创新系统等概念的区别和表征生态化系统的特征。

国内对于创新生态系统作用机制的研究较为多元化。戴亦舒等（2018）采用案例研究法研究了创新生态系统的价值共创机制。刘平峰和张旺（2020）基于仿真方法研究提出了研究群、开发群和应用群组成的多边多向交流机制。王发明和朱美娟（2019）基于演化博弈的视角研究创新生态系统价值共创行为协调机制。孙聪和魏江（2019）研究了企业创新生态系统的结构与多边网络协同机制等。这些研究主要采用模拟仿真模型或案例分析等方法研究创新生态系统中多种形式的作用机制。

伴随作用机制的研究，创新生态系统治理也是创新生态系统研究的重要内容，国内外学者从多视角研究了创新生态系统治理机制、治理方式和治理模式等。受研究方法和范式的局限，与创新生态系统治理相关的问题还需大量的创新性和开拓性的研究。吉贝尔斯等（Giebels et al.，2016）提出知识治理是基于生态系统管理的重要治理方式。杨伟等（2020）用案例分析法研究了数字化转型背景下产业创新生态系统的治理，提出试探性治理模型。解学梅和王宏伟（2020）研究了创新生态系统价值共创模式及其治理机制。吴绍波和顾新（2014）提出创新生态系统的多主体治理模式，认为多主体共同治理模式又可以分为外部治理模式和内部治理模式。外部治理模式包括宏观文化、集体制裁、声誉等机制；内部治理模式则包括协商谈判机制、利益分享机制和信息披露与平台开放机制。他们提出的治理模式以新兴产业创新生态系统为研究对象，倾向于创新生态系统中商务关系、产业链关系的维护与管理。

五、研究范式与研究方法

由于创新生态系统在维度分解、指标测度上存在一定的难度，目前创新生态系统研究中案例分析方法应用较多。相对于定量分析中维度和指标难以确定等问题，案例分析方法能通过客观现象的描述以及结论的阐述印证理论推导的命题，从而形成有价值的研究结论。案例分析通常会采用存档文件、面谈、问卷调查和现场观察等方式获取数据（Eisenhardt，1989）。大多数基于案例分析方法的研究主要通过调查、访谈等方式获取素材，然后对一手资料进行定量和定性的综合处理。为了使案例研究所得的结论更为全面，在一手资料分析的同时也会补充统计数据、行业报告等二手素材加以佐证。吴等（Wu et al.，2018）用访谈加二手资料的案例研究方法分析了我国的领导型高技术企业所组成的样本，研究了创新生态系统的"土壤移植机制"。雷诺兹和维贡（Reynolds and Uygun，2018）也是通过对企业、研究机构、高校等机构的访谈获得资料，研究了制造业创新生态系统中关键参与者之间的知识资源，发现了这些资源很丰富但是相互之间的互动很少的现象。许等（Xu et al.，2018）用中国 3D 打印的案例研究了一个包括科学、技术和商业子生态系统在内的多层次创新生态系统的创新能力，提出创新生态系统的两个核心属性：整合价值链和交互式网络。国内学者对创新生态系统的研究方法也是聚焦于案例分析、模拟仿真模型和文献图谱分析等方法。由于案例分析方法适合全面系统地对创新生态系统的表征特点进行描述，可以对研究对象进行深入分析。案例的类型有单案例和多案例，其中，多案例研究得较多。例如，有学者用 iOS、Android 和 Symbian 三大操作系统的多案例素材，分析开放式创新生态系统运行的驱动因素和成长基因。他们认为研发生态圈和商业生态圈的融合是创新生态系统的外在表征，研发生态圈的创新生产和商业生态圈的创新消费主导系统的运行（吕一博等，2015）。案例研究在提炼理论、发现新观点等方面发挥了重要作用。

此外，采用各类模拟仿真模型对创新生态系统进行研究也成为重要的范式与方向选择。塔尔马等（Talmar et al.，2020）就提出采用生态系统"派"

模型工具对创新生态系统进行绘图、分析与结构设计。这种方法将创新生态系统的组成部分、各类组织所处的层次描述得详细与全面。生态系统图和系统动态模型是研究创新生态系统互补性的有效方法。生态系统图可以用社会网络分析法将创新生态系统中各组成单元之间的关系提供一个可视化的展示，系统动态模型可以将市场需求、产品、价格、利润、投资和技术之间的交互性进行模型验证与结果展示。基于博弈论基础的演化博弈理论和模型也成为学术界探究创新生态系统演化与治理的主流研究方法。研究的视角与模型构建范式主要集中在两个切面：一是构建创新生态系统单个组织之间的演化博弈模型，分析在限定条件下相关参数对组织之间博弈策略的影响（董微微等，2021；杨乃定等，2022；危小超和潘港美，2022）；二是将创新生态系统成员归于某个类别，构建基于某些类别的博弈模型，分析限定条件下创新因素在策略博弈中的作用关系（Li et al.，2020；和征等，2022；刘杨和徐艳菊，2021；谭劲松和赵晓阳，2022）。现有研究为运用演化博弈理论研究创新生态系统提供了方法基础，同时也为多角度探寻创新生态系统演化机理和治理机制提供了理论基础。

除了上述两类研究范式与方法之外，基于文献的知识图谱分析也成为创新生态系统研究的主要方法。其原因在于，自从商业生态系统概念提出来之后，随着创新生态实践的发展，创新生态发展实例逐渐丰富。学术界对创新生态系统的研究与探讨也越来越多，相关或相近的文献发表量也逐年增加。因此，基于文献研究梳理创新生态系统研究脉络也成为一种挖掘问题、发掘前沿趋势的有效方法。德·瓦斯孔塞卢斯·戈梅斯等（de Vasconcelos Gomes et al.，2018）基于文献引用网络方法，对创新生态系统研究的理论基础、脉络演化和研究趋势作出了系统分析。德德海伊尔等（Dedehayir et al.，2018）用文献分析的方法，研究了创新生态系统产生与成长过程中的角色，认为创新生态系统的成长角色分为"领导者角色""直接价值创造角色""价值创造支持角色"和"创业生态系统角色"，并且每个角色具有相应的特定行为。文献综述类的研究为问题聚焦、概念溯源等起到了非常好的引导作用。

在知识生态系统和数字创新的研究文献中，也会有涉及创新生态系统研究的相关内容。接下来，本研究将对知识生态系统和数字创新生态的已有研究现状进行梳理。

第二节　知识生态与知识生态系统研究

一、知识生态的研究现状

知识是创新的要素，也是创新的产物。创新过程同时也是知识识别、选择、转化、再造与应用的管理过程。在创新管理研究中，知识是重要的研究对象，知识管理是重要的研究视角，知识结构是创新系统解构的重要基础。同样，知识生态则是理解和挖掘创新生态系统的新视角。为了对知识生态概念及内涵有个全面的了解，本研究将对知识生态的理论来源、概念界定与内涵等进行文献的梳理与述评。

知识生态理论是在知识管理研究的基础上发展起来的。1975 年加拿大渥太华大学哲学系教授沃杰霍夫斯基创立了"知识生态学"（knowledge ecology）（车乐和吴志强，2013），此后许多学者开始关注知识生态理论的研究。美国社区智能实验室的创始人珀尔（Por）率先将生态学理念引入知识管理领域。他认为知识生态学是一种识别知识主体构建何种关系，如何通过所具有的工具和方法同步创造、集成、共享和应用知识的跨学科研究，是一类集中于为知识创造和运用找到更好的关于社会、组织、行为和技术条件的理论与实践（Por，1997）。珀尔（Por，1997）曾提出"数据到智慧"的发展曲线，如图 2.3 所示。

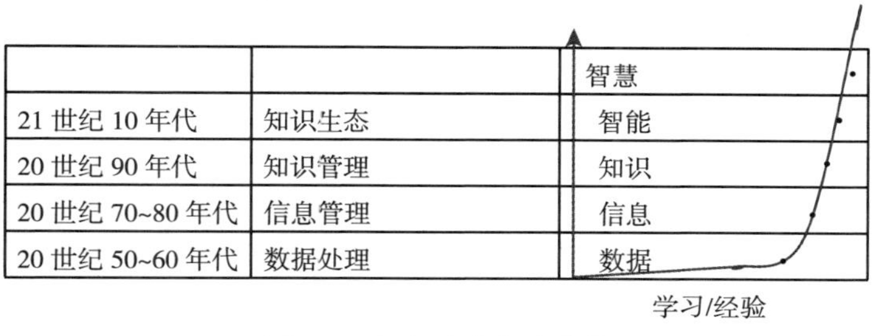

		智慧
21 世纪 10 年代	知识生态	智能
20 世纪 90 年代	知识管理	知识
20 世纪 70~80 年代	信息管理	信息
20 世纪 50~60 年代	数据处理	数据

学习/经验

图 2.3　知识生态演变曲线

资料来源：Por G. Designing knowledge ecosystems for communities of practice［C］//Präsentation an der ICM conference on Knowledge Management，1997：29－30。

　　由珀尔（Por，1997）提出的"增长曲线"看，从数据处理到知识生态是由知识创造和转换组成的持续动态反馈过程，是组织的内部知识转化为外部知识，外部知识增强和充实内部知识的循环螺旋上升过程。组织内外部知识相互转化反馈模型可以用于解释知识生态的发生与演变。马拉辛和斯卡拉（Maracine and Scarlat，2009）据此总结出知识生态六个方面的特征。第一，知识生态存在于支持和激励知识学习的环境中，允许和鼓励创新与发现、开放式交流和知识共享。第二，知识生态是演变和动态变化的。知识本身具有创新和创造的动力，知识生态强调文化、知识域、软环境、模式识别、原型和持续的知识创造、分享与应用。第三，知识生态是社区导向的模式，允许组成知识生态的成员看到其成长需要的资源，关系维持的网络和产生的新知识。知识生态聚焦于能确保所有成员同意联合发展但又不至于被控制的政策措施。第四，知识生态的作用是保障知识存储质量标准的执行。知识库必须保持更新、可接触和编码化，以保证成员对知识无差别、直觉地判断和获取。第五，知识生态的"生命周期"过程必须由相契合和相适宜的技术支撑。因为知识生态系统中的知识是动态演变的，外部新信息、新知识需要编码化并增加到知识库当中，技术的支持是关键。第六，知识生态基于流程和成员或组成机构而存在，但是知识是个人所创造和使用。知识生态的组织结构与个人的智力供给和需求有关，突出表现为通过知识交换增强个人智力供给，在知识供给与需求关系中平衡交换双方的利益。两位学者对知识生态认知全面的阐述为我们深入理解知识生态提供了极其有价值的观点，让我们掌握到进一步探究知识生态深刻内涵的理论基础。

　　在总结梳理文献观点的基础上，笔者系统提炼总结了知识生态三个方面的主要特征（詹湘东和王保林，2014）。具体的内容阐述包括：

　　第一，知识生态与知识管理存在明显区别。知识生态是知识管理发展演化的结果，是通过知识管理过程所形成的一种知识组织之间的关系状态。珀尔和莫洛伊（Por and Molloy，2000）认为知识管理的目标是积累和运用知识，而知识生态的目标是构建和发展集成智能，最终形成组织的智慧。马尔霍特拉（Malhotra，2002）指出与知识管理系统中过度强调计算机和信息技术网络相比，知识生态主要关注由个体组成的社会网络。在知识生态中，用于交换的知识如何影响组织当前的行为或潜在的行为是关注重点。可见，知识生态强调网络性，关注知识交换对创新的影响。

第二，知识生态是二维或三维结构的系统。珀尔（1997）认为知识存在于生态系统中。在知识生态系统里，信息、思想和灵感融合并且相互吸收营养。从二维层面看，知识生态是由知识仓库所支撑的超链接交流网络。从三维层面看，知识生态系统由人际交流网络、知识网络和技术网络所组成。其中，知识网络是知识交互的载体，也是具体知识展现的场景。珀尔（Por）从系统的角度把知识生态的构成进行了清晰的描述，为知识生态的系统研究奠定了理论基础。

第三，知识生态结构对创新组织的创新行为和绩效会产生影响。有学者提出知识生态以战略嵌入的方式影响创新组织。伊安西蒂和莱维恩（Iansiti and Levien，2004）认为知识生态可以作为组织的战略，知识生态系统和组织的多样性改变了技术演化的本质，创新和经营已成为系统的集体行为。知识生态从创新源的角度影响创新组织的创新行为。陈和梁（Chen and Liang，2010）提出知识生态是在以知识为创新源的知识节点之间进行知识转移、知识流动而形成，知识生态通过影响创新组织的创新绩效来影响其创新行为。但该研究没有明确知识生态和组织创新绩效之间的影响机理，为了进一步阐明这个关系，陈和梁（Chen and Liang，2011）提出知识演化是知识生态的一种表现形式，通过实证研究知识演化战略与组织绩效之间的关系，发现不同的知识演化战略可以影响组织绩效的不同维度。基于内部新知识创造的知识突变影响组织内部创新流程的改善，而具有外部性特征的知识交换可以利用外部知识资源，从而影响组织的资金管理和市场销售。

从已有文献结论的梳理来看，可形成基本的观点：知识生态是一种多维结构，由个人网络、知识网络和技术网络所支撑，但其中最重要的是知识网络。知识生态会影响到组织创新的绩效，与组织创新之间有多种作用机制，这一点是后续研究可行的重要前提。知识生态概念和相关内涵的探究为知识生态化研究提供了明确的理论基础与文献支撑。

二、知识生态系统的研究现状

知识是创新的输入资源，也是创新的成果输出。知识生态代表着各类创新组织之间的一种知识交互与结构关系，承载这种关系的各类机构就是以知识生态系统的方式而存在。知识生态可以看成是一种隐性的趋势，如知识生态化，而知识生态系统则是一种显性存在的结构。克拉里斯等（Clarysse et al.，2014）认为企业之间显性知识的流动以及人员流动是企业空间集聚的重要基础。企业或产业集聚区的特点就是形成了知识生态系统，高校、公共研究机构、地区高校和共性技术研究中心等在推动知识生态系统技术创新上起着核心作用。在知识生态系统中，关键的活动是以大学、研究机构和企业为载体所展开的知识创造、知识传播和知识交互等知识活动。知识生态系统中也存在"基石"机构，它们专注于知识生产，比如高校、科研机构、企业的研究机构等。同时知识生态系统中还存在其他的知识节点，如技术市场、公共技术研发机构，它们的主要作用是促进知识在系统中的流动与合理配置。此外，知识生态系统还可以是一个建立在信息技术使用基础之上的知识社区。在知识社区当中，进行知识交互的各类创新机构和个体会形成一个处于特定环境与惯例中、基于共有价值创造目标的特定社区。有相关研究将知识生态系统的概念定义为一个由人、机构、组织以及进行知识创造、解析、吸收和应用的技术与流程所组成的复杂多面系统（Thomson，2007）。知识生态系统的基础性和支撑性网络包括人际交流网络、知识网络和技术网络，其中主要是知识网络（Por，1997）。该三类网络所包括的内容及具有的相关特点如图2.4所示。可以看出，三类不同网络的内容及作用存在不同，知识网络流动的是创新需要的思想与信息，是知识生态系统和创新生态系统的关键支撑网络。个人网络专注个体社会网络，技术网络则表达的是知识生态系统所依赖的技术基础。

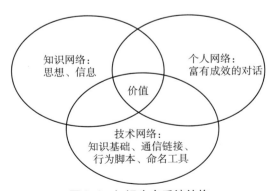

图2.4 知识生态系统结构

资料来源：Maracine V，Scarlat E. Dynamic knowledge and healthcare knowledge ecosystems ［J］. Electronic Journal of Knowledge Management，2009，7（1）：99－110。

　　已有研究文献也从多个角度提出了知识生态系统的定义，主要代表性的概念定义如表2.2所示。从表2.2可以看出，尽管每个学者在具体的概念定义与描述上存在区别，但是从不同概念的内容中还是可以提炼出共有的因素。例如，知识生态系统是一个知识创造与流通系统，主体是高校和研究机构，主要的内容是系统成员之间的知识活动，主要的作用是知识创造与知识流动。由此，借鉴已有概念定义及知识生态理论，本研究提出：知识生态系统是指由各类知识主体按照知识交互和流动的关系与过程，依托于知识网络的支撑和数字技术的支持所组成的分布式生态结构化系统。具体的概念内涵有：知识供需关系结构是知识生态系统的基本架构，系统成员主要有高校、研究机构、企业等，知识创造、知识中介（平台）和知识需求是知识生态系统基本的知识交互关系形态。

表2.2　　　　　　　　　　　　　知识生态系统概念的阐述

文献	定义的内容
Thomson（2007）	一个由个人、机构、组织以及进行知识创造、解析、吸收和应用的技术与流程组成的复杂多面系统
Clarysse et al.（2014）	知识生态系统是系统成员在地理空间范围内的聚集，企业之间的隐性知识及员工流动是成员合作的主要优势，当地高校和科研机构是核心成员
Valkokari（2015）	知识生态系统中知识开发的关键活动是依托于协同研究网络完成的
Bathelt and Cohendet（2014）	知识生态系统中，关键活动是以高校和环绕企业的密集网络为中心。知识生态系统通过地理上的集群或聚集而形成
Järvi et al.（2018）	知识生态系统是一个地理位置上的同地协作区，地方高校和公共研究机构是基本的核心成员，关键的知识探索活动是通过研发合作完成。新知识的合作开发与探索是知识生态系统的核心活动及产出

三、知识生态与创新生态系统的关系研究

　　生态系统概念对于社区、人口、种族、能量和资源流动以及环境变化等的理解提供了适宜的视角。生态系统理论为理解物种和环境之间的互动关系提供了理论基础。知识生态理论指出随着技术的变化，环境中的知识交互和信息技术的演化可以改变知识生态系统的结构（Bowonder and Miyake，

2000)。在形态、结构和演变路径上，随着技术变化的深刻影响，知识生态在不同阶段呈现出不同的形式。例如，数字技术的涌现及应用导致了数字化组织、数字平台、数字生态系统和数字创新生态系统等新兴业态的出现。

生态的概念来源于自然生态系统，是揭示复杂创新生态系统的重要视角。学术界有从生态化视角探寻创新生态系统问题的一些研究。肖和艾伦（Shaw and Allen，2018）曾用生态理论研究创新生态系统，从生态化视角将自然系统与商业系统进行对比，寻找两者之间的相似性。创新生态系统被理解为商业模式之间相互关联的一种路径，这条路径可以传送物质和信息资源以及价值资源。除了从生态化理论视角研究创新生态系统，也有学者将知识生态系统与商业生态系统、创新生态系统结合进行研究。但是否可以从知识生态系统视角探究商业或创新生态系统的问题，还需要在理论上加以明确与界定。克拉里斯等（Clarysse et al.，2014）在阐述知识生态系统和商业生态系统的关系时，对知识生态系统和商业生态系统做了一个区分。该研究认为两者之间主要的不同在于三个方面：生态系统的关键行为、系统各机构之间的联系和系统的关键机构。该研究认为企业参与知识生态系统，可以获取来自特定领域的知识资源，但是不会自动地促使企业成为商业生态系统的一员。因此，知识生态系统和商业生态系统不是互相排斥的。但是该研究发现，知识生态系统不会自动推动商业生态系统的演化，而且，基于两个系统共有的金融支撑网络对新创企业的创新绩效也没有显著影响。范德博格等（Van de Borgh et al.，2012）将商业生态系统定义为基于知识基础的、成分多样的知识密集型企业互相依赖集合体。他们认为商业生态系统中的企业在地理空间的集聚是以知识为核心的有目的的活动，大学、公共研究机构等知识生产机构的主要作用是加速研发成果商业化过程以及连接系统中的其他机构。

从已有文献的数量和内容来看，基于知识生态系统视角研究创新生态系统或者商业生态系统的文献不多，当然，有一些非常有意义、有价值的研究文献对该问题研究的推动起到了非常大的作用。也许是因为创新生态系统的研究视角和研究方法较多，从知识生态视角的研究需要理清许多问题。帕帕亚诺努等（Papaioannou et al.，2009）指出，知识生态和创新生态系统的研究需解决两个问题作为前提：第一，生态化或生态系统概念是否可以用来类比知识和创新的社会动态环境？第二，知识生态和创新生态系统等生物类比概念理论上是否可行，是否与熊彼特创新理论一致？尽管他们提出的两个问题已有研究作出了一些解答，但事实上，基于知识生态视角研究创新生态系统确实需要解决一些理论和研究方法上的问题。

第三节 数字创新与数字化创新生态

一、数字创新

探讨知识生态化视阈下的创新生态系统，绕不开数字经济的背景，离不开数字化创新情境下创新生态演进与治理等新问题的研究。由于数字技术的涌现，传统创新模式、过程和组织方式等都发生了根本性的变化。数字技术在创新过程和创新产出中的作用与影响已不可替代，实业界和学术界对数字创新给予了极大关注。数字创新到底涉及多大的范围，赫夫纳和格雷戈尔（Hevner and Gregor，2020）认为数字创新囊括了新的数字技术、信息数字化、数字化推动的创造与创业，以及跨越组织边界更大范围和领域的创新。理解数字创新，首先需要了解对企业商业过程和组织创新产生影响的数字技术类型。目前，能影响企业商务模式和组织创新模式重构的数字技术，学术界有明确的界定。数字技术相关的概念界定整理如表 2.3 所示。

表 2.3 数字技术的相关概念内涵

作者	数字技术的概念内涵
Yoo et al.（2010）	可编程序再生性、数据均质化、自我参照性
Lotakov（2016）	区块链、无人驾驶技术、互联网、机器人、3D 打印、虚拟现实、增强现实技术和人工智能
Fitzgerald et al.（2014）	社交媒体、移动设备、分析或嵌入设备等
Deloitte（2018）	业务流程再造、"无领"劳动力、企业数据自主、数字化现实、区块链、应用程序界面集成、指数技术和新兴创新机会
Khin and Ho（2020）；Urbinati et al.（2020）	大数据、互联网、云计算、增强和虚拟现实技术、人工智能和网络物理系统
Coskun-Setirek and Tanrikulu（2021）	互联网、信息物理系统、云计算、无线网络、人工智能、机器人、增强现实技术、大数据分析、模拟仿真

　　从表 2.3 所显示的数字技术概念及内容来看，影响传统技术创新，或产生数字创新的现代数字技术主要涉及区块链、人工智能、云计算、大数据和增强现实技术等。这些数字技术广泛应用于企业研发与技术创新过程，以及产业技术研发与融合创新等创新模式中。

　　数字创新是各类数字技术协同作用而产生的聚集效应（Coskun-Setirek and Tanrikulu，2021）。熊彼特和巴克豪斯（Schumpeter and Backhaus，2003）提出的创新理论就强调了技术的作用。他们提出的创新理论认为创新是新产品、新生产方式、原材料供应和产业组织等的融合再造，突出强调了生产技术的革新和生产方式的变革。基于创新理论可以判断，数字技术的出现将再次产生生产技术革新以及生产和商务方式的变革，由此而带来创新理论的创新与变革。学术界对数字创新的研究包括四个方面：数字产品创新、数字过程创新、数字组织创新和数字商业模式创新（刘洋等，2020）。

　　数字创新的概念是什么？学者们的界定也是多元化的。数字创新理念或概念的提出源自数字技术在创新过程中的作用，也就是一些学者研究所强调的：数字技术具有一种独一无二的功能，就是能够促进新的创新模式和过程的产生，而且这些新的创新模式和过程与工业时代的创新模式和过程会形成鲜明的对比和区别（Henfridsson et al.，2014；Yoo et al.，2012）。由此看，数字创新是数字经济背景下的创新，是完全不同于传统工业时代全新的创新模式与过程。也有学者认为数字创新是产业和行业新进入者利用数字技术对现有行业领导者形成挑战的一种方式，最终能引起根本性的产业转型升级（Nylén and Holmström，2015）。数字技术对创新的影响是通过其他数字化因素而产生的，例如，数据、数字化知识、数字平台、数字化创新生态等。数据作为第五大生产要素，与数字技术的结合，具有重组资源、推动生产方式变革，改变旧业态和创造新业态的作用。数字技术的广泛渗透还产生了一种数字创新特有的创新模式：数字平台创新。数字平台创新源自谷歌、苹果、脸书和小米等数字平台的出现。随着数字技术在各类创新组织中的应用，数字平台的种类也越来越多样化，产生了不同用途的数字平台，例如，交易平台、创新平台和集成平台等（Tilson et al.，2010）。整理相关文献发现，学者们的研究中对数字平台的定义主要是按照数字平台的用途而提出不同的概念。数字平台主要的相关定义汇总如表 2.4 所示。

表 2.4   数字平台的定义

作者	类型	概念定义
Yablonsky（2018）	商业平台、技术平台	数字平台是软件、硬件和服务等要素，技术标准、信息交换协议、交易治理的制度和契约以及商业战略等的集合体
de Reuver et al.（2018）	社会媒介平台、操作系统平台、移动支付平台、生态系统	技术视角的数字平台：能够增加互补性第三方模块的可扩展的代码库 社会技术视角的数字平台：软件和硬件等技术元素与相关的组织过程和标准的融合体 生态系统视角的数字平台：核心技术平台与互补性第三方机构的集合体
Tilson et al.（2010）	技术平台、创新平台	数字平台是一种与新的社会行为相关，并且能提供相关服务和工具的信息技术和组织机构的融合体，是企业或行业创新的必备要素
Klein et al.（2020）	创新平台、网络平台	数字平台是一种通过数字技术集成软件、硬件、操作系统和网络，并能促进用户群体之间交互的分层结构

由表 2.4 所显示的概念可以发现，数字平台是软硬件等数字技术与企业和产业制度以及社会规划相结合的产物。数字平台既可以是传统平台的数字化转型，也可以是孵化于数字技术的全数字化平台。数字平台的研究源自对数字创新现象的理论与实践研究（余江等，2017；刘洋等，2020）。数字平台既可以是软件系统的扩展（de Reuver et al.，2018），也可以是基于数字基础设施而构建的专门化网络联结系统（Hanseth and Lyytinen，2010）。数字平台是数字化技术创新应用效用的集中体现，它是产业和区域创新体系变革的重要驱动力量（Bakhtadze and Suleykin，2021）。数字平台有三个特征：第一，技术中介；第二，有利于用户群体之间的交互；第三，允许用户群体做某一独有的创新（Koskinen et al.，2019）。克莱因等（Klein et al.，2020）认为基于数字平台的创新是一种非线性的创新转化过程，会导致一些不可预见的结果和争议。而这种争议将会有利于揭示像分层式数字平台和服务等非透明技术的创造过程和机理，但同时也会使得用来处理不确定性的创新制度更为复杂。随着数字创新研究范式的确立以及研究领域的拓展，数字创新的概念也拥有了来自不同角度的定义。已有文献对数字创新的定义如表 2.5 所示。

表 2.5   **数字创新的概念定义**

作者	概念定义
Yoo et al.（2010）	数字创新是基于数字和物理要素而执行的新的组合，从而生产新的产品
Henfridsson and Lyytinen（2010）	数字创新是源自通过数字技术将数字和物理成分重新组合，带来的产品和创新过程的新变化与新创造
Nambisan et al.（2017）	数字创新是源自数字技术的使用而导致的市场供给、商业过程或模式的新的创造和系列变化
Hevner and Gregor（2020）	数字创新是一类创新子集，表现为信息技术和数字化信息嵌入创新中或是推动创新的数字化转型
Mendling et al.（2020）	数字创新是指由数字技术创造或推动的新产品、新流程和新商业模式。第一，数字创新是通过数字化而导致的技术系统（硬件和软件）和社会系统（流程、结构和模式）固有的社会－技术层面的变化。第二，数字创新会"模糊"掉流程和结果之间的边界
Tortora et al.（2021）	数字创新是满足新的需求的物理和数字产品的新组合。数字创新最关键的知识管理包括：现有知识的应用、获取来自竞争对手的知识、机会搜索的知识管理和社区的知识分享
Cheng and Wang（2022）	数字创新是一种独特的创新形式，它基于数字和物理组件的组合而产生的数字化创造能为商品、服务或程序提供有价值的新用途
Varadarajan et al.（2022）	数字创新是指以数字技术为基础的新产品、新流程和新工艺的创造以及现有产品、流程和工艺的改善，能为创新型企业创造经济价值和为社会创造环境和社会价值

由表 2.5 所示的各类定义可以总结出，数字创新是数字技术在创新过程和创新模式中应用的结果，是在数据、数字技术和其他数字元素的支撑下对创新资源的重组、对创新过程和模式的重构等而形成一种新的创新范式。结合创新理论观点，本研究提出数字创新管理是指数字技术、数据等数字元素在创新过程中的使用与渗透而带来的创新组织结构、创新过程、合作关系和创新模式的重构再造和重塑再组合，以及完全基于数字化资源而形成的组织、资源和环境之间新的创新组合。

二、数字化创新生态

涉及与数字化创新相关的创新生态系统研究，学者们提到最多的概念是数字化生态系统、数字创新生态系统和数字平台系统。现有对数字化生态系统的研究结论认为：数字化生态系统不是一个同质结构体，而是由具有不同的结构关系和具备可变化性联结强度的异质单元所组成（Teece，2007）。在数字创新范式下，数字化创新生态系统研究日益成为学术界关注的重点。数字创新生态系统的研究视角呈现为两个方面：一是以不同数字创新载体或创新模式作为嵌入点，展开数字创新生态系统拓展研究。例如，数字技术（Ciarli et al.，2021）、数字平台（Cavallo et al.，2021）等。二是从数字创新生态系统视角嵌入，研究其与其他创新主体、方式和过程的关系。例如，数字创新生态系统是最契合的数字化背景下解释跨组织等跨界创新合作与竞争的研究视角（Beltagui et al.，2020）。数字创新生态系统的概念、内涵等还缺乏系统的研究，现有研究也以相关文献综述居多（Chae，2018；张超等，2021）。相关研究主要分为两个流派：创新生态系统战略管理研究和信息系统领域相关研究。创新生态系统战略管理流派的研究聚焦于生态系统概念定义、演进和成员角色等，但这些研究更多是与数字化前时代相关（Kolloch and Dellermann，2018）。信息系统领域学者则关注新生的数字生态系统，主要关注生态系统独特的数字化特征（Nischak and Hanelt，2019；张超等，2021）。而目前，数字创新生态系统的理论结构及实际治理研究还很缺乏（魏江和赵雨菡，2021；柳卸林等，2021）。关于数字创新生态系统演化与治理的研究也还非常少（Kolloch and Dellermann，2018；孙永磊等，2022）。

数字创新组织以平台化模式扩展创新生态（柳卸林等，2017）。两者关系的研究起源于学者们对平台战略与创新生态系统的关注，实践基础是平台战略对于生态系统的重要性逐渐引起学界和产业界的关注（Cusumano，2010）。伊安斯蒂和莱维恩（Iansiti and Levien，2004）将平台的概念引入商业生态系统中。较早提出平台战略在创新生态系统中作用的是阿德纳（Adner）和卡普尔（Kapoor），2010年他们曾指出平台能提升创新生态系统的独立性（Adner and Kapoor，2010）。后续研究提出数字化将重构区域创新体系，数字赋能能重构区域创新范式（曹玉娟，2019），数字平台驱动区域韧性发展（邱栋和陈明礼，2020），将扩大区域创新水平的差距（温珺等，2020）等观点。苏等（Su et al.，2018）提出多平台协同的区域创新生态系统。克拉里斯等（Clarysse et al.，2014）曾提出商业生态系统是基于客户需求端而建立，而创新生态系统则聚焦于组织的技术活动。古普塔等（Gupta et al.，2019）用关键词分析法研究了数字生态系统、商业生态系统和创新生态系统之间的关系：创新生态系统的独特特征聚焦于科学、技术和政策领域；商业生态系统的特有特性则集中于系统组织单元、网络和战略所拥有的资源；数字生态系统的优势则来自数字技术的作用。该文献还指出了这三个生态系统相互之间共享的知识领域和共有的关键话题：基于现实物质系统的创新生态系统和商业生态系统之间所共有的开放式创新和社会发展；基于信息系统的数字生态系统和商业生态系统之间在信息和服务系统上的共享；基于信息－物质系统的数字生态系统和创新生态系统所共享的虚拟和社会系统。该文献的贡献在于系统提出了数字、商业和创新三大生态系统之间的关系，以及关系形成的逻辑。但该研究只是通过文献的关键词分析法在文献梳理分析的基础上提出了理论框架，没有进一步深度的实证分析或案例研究。

第四节　研究现状及动态述评

创新生态系统理论的研究尽管已经发展了数十年，但仍然具有与时俱进的理论创新生命力。数字化时代，创新生态系统的研究被赋予更多的新场景、新要素和新问题。

就创新生态系统的已有研究来看，因为有了新形态的创新生态系统，以及创新生态系统复杂的结构关系，相关的研究问题还会不断涌现。这是一个不断有着"生命力"的研究课题，会带来更多的理论创新和方法创新。国内外学者主要采用案例研究和逻辑分析等定性研究方法、模拟仿真以及社会网络分析方法等来加强创新生态系统的深度研究，原因在于创新生态系统的概念体系、理念构念、指标测量尚处于需进一步研究的情况。从现有文献的综述来看，学者们从多个角度的研究已形成一定的脉络，但对于创新生态系统如何构建、演化、治理和评估仍有进一步研究的空间。具体来讲，有以下需完善之处：第一，在研究视角上，创新生态系统的研究没有脱离创新系统研究的范式，缺乏契合生态系统本质视角反映创新生态系统演进规律与治理特点的研究，而这正是理论与实践研究的需求。第二，在研究内容和研究观点上，创新生态范式的创新具有新的场景，复杂化、异质性组织和生态化关系对创新生态系统的构建、演化与治理提出了特定需求，造成了新的挑战。但创新生态系统本质特征、演进范式和治理机制缺乏系统、深入的研究，经过实践经验总结的观点也亟须充分的理论与实证分析。第三，研究方法上主要以案例分析和模型模拟仿真等为多，问题的动态变化、政策的多元需求催生了采取更多有效研究方法的必要性，因此还应探寻更多科学可行的方法拓展创新生态系统研究的外延，深化研究的内涵与深度。

知识生态、知识生态系统及其与组织创新关系的一些研究成果为本研究的开展提供了理论基础。例如，知识生态与知识管理的关系研究（Por，1997）、知识生态与技术创新的关系研究、知识生态系统与商业生态系统关系的研究（Whittington et al.，2009）等。此外，关于知识生态对组织创新作用与影响的研究也为基于知识生态视角探讨创新生态系统演进与治理提供了理论观点与实证结论。文献研究结论主要有：知识生态通过知识演化等知识流程影响组织的创新行为，也会对创新组织的创新绩效产生作用（Chen and Liang，2010），优化不同组织的共同学习流程，加快创新扩散的速度（Agrawal and Cockburn，2002），知识生态系统对商业生态系统的价值创造产生影响（Clarysse et al.，2014）。

与创新生态系统有关的定性与定量实证研究丰富了对创新范式演变路径的理解，这些研究也强调了除企业之外的创新参与者在创新生态系统中所扮演的重要角色。然而，现有研究中基于案例分析对生态系统的架构解析，或者基于有限指标变量对系统成员角色作用的定位等研究不足以满足对创新生态系统演进与治理的深度理解，这就要求一个更为广泛，且能契合创新生态系统形态建构的研究框架。在这个框架之下，不仅有个合适的视角切入点，还能从该视角描述创新生态系统创新发生、动态演化与协同治理的情景。知识生态化视角的研究，旨在尝试提出一个契合创新过程和机制的框架，用于分析创新生态系统成员基于知识活动规律、知识供需关系的演进过程，用于探讨创新生态系统基于知识治理的治理机制，采取更为完善的方法和理论理解创新生态系统的价值本质、创新规律和创新模式。

第五节　创新生态系统认知的挑战与新视角

尽管创新生态系统在产业界、学术界和政府部门都引起极大关注，近十多年来学术界对创新生态系统采用了多层视角和多种研究方法加以研究，实业界也有许多讨论和总结，但创新生态系统的认知还存在一些局限与挑战。吴等（Oh et al.，2016）曾指出创新生态系统在新兴创新概念跨学科研究和政策实践探索方面的基础还较为薄弱。该研究还进一步从创新生态系统类型、驱动因素、研究方法论等研究视角提出了创新生态系统认知和研究需调整和强化的领域。里塔拉和阿尔姆帕诺普卢（Ritala and Almpanopoulou，2017）进一步提出了创新生态系统研究中一些认知方面存在的问题。该研究指出，应该走向更为严格的创新生态系统研究，应保持不同类型创新生态系统的描述中概念的一致性，应采用更多的研究设计方法参与重要实践问题的学术探究。该研究还进一步提出"严格"研究可以考虑的问题：如何区别创新生态系统与国家、区域创新系统；创新生态系统的测量；自然生态与创新生态的相似与区别；创新生态系统创新行为、特定环境下系统成员交互的逻辑以及系统成员之间内在的协同演化。此外，其他学者也在相关文献中指出了创新生态系统研究的一些问题。基于已有理论和现有研究，笔者认为学术研究上对创新生态系统的认知还存在以下四方面的挑战：第一，"生态"概念如何在创新生态系统研究内容和研究视角中体现？区别于创新系统，创新生态系统的最大特性就是"生态"，包括生态化结构、生态化关系和生态化的创新模式等。但来自自然生态系统的"生态"是个复杂概念，内涵阐释需区别于创新系统，研究方法需适宜生态系统的解构与测量及实证运用。第二，创新生态的内涵描述在不同的场景下会有不同的侧重点和倾向。例如，企业将创新生态看成是创新环境或是创新组织和机构之间因创新行为而形成的各种网络化关系，政府对创新生态关注的着重点则是投资营商环境。从区域角度看，创新生态系统是诸多创新链、产业链的融合，多个层次上创新平台的资源整合。场景化促进了创新生态系统研究视角的多元化，依据场景和情境现象选择契合的研究视角，突出创新生态多元化特质就显得非常必要。第三，创新生态系统最显著的特性是演变、进化。一方面，是基于外部环境、赋能力量和创新机遇的牵引；另一方面，则是因为系统成员、子系统和其他创新要素之间的竞争与合作，推动创新生态系统结构、关系和生态位的变化、重构与整合。由此造成对创新生态系统演化机理、机制和规律的判断与识别存在一定难度，必须采取创新性的研究方法和工具进行多方位的分析和实证，以丰富创新生态系统演进规律的认识，发掘更多有价值的结论。第四，数字化、数据要素重构创新生态系统形态、业态与组态，也产生新的场景与要素。数字化是创新生态系统认知不可回避的一个重要背景，也会对创新生态系统认知产生一些颠覆性的认知理念。例如，数字技术改变创新生态联合体的组成形式，数据重新配置组织创新资源。但数字化只是改变传统创新生态系统的形态，或是产生新型创新生态，如知识资源等创新基本要素还是创新生态系统的根本基础。

　　生物学上的生态系统概念最先由坦斯利（Tansley）于 20 世纪 30 年代提出（Tansley，1935），现在已广泛应用于许多领域的研究。创新生态系统就是将生物学中"ecology"的概念应用到创新系统的结构与演变研究当中而形成的创新理念。创新生态系统是一个基于知识生态分布结构的系统，其内在的核心要素就是知识。组织创新的过程同时也是知识产生、转移和应用的过程。创新生态系统中组织相互之间的联系依赖知识流，组织在系统内的定位取决于知识生态位，系统内组织创新行为的发生以自身的知识库为基础。有学者曾基于生态学理论解释知识管理问题，将组织的内外知识环境视为生态系统，并构建了生态理论模型——DICE 模型，该模型包括了四个重要的关键词：种群分布（distribution）、互动（interaction）、竞争（competition）与演化（evolution）。该四个关键词可以用以解释族群在生态系统内的生态关系①。生态学理论和 DICE 模型为知识生态化的研究提供了重要的理论基础和方法，为知识生态化的内容描述、状态解析和作用机理揭示提供了启示。知识生态化包括两个方面的形态：静态形态和动态形态。静态形态主要是指知识生态结构、成员等当量要素的组成状态；动态形态则主要是指知识生态成员关系、资源配置和系统演变等矢量要素的关系状态。将知识生态化视角嵌入创新生态系统的研究中，可以从多个不同分析截面构建创新生态系统的认知对象与目标。基于对知识生态化内涵的阐释，本研究提出创新生态系统知识生态化的认知对象：创新主体、创新行为、创新地位和创新能力。在借鉴 DICE 模型的基础上，本研究进一步提出从创新主体的知识分布、创新行为的知识互动、创新地位的知识竞争和创新能力的知识演化等四个认知目标视角解析创新生态系统的知识生态化趋势。

---

① 车乐，吴志强. 知识与生态：空间互动论［M］. 广州：华南理工大学出版社，2013.

一、创新主体的知识分布

嵌入并参与到创新生态系统的创新组织在整体系统中都势必承担一定的角色和作用。创新组织的角色多样化，同时也是异质性的，但因知识互补性和知识需求而产生知识交互。尤其是在互联网技术的支撑下，组织之间的交互变得更加便利和可能。伊安斯蒂和莱维恩（Iansiti and Levien，2004）认为，创新生态系统的构成要素包括分销商、供应商、外包公司、互补品制造商、研发机构、金融机构、竞争对手、劳动力市场、顾客以及监管机构和媒体等。他们在同年的另一篇研究文献中指出创新生态系统是核心企业与其他技术互补型企业基于技术协同而在一定范围内形成的创新体系（Iansiti and Levien，2004）。金斯伯格等（Ginsberg et al.，2010）从创新网络的视角指出创新生态系统是一个以核心企业为中心，辐射到所有供应商、制造商、科研机构、中介、金融服务、竞争者和顾客等创新主体，围绕某种创新进行协同合作而形成的松散互联且相互依赖的网络系统。

商业生态视角的创新研究强调以商业化为目的的多类型创新主体的凝聚，网络视角则强调创新主体之间的网络关系，协同视角突出创新主体之间的互补性合作。生态学观点则认为，在每个群落内族群都具有一个稳定的分布态势，这种分布态势随着外在环境的变化以及群落内不同族群的竞争关系而改变。将生态学理论推演至创新生态系统的研究中，可以提出创新主体知识分布的观点：创新生态系统中存在异质性创新机构，各类创新组织在系统内形成的是一个相对平衡的知识分布态势。创新主体知识分布主要是指创新生态系统内创新组织的分布结构，包括知识分布结构的组成、分布结构的知识强度和创新主体的多样性等内容。具体内容有：第一，创新生态系统由承载知识培育、知识传播、知识应用和知识服务等各种创新功能的创新组织所组成。第二，知识强度是指各类创新组织的知识基础、知识能力和知识辐射度，显示不同创新组织在创新生态系统中所处的知识位势，以及知识位所体现出来的创新组织在系统中的角色和作用。在生态系统中，体现系统生态品质的生态环境和决定系统整体知识强度的知识类创新组织分布密度是创新生态系统分布结构建构的关键。第三，创新主体的多样性主要体现出创新组织在知识特性、知识能力等方面的多样性。多样性的知识分布空间是系统稳定的一个重要指标。知识多样性是知识互补性的重要标志，也能凸显创新生态系统整体的知识整合能力和知识治理水平。

二、创新行为的知识互动

创新组织在创新过程中，根据创新需求与规律会表现出一定的创新行为。企业以技术研发、试验、商业化和社会创新大规模推广等创新行为为主，高校和科研院所以基础性和原创性知识创新为主，是知识创造与传播的重要载体。中介机构是知识流通和扩散的重要载体，是知识流动中枢环节，是知识资源的发散器。政府机构是创新政策的制定者，通过构建公共创新平台促进知识的流通与扩散。用户既是知识的应用者，也是创意等知识的提供方和创新的参与者。既可以作为知识消费终端，也可以作为知识反馈端。除了上述知识单元之外，创新生态系统中还包括多种类型的其他知识单位，创新可以出自这些组织，甚至是由它们所发起。

创新主体的知识互动强调创新的出现是市场、科学基础和组织能力互动的结果，创新生态的创新会来自多个渠道，产生于许多个点。创新生态系统的创新过程可以被视作一个逻辑有序，但不一定连续，可以被分割成一系列职能各异但相互作用且相互依赖的阶段和层次。整个创新过程可以被认为是一个复杂的知识传输路径的集合。创新生态系统是一种动态的系统，系统内的族群彼此互动，并且与外在的环境不断发生着互动交流，而这样的交流互动也是创新生态系统构建的重要机制。由此来看，创新主体创新行为的知识互动分为内部互动和外部互动。内部互动指的是知识培育、知识传播、知识应用和知识再造等创新主体之间的互动行为，是维持创新生态系统正常运行的基础。不同创新行为的创新组织因创新需要而进行密切的联系和交流，通过关系而维持系统的稳定发展。外部互动是创新生态系统内部组织与外界环境、外部组织和知识资源之间不断发生的各种知识交互过程。创新环境和创新需求的变化，促使外部知识资源由创新生态系统要素转化为创新生态系统基质。在创新环境、资源和系统成员关系的不断影响下，创新生态环境和资源与创新主体的知识培育、知识传播、知识应用等知识交互行为相互产生影响与博弈，创新生态系统也会因此而出现演化、替换、混合和兼容共生等多种可能的状态。

三、创新地位的知识竞争

竞争是生态系统的重要特征。随着创新生态系统生命周期的延伸，系统中的已有者、进入者之间存在各种类型的竞争。通过竞争，改变创新生态系统成员生态位势，可重新调配创新组织的创新地位。创新地位的竞争动态变化可以用种群生态学派的理论进行分析与模拟。种群生态学派通过生物学的类推来模拟竞争动态，将生物适应环境的方式作为参考，以证明成功的企业是那些能够根据所在环境变化迅速作出改变的企业（Ginsberg et al.，2010）。创新生态圈中，在直接竞争者较少的情况下，组织有更多自主权配置知识资源，组建外部知识网络，并且突出自身在网络中的中心地位。但创新链的纵横延伸以及创新过程的复杂化，使更多的创新组织加入生态系统中。系统中的知识总量、知识需求和技术环境也发生变化，先进入者的历史投资会成为变换战略路径的障碍，创新组织的创新地位会因此而发生变化。数字技术的应用增强了创新生态系统的开放度，竞争的加剧会产生新的创新机会从而吸引新的进入者，创新组织的创新生态位也会不断变化。

摩尔（Moore，1993）表示，商业并不是在真空当中发展起来的，并以此建立了种群生态模型的逻辑基础。企业，特别是那些涉及创新的企业，它们在成功和生存上面临的战略挑战，不能单纯地从一个组织的角度来看。商业更像是一个跨越多种行业的生态系统（涉及整个商业价值链）。开放式创新模式强调创新组织对外部知识资源的整合和利用，每一个新的创新周围都会围绕着一个创新生态网络。一般来说，一个成功的创新背后，都包含了很多企业的合作和竞争。这种竞争包含了对知识资源的控制、对新知识与新技术的反应，以及对知识获取和转移行为的管理。例如，苹果公司的创新生态系统中，其自身是一个领导者。它的生态系统由供应商、分销商的网络构成，包括竞争对手，也有大客户。因此，对于组织来说，其一方面面临来自系统内部的竞争，另一方面还要留心新的创新生态系统的出现。据此，创新地位的知识竞争主要表现在两个方面：第一，创新生态系统成员知识生态位的竞争。依据社会网络理论，网络中心度高的组织对知识资源配置具有更多的分配权力，也是关键的知识流动的中枢节点（詹湘东和谢富纪，2019）。处于高中心度节点的机构需在知识基础、知识创造能力、知识转化能力和知识辐射能力等方面处于领先地位，也因此而获得在创新生态系统中的"基石"地位。由于创新环境变化和创新模式变革，如数字平台的出现、用户社区的影响，处于高中心度的组织创新地位会面临挑战和变更，也就是核心组织身份的演变。这种演变的主要驱动因素来自知识竞争，表现为知识基础、知识能力等多方面的竞争。第二，创新生态系统整体创新地位的知识竞争。不管是微观层面，还是中观和宏观层面的创新生态系统都处于更大范围内、更多不同类型生态系统的交叉融合体之中。创新生态系统整体的知识竞争力决定了其整体的创新地位，表现为该创新生态系统是否具有开放融合能力、是否具备衍生和整合子系统的能力、是否拥有超生态系统治理能力。要提升整体创新地位，需关注创新生态系统的知识治理、系统内外的知识管理、特定产业或行业的知识生态化水平。增强创新生态系统整体知识竞争力，需加强生态系统的知识治理，建设跨生态系统、跨知识域、跨多层次子系统的治理机制与策略体系。

四、创新能力的知识演化

创新生态系统的创新能力是一个多维度显性体系，既是系统成员创新能力的融合，也是创新生态系统创新绩效的整体表征。创新能力的增长是一个知识基础增强、知识创造与知识辐射能力提升的演变过程。而且在创新生态系统初创、成长到成熟的发展历程中，创新能力的增长实质是不同发展阶段的知识演化，包括知识积累、知识创造和知识转化。在创新生态系统的初创期，整体创新能力的关键作用在于为用户和利益相关者提供价值，建立价值共创机制。这个阶段的知识能力要求不高，能够跟用户、供应商等合作伙伴通过合作创新提出新的价值主张。核心企业和机构需要具备知识挖掘能力、识别和选择知识需求的能力。对于创新生态系统的主导者来说，吸引和建立重要的合作伙伴关系是稳定生态系统平衡发展的关键举措，能够部分地防止合作伙伴帮助其他新兴创新生态系统或筹备同类竞争创新生态系统。主导者需要足够的知识能力以维系其他外部合作组织对生态系统的支持，以便构建完整的创新生态系统。

在成长期，由于新加入者的涌入，或其他新生创新生态系统的出现，会打破创新生态系统的平衡，也会加剧生态系统之间的竞争。创新生态系统需维护稳定平衡的成员关系，并进一步吸引更多创新资源和要素以提升系统的创新能力。对于创新生态系统主导者，知识能力需进化到更高的层次：第一，创建更多的创新平台，整合合作伙伴资源，获得并创造更多创新收益。第二，能创造新的知识与技术满足市场需求，同时也刺激市场的潜在需求。这个阶段对于知识资源的利用不仅是识别和选择，更关键的在于获取和转移。一方面，充实现有知识基础；另一方面，扩展知识应用广度，强化知识创造强度，提升知识整合层次，开发和挖掘知识资源价值，扩大知识辐射效应。

在成熟期，创新生态系统的主导者必须通过控制创新生态系统中关键的、核心的增值活动，构建"知识生态位"网络，建立领先者的优势地位。为了获得生态系统中的领先者地位，核心企业或机构必须增强自己的知识议价能力。在创新生态系统中需对知识资源具有非常高的配置权，知识能力演变成对资源的控制和引导，对于生态系统中关键性活动的知识资源拥有其他组织无法简单复制的控制权。这种知识能力可以由两种方法获得：第一，独有创新能力。通过合约或专利保护的方式获得，但是企业等机构还是必须依靠持续创新和为整个创新生态系统创造价值的能力来获得。第二，持续创新能力。保持对创新生态系统的主导，就需要企业等组织具备持续的创新能力，确立分层次、目标明确的创新梯度，保持对创新生态系统的贡献。维持这种领先式的知识能力，需要主导者能塑造未来发展方向和产业视野，保持创新生态系统绩效的稳定性，维持知识供需关系平衡和系统的稳定演化。

当新的创新生态系统出现，旧的创新生态系统面临重建。这个阶段的知识能力演化成对新的方向、新的系统模式的选择上，还必须能够吸纳新的知识组织，创建新的生态系统运行机制。数字经济时代，数据要素重组创新资源，数字技术重构创新生态系统结构。传统创新生态系统将面临数字化转型重构，系统成员或将纳入新兴的数字化创新生态系统。

第六节　创新生态系统的知识生态化

知识生态学理论指出，将生态学的有关观点和理论与知识管理相结合，有利于推动知识创新和发展（吴金希，2014）。从知识生态化角度看，创新生态系统的组织以及组织群落都具有一个稳定的分布态势，这种分布态势随着外在环境的变化以及群落内不同族群的竞争关系而改变。创新生态系统的动态演化遵循着生成、运行和演化的机制。生成机制指创新生态系统构建形成的过程与路径。创新生态系统构建形成的内部条件取决于创新组织和机构的属性及组织结构等因素。属性不同但存在各种联系的创新机构，由于对相同或相似生存环境和创新场景的"偏好"也能导致创新生态系统中创新群落的形成。运行机制是指系统的各创新组织创新行为所遵循的规律和制度。运行机制是创新生态系统动态良性发展的保障。演化机制是指创新生态系统层次不断提升、创新能力不断提高，创新目标不断强化的动态进化路径，它是创新生态系统内各种力量不断博弈的结果。创新生态系统知识生态化就是将生态系统种群的分布、互动、竞争和演化的理论与知识生态系统中知识管理的原理、准则应用到对创新生态系统的发展趋势判断与规划干预中，用以检验、证实创新生态系统演化所呈现的动态特征。知识生态化是一种战略视角，核心问题是创新生态系统中各知识单元之间的生态化关系以及创新生态系统与外部环境之间的契合和相宜。本研究从创新生态系统知识生态化的本质、实质、特性和作用机理等四个方面对内涵进行具体解析。

一、本质上反映创新组织之间的竞合

竞合是指竞争与合作，体现为创新组织基于共同目标和共生利益的接近与凝聚。接近包括空间接近和关系接近。空间上的接近表明创新组织在地理位置上的相近性。关系上的接近表现为创新组织在文化、知识和人员的互动和交流上。概括来说，创新生态系统成员基于技术、产品、数据和信息等知识资源和创新要素的交互过程而形成一种关系网络。凝聚代表创新组织在创新目标上的一致性和创新利益上的统一性，创新模式多表现为共同研发、资源共享和合作创新等整合创新范式。凝聚要求创新主体之间的知识资源互补，或能形成相互获取的关系并能提升自身的知识基础。创新组织之间的竞合表明相互之间可以存在知识位差，但各方都能高效实现知识的输入与输出，以便达到知识生态关系的平衡状态。随着互联网等数字技术的广泛应用，创新组织基于创新生态的凝聚趋向数字化。知识生态关系维持的显性成本将会越来越低，交互频率会越来越快，促使知识周期的更新速度也会加快。知识数字化和数字化知识也会强化该趋势的呈现。

除了接近与凝聚，创新生态系统成员之间还存在多种形式、多种层次的竞争博弈关系。竞争博弈行为既可以发生在市场竞争者之间，也可以发生在知识供给方或需求方之间。竞争博弈的出现源于知识位差的存在、知识资源的不匹配以及信息不对称。创新生态系统中的生态化结构为创新组织之间提供的是一种既竞争，又合作的关系。因为不管是竞争者，还是合作方，都需要依赖于创新生态系统的演进提升自身的创新"生态位"，提高自身整合创新生态资源参与竞争和合作的能力。

二、实质上代表了一种超越交易关系的生态关系

经济体之间的合作以利润最大化为共同目标而建立一种基于公平交易的合同关系。例如，商业生态系统强调企业与合作伙伴之间基于市场交易规则的合作关系。在创新的过程中，创新组织之间也会因为创新需求而发生技术交易、业务外包和知识收购等市场行为，但创新生态系统的创新主体之间不是一种简单的市场买卖关系，而是基于对未来的共同利益和战略目标所形成的一种长期沉淀而成的信任关系，一种基于自身定位、知识获取与外溢最优化的生态关系（Clarysse et al., 2014）。建立在生态关系基础之上的创新共同体有着共同的行为模式、共同的语言和相互兼容的创新文化，形成长期的合作关系，可以大大降低知识交易的成本。除了降低成本，生态化的关系将提高各创新组织对外部知识资源的管理能力，提高知识获取和转移的效率，提升自身的技术能力。从生态关系理念看，创新资源的交易只是创新生态系统成员关系建构中的一部分，创新生态的关键价值体现为共生、共享和共创。共生、共享和共创是一种超越交易关系的生态化关系，创新生态系统成员之间的关系结构可以有更多的选择。例如，基于用户社区的用户创新；基于数字平台的社会创新等。超越交易关系的生态化关系有利于大系统观的形成，也能促进创新生态系统提升开放度，选择有效的开放合作模式。

生态关系能强化创新资源的整合效应，提升创新生态系统对创新组织竞争与合作的支持力度。例如，共性技术的研发与推广能让创新生态系统中各类系统成员获益。数据要素市场的建立不仅是规范数据要素的交易，加强数据产权保护，也是强化数据要素的公益价值，体现数据资源提升创新生态系统整体价值的属性。

三、特性上代表一种网络化结构

知识生态化的基础结构是网络化。创新生态系统网络化特性表现有两个特点：第一，界限模糊、多层次组合的跨组织合作创新网络化。例如，数字化创新生态背景下的组织跨界合作创新网络就是一种依托于创新生态系统跨层次性构建的多元化、多类型组织合作开放式创新网络。第二，邻近性、集聚性的跨产业、跨空间创新网络。例如，基于数字平台支撑的区域创新生态网络是以空间集聚和产业链协同为基础的跨产业和跨空间治理创新网络。开放式创新生态的发展势必会形成创新网络化结构，创新生态系统的网络化结构具备共生共赢、交互融合的关键特征。网络化生态系统对内强调整体的效率和价值，对外突出整体的竞争能力，表明是生态系统整体的竞争能力，强调创新生态系统整合的力量。生态系统的网络不是松散型的，而是在反复试错和匹配的形态进化过程中形成的相对稳固和持续的紧密型网络。

网络化结构有多种表现形式。例如，知识网络是知识资源交互关系形成的网络；技术网络是数字技术以及其他连接技术构建而成的支撑型网络；个人网络是个体之间知识传播和合作创新形成的社会化网络。创新生态系统的网络化结构由创新组织、创新平台和互补性模块组成（Shaw and Allen, 2018）。创新组织之间数据、信息和技术等知识资源流动需借助多类型"接口"的支撑。例如，涉及异质性知识传播等产品工艺的合作研发，技术标准界面是创新组织合作的关键接口。创新平台的作用在于整合知识资源、匹配创新模式和沉淀知识要素。创新平台作用的发挥取决于两个方面：第一，互补性模块。创新组织提供互补性知识资源，或产生互补性知识的获取与转化，互补性产品和模块的数量越多，其价值越大，平台越牢固。第二，平台治理机制。创新平台需为知识流动提供整合"场"，平台治理机制是整合知识资源的渠道。知识流动需要非常关键的技术接口和界面，创新平台通过多种分享机制理顺知识资源流通的渠道，提高知识传播的效率。

四、作用机理上存在锁定效应

创新生态系统创新主体的知识基础既可以是互补关系，也可以是替代性的，互补和新旧知识替代都有利于合作关系的发展（王保林和詹湘东，2013）。知识供需双方的合作博弈，知识输出方和知识接收方会形成一种知识协同演化的关系。双方在知识属性、知识基础和知识需求上会形成某种依赖关系，其中一些知识基础总量大的创新主体将在创新生态系统中居于关键的知识生态位，对整个系统的稳定运行起到主导作用。知识协同演化的结果会有两种情况：第一，创新主体之间会在相关关系上形成某种程度的锁定效应，这种锁定效应是维护创新生态系统关系结构的重要基础。第二，创新生态系统的创新过程对其中的关键创新主体会存在某种程度的锁定效应，这些关键的创新主体是创新生态系统创新过程运行和演化不可或缺的"核心生态位"。它们既是创新生态系统演化的引领者，也会对系统成员之间关系以及创新生态系统"韧性"产生一定限制。因此，创新生态系统既要突出关键创新主体的作用，又要构建良性的各类系统成员之间的关系网络，还要有重要的支撑体系保障创新生态系统在应对不确定"冲击"下具有调整与优化的"韧性"特质。所以，作用机理上的"锁定"效应是创新生态系统知识生态化的重点特征，一方面，它体现了创新生态系统关系结构的基本原理，另一方面它也是发掘和研究创新生态系统以及创新网络韧性表现的重要研究视角与理论支撑。

五、小结

综合以上四个方面的阐释，创新生态系统知识生态化的理念可以进一步明确。创新生态系统发展演变的过程同时也伴随着创新组织之间知识生态关系的形成与演化。创新生态系统创新功能的表现就是通过知识生态关系的演化促进系统自身机能的提高，提升系统整体创新能力，通过机制设计引导创新组织、创新行为、创新环境协同发展。创新生态系统中各类创新机构、平台组织、支撑网络角色作用的发挥依赖于它们所处的知识生态位。创新机构和各类创新要素之间的知识生态关系可以避免创新资源配置过程中的不必要的损耗，促使创新生态系统处于最佳状态。这也是本研究对创新生态系统演进范式和治理机制进一步研究的立论基础。

第七节　创新生态系统的演进与治理：知识生态化视角

在阐释创新生态系统知识生态化理念的基础上，本研究进一步拓展研究视角，以深度解析本章第五节所指出的关于创新生态系统研究的认知困境。知识生态化的过程与形态通过知识生态系统而呈现，基于生态系统的视角，知识生态系统与创新生态系统都可以看成是由个体和组织所组成的经济社区。知识生态系统的核心功能是知识创造与交互，创新生态系统的核心功能是价值创造与交易，两者都是属于复杂系统。复杂性背景下，创新方法的搜索及相关的知识创造都发生在由组织和个体所组成的生态系统中，由此政策制定者将知识生态系统和创新生态系统都认定为是经济增长的引擎（Järvi et al.，2018）。知识生态系统由高校、公共研究机构以及企业等组织通过合作创造产生新知识，处于商业竞争的前置环境之中（Clarysse et al.，2014；Valkokari，2015）。创新生态系统包括更多的系统单元，例如，竞争对手、供应商、平台中介、金融机构等（Dedehayir et al.，2018）。创新生态系统也处于商业竞争环境当中，包含了多种类型的关系结构，例如，产业集聚、战略联盟和创新网络等。为了降低资源交易成本，各种创新合作方式具有显著的外部性（Ferasso et al.，2018）。

从知识生态系统与创新生态系统组成要素与功能的区别可以推出，知识生态系统内嵌于创新生态系统之中，是知识生态化研究视角具备可行性的前提。知识生态系统在组成要素与功能上明显区别于创新生态系统，奠定了知识生态化视角研究的科学性与独立性。创新生态系统的创新目标在于从原创、新创或是复杂的创意、思想和建议中挖掘和捕获有价值的创新机会，其一般是围绕核心企业、技术标准、数字平台等创新元素而确定（Dattée et al.，2018）。基于创新路径规律的认知，创新生态的创新规律是指所有创新资源投资到产品商业化而实现投资回报的过程（Valkokari，2015），而知识生态则聚焦于知识创造阶段（Clarysse et al.，2014）。创新生态系统把早期研究开发的知识创造阶段与知识资源应用阶段连接起来，包含了更广泛的知识探索和知识开发阶段（Dattée et al.，2018）。通过知识生态系统与创新生态系统关系的解析，可以建立起知识生态化视角探究创新生态系统演进与治理的研究框架。

一、创新生态系统的演进：知识主体与知识供需关系

不同类型的创新生态系统在构建架构上存在区别，创新的参与者及参与方式是创新生态系统类型差异的关键决定因素。例如，基于"基石"企业而构成的创新生态系统被看成是一种领导型创新生态系统，而以数字平台为基础构建而成的创新生态系统则呈现出多层次、多核心的创新链和产业链状态。基于数字平台的创新生态系统范畴比领导型创新生态系统更为复杂，外延扩展范围也更为广阔。由此，对创新生态系统组成结构的描述需构建一种明确的逻辑关系。波夫莱特等（Poblete et al.，2022）认为创新生态系统嵌套在多重平行的组织结构中，并且拥有不同的时间逻辑。如此复杂化的系统结构包括了"基石"组织和其他类型的机构等固定组织，这些组织之间还拥有长期合作建立起来的关系。以往有各类研究阐释过组织之间的合作或协同创新，如创新集聚和创新网络等。创新集聚是从地理空间范畴的视角分析企业等组织基于市场和供应等关系在地理空间上的集中。创新集聚强调企业等组织在地理距离上的缩小，以信息集中、物流成本降低和供应链快速反应等优势凸显集聚对创新绩效提升的作用与影响（Ketels and Memedovic，2008）。创新网络则从社会网络理论和方法论出发，强调网络成员的多样性，注重网络成员之间关系及关系对创新资源交互、企业等创新组织创新绩效提升的作用与影响（Nambisan and Sawhney，2011）。创新组织之间的关系是创新生态系统演化的主要驱动力，关系结构的复杂性也决定了创新生态系统的结构包括了组织层次、跨组织层面和生态系统层面等多层次复杂结构。多层次的生态系统结构动态化、相互依赖、非线性和不可预测，这种结构有利于基于技术创新开发的商业增长。费拉索等（Ferasso et al.，2018）在研究中提出，创新生态系统能扩展组织之间的动态关系，能通过创新过程为企业的技术创新提供各种类型的资源供给，满足已有的和新兴的市场需求。该研究的观点涉及了创新生态系统中创新资源的供给与需求的理念。笔者认为，正是因为创新生态系统具有多层次子系统、系统嵌套等特征，用单一的市场供需机制、技术供给与需求关系等模式描述创新生态系统的结构关系显然是不够的。

创新生态系统知识主体之间基于知识供需的结构关系，表明知识生态化是一个解析创新生态系统结构建构关系的新视角。根据知识基础理论，知识

是组织最重要的战略资源，也是创新链流动的关键要素。在创新生态中，知识是联结各类创新参与机构交互关系的基本要素。知识生态的核心是知识交换，以高校、研发机构、企业及其他知识创新组织等作为生态系统节点。处于相应知识"生态位"上的知识节点所形成的知识供需结构关系奠定了知识生态系统的基础（Valkokari，2015），知识生态系统由知识供给方和需求方构成，生态系统的整体供需方都能从知识交换中获益，也都能从共生关系中获得双赢。相对于知识生态系统，创新生态系统的成员节点要更多。中介机构就是创新生态系统中为各类创新参与者搭建连接关系的重要节点，它们能促进各类组织之间的交互，建立起组织之间的交互依赖性（Gawer and Cusumano，2007；Valkokari，2015）。例如，数字平台创新生态系统中，数字平台是一类满足知识供需交互的中介式机构。技术市场是研发创新成果商业化的中介类组织。科技成果转化机构是高校、研发机构的科技成果向企业转化的助推器。图 2.5 显示了基于知识供需关系的知识生态系统与创新生态系统的联系。创新生态知识主体作用各异，有知识创造、知识生产、知识创新机构，也有知识传播、知识转换、知识交易等知识组织。但一旦参与知识的交互，各类知识机构都会纳入知识供需结构当中。各个创新生态系统中有自身的基于知识供需结构的知识生态系统，在两个或更多创新生态系统之间也存在跨生态系统的知识供需结构。跨生态系统知识供需结构将强化创新生态系统创新资源来源的多元化，也凸显跨生态系统创新的复杂化。

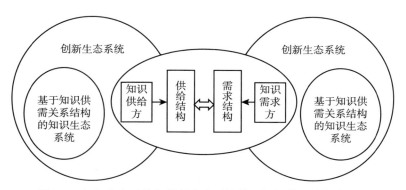

图2.5 知识生态系统与创新生态系统基于知识供需结构的关系

二、创新生态系统的治理：知识活动与知识治理机制

知识及其具有的再组合和可复制等特点是创新生态系统创新行为的重要特点。韦茨曼（Weitzman，1996）认为知识再组合是通过各种渐增的知识应用与交互，在已有旧知识中产生新知识的过程。知识再组合的目的是克服合作创新中传统的阻碍，提升不同来源知识之间的有效交互，强化知识组合能力，创造切实可行的规则以及达到知识转化的功效。知识再组合包含了一系列新知识创造的过程，包括了互补性知识和异质类知识的融合与再造。知识的再组合是组织有目的的通过"精心设计"的"知识寻租"行为，通过一系列有效的知识活动而产生。尤其是对于具有极强"黏性"的隐性知识，需要通过专业的知识搜索、识别、过滤和选择等针对性方法才能提取有效的知识资源，达到减少获取成本，提高知识转化收益的目的（Attour and Lazaric，2020）。

创新生态模式的创新过程必须整合一系列知识活动，知识资源才能转化为创新产出。例如，新创企业的创业初期，创业者依赖于本地化创新生态系统共享和识别知识资源。本地化和社会化的政策与制度能促进知识的交换和组合，才能激发创业者锻造出将"怎么做"知识转化为创新机会和能力的创新精神。克拉莱斯等（Clarysse et al.，2014）认为高校和研发机构可以作为一种"知识出租户"，通过与产业的研发合作成为企业技术创新的触发器。创新生态系统知识活动的涌现需要一些条件：实施创新的组织需有外部知识搜索和知识获取的行为；组织外部知识资源的获取与转换必须在一定规则和机制上运行；研发合作、成果转化等复杂知识活动依赖于多种类型的机构参与支撑；降低技术、产品等外部知识资源获取与转换的成本须有中介机构等提供评估和预测的知识服务。创新生态系统中的知识活动包括知识搜索、识别、选择、获取、转换、整合和再造等类型，按照知识活动过程的边界来界定，知识活动整体可以分为知识获取、知识合作和知识交易等（Zhan and Xie，2022）。按照外部知识管理各个环节所具有的功能作用，知识活动可以分为外部知识获取和外部知识转换（詹湘东和谢富纪，2019）。创新生态系统中的各类创新活动不是封闭的、隔离的，创新过程对所有创新参与者是相对开放的。创新参与者与创新生态系统中其他成员和环境建立起各种联结，

尤其是创新生态系统中处于"同等生态位"的创新参与者会是面对类似的创新挑战和承担相对应的创新角色。在这种特定关系下,创新生态系统各类创新参与者的创新行为将在一定程度上受到"同等"创新组织和个体的影响。不同"生态位"的创新机构和个人之间的知识交换是目的驱动的,而"同等生态位"的创新机构和个人相互之间的知识交互会是一种无目的驱动的状况(Jin et al.,2022)。因为这些机构和个人处于相似的状况并且有多种多样的连接交互关系,由此而形成的无目的的交互将更有利于生态系统平衡,对重要创新组织的创新行为也将产生更大的作用。创新生态系统的动态演变过程中,基于生态位的生态系统平衡是知识搜索、获取与转化等知识活动的最佳环境。由此,创新组织需在整体系统化的知识引导下去吸收整合其他所有创新驱动因素的多样性才能决定它们在创新生态系统中的地位和发展。当知识探索和开发有来自非动机的驱动因素,当知识成为创新生态战略平衡的关键要素,创新生态系统创新组织之间的关系、创新行为和创新过程等需要用一种非线性的管理理念进行描述和阐释。

吉贝尔斯等(Giebels et al.,2016)提出"基于生态系统的管理",认为基于生态系统的知识管理有利于决策制定者搜索和获取最有价值的知识。知识的作用与知识场景有关,为了理解在不同场景下如何进行知识的组合,他们提出需要用知识治理的概念识别和描述生态系统知识管理所包含的各类成员之间的知识活动与行为。吉贝尔斯(Giebels)等指出了知识治理是基于生态系统视角对知识进行管理的重要概念表述,是以知识场景下决策者对有效知识的搜索与获取为情境所开展的理论研究。知识治理是描述和分析生态系统所有规则和阐释创新生态系统创新机制、规律和层次的有效工具。治理的理念最初主要用于社会学领域的研究,治理概念的广泛使用能促使理论学者拓展社会秩序构建、社会协调和社会实践等的抽象化研究(Bevir,2006)。因此,治理理论的研究与应用为政策制定者及决策者所关注,决策行为与知识的生产与应用有关。之所以知识治理概念契合创新生态系统治理的规律与规则,突出创新生态系统治理的特点与机制,原因有三点:第一,高校和研发机构等是创新生态系统中关键的知识生产者和供给者,能提高创新生态价值创造的质量。早期硅谷和中关村等区域创新生态系统是高校和研发机构角色和作用体现的重要佐证。马尔库拉和库内(Markkula and Kune,2015)在研究区域创新生态系统中高校的作用时认为,在将研发转为实践应用的创新过程中，高校、地方政府、非政府机构和产业等之间必须有一种积极的"科学社会"对话，对话者相互之间需要意识和察觉到彼此的需求和潜在的贡献。高校和研究机构在创新中的作用决定了它们不仅仅只是创新生态系统的知识提供者，同时也是创新活动演化和创新过程演进的参与者和推动者。第二，创新生态系统是一个知识输入与输出的转化系统。根据创新中介理论，创新生态系统是一个基于协同的生态系统，由法律上独立的参与组织横向整合为具有特定创建基础的网络环境，创新行为和过程就是以在特定网络环境中的合作为基础而产生和运行（Gamidullaeva，2018）。创新中介机构能创建必要的联结，为系统成员的合作创造机会和可能。伽米杜拉瓦（Gamidullae-va，2018）还进一步指出了创新中介机构的基本功能，包括知识转换、科学与产业的合作、知识生产与协同、知识商业化、检验与评估以及标准化与规范化等。切萨布鲁夫（Chesbrough，2003）也指出，创新中介机构是一种为了整合各种不同来源的知识并引导企业如何运用外部和内部知识流的组织。知识黏性以及知识呈现方式的高度"载体化"①决定了组织之外知识的获取需要识别必要的知识源、有效的范围并建立起相关的中介渠道。以创新中介为链接的知识输入输出转化系统，需建立一种协调机制以规范系统内外知识活动的规律，建立分类管理的知识活动机制，实现知识输入输出的收益。第三，知识社区是创新生态系统治理的基础单元。卡拉扬尼斯和坎贝尔（Car-ayannis and Campbell，2009）曾在他们提出的"模式 3 创新生态系统"中指出，创新生态系统能通过新兴的联结点或中心点，由人、文化和技术等形成的知识构件或知识块满足催化创新、触发创意发明的要求，从而可以加快跨科学技术学科、跨公共与私人部门的创新协同。既能满足"自上而下"和政策驱动的创新需要，也能创造"自下而上"和创业驱动的创新模式。他们提出的"模式 3 创新生态系统"实则指出了由知识块、跨知识组织、知识创新链组成的知识社区的作用。在知识生产及运用的过程中，不同知识范式和知识模式的共存、共同演化和共同专业化需要形成一致的知识治理规则。

　　知识治理概念认为知识是治理的基础要素，强调对各类组织知识活动、

---

　　① 知识呈现方式"载体化"是指知识的呈现效果与所依附的载体有关，显性知识的展现载体影响知识传播的时间和空间，例如，纸质媒体与网络媒体传播知识存在区别。隐性知识的传播与表述的人、阐述的方式以及表达的环境有关，不同的人以不同的方式在不同环境下对知识的解读程度和效果是不一样的。

知识管理行为的协调、整合与规控。知识治理超越组织边界，以组织微观管理过程和制度为基础，跨层次协同不同知识活动、知识资源与创新环境的关系。以知识治理理念研究创新生态系统的治理，可以深度解读三个方面的问题：第一，明确创新生态系统治理的动机和目的，解析创新生态系统治理的内容，解读知识治理的基本要素。第二，剖析基于知识治理的创新生态系统知识活动，提出知识活动的类型，分析知识活动之间的关系。第三，通过案例或定量实证等方法分析确定影响创新生态系统创新绩效的知识治理机制。即何种知识治理机制组合最适合整合知识活动的效果，促进创新生态系统整体创新绩效的提升？因此，创新生态系统的知识治理与一般化知识治理理论不同，不仅涉及在创新生态系统层面对知识活动进行的有效协调，还要深度关注创新生态系统成员关系、系统结构、创新行为和创新绩效在知识治理框架下的表征与演变，是兼顾微观与宏观多层面考虑的治理模式。

第八节　数字化场景下创新生态系统的知识生态化

研究创新生态系统，就不得不思索数字经济时代，创新数字化给创新生态系统以及知识生态的赋能与驱动。尽管本研究的主要内容并没有涉及数字创新生态系统，研究框架和逻辑内容中也没有把数字化创新生态作为关键的研究问题。但数字化目前是创新生态系统实践发展与研究最重要的场景要素，数字化创新也是创新管理重要的理论创新领域。笔者也持续关注创新生态数字化和数字化创新生态的研究主题，并在 2022 年成功立项了与数字化创新生态相关的国家社科基金和省级课题。因此在本研究中，笔者简要阐述数字化场景下创新生态系统知识生态化的部分观点。数字经济时代，创新生态系统的内外部环境呈现数字化发展的态势。数字化不仅仅是指创新生态系统外部创新资源的数字化与创新环境的"数实共生"，更关键在于数字化能够，并且已经重组创新生态系统的生态结构与演化趋势。数字化趋势下，数字技术能改变组织创新的模式，重塑组织创新的结构与范式。数据作为必要的生产要素进入企业创新流程，重新配置创新资源。数字平台能重构组织创新的生态结构，也是生态系统演化的驱动要素，模块化、平台化和网络化将成为数字化场景下创新生态系统的结构形态。笔者将从数字技术与数字化创新、数字化知识与知识生态、数字化场景下创新生态系统知识生态化思考三个方面阐释主要观点。

一、数字技术赋能下的数字化创新

技术创新的发展历史中，数字技术被认为是增强企业创新能力的"魔法"因素（Urbinati，2020）。任何形态的数字创新源于数字技术在组织创新过程、创新模式与创新发展中的渗透式运用，数字技术能渗透和重组经济社会生活中的方方面面。数字技术的嵌入，带来了数据这一全新的生产要素。数据生产要素的引入，不仅激活了传统生产要素的新动能，更关键的作用在于它能重构创新资源的配置，改变资源的投入产出结构。此外，数字技术能让企业等组织产生新的动态能力，例如，扩大外部知识搜索的范围与领域，提高外部知识识别的准确度等。除了渗透与重组，数字技术还能创造新的行为、服务、创新和商业机会。数字化能力在于能跟踪和存储各类行为和服务等的信息和数据，同时，数字技术具有的"留痕"能力能创造分析记录，用来改善生产流程和组织的各类工作。

数字技术对于创新的影响，已有研究从不同角度探讨了此类问题。知识管理领域的研究关注数字技术在助推知识创造、存储和重组等过程中的重要性（Wu and Chen，2014）。基于认知理论的研究认为，创建创新过程的新路径，企业等组织需要借助数字技术具备获取不可或缺必备知识的吸收能力（Santoro et al.，2020）。从演化的角度，有学者认为数字技术能够导致根本性创新和商业模式的突变（Ismail，2014）。对于创新的影响，除了认为数字技术与企业的创新能力之间是正向关系的研究结论，也有研究提出不同的观点。尤塞恩等（Usai et al.，2021）在研究中指出数字技术对创新能力或绩效的影响还是模糊不清的。该研究发现，尽管企业可以采用大量高精尖和复杂数字技术，但是这些数字技术与创新绩效之间并没有线性的和直接的影响关系。数字技术可以激发企业的效率，但并不是构成竞争优势的直接源泉。该研究表明数字技术并不具备自发的创新优势。他们进一步指出，企业竞争优势的源泉是企业独一无二的知识，而数字技术只能扩散和整合标准化和显性知识。而且，数字技术还会因为降低交互的效果而消耗企业的人力资本与关系资本。最后该研究提出结论，数字技术代替不了创新过程中创造性、直觉、巧合和知识产权的作用。这是由于数字技术具有可复制性和快速传播的特点，因此其作用应是附属在其他资源中，如金融资源和人力资本。该研究在一定程度上揭示了数字技术对创新过程的作用，也解析了数字技术不是创新本质的观点，为充分阐释数字技术的创新属性提供了理论支撑。

数字技术能创造全新的创新模式，其根本还是在于数字技术的表现形态及其作用。数字技术包括可改善商业绩效的解析法、识别新的商业机会的大数据、存储时间和货币的计算机云、提升商业价值的社会媒介等（Coskun-Setirek and Tanrikulu，2021）。塞尔利等（CeArley et al.，2016）选出了影响创新的十大战略性关键数字技术发展趋势：AI 基础、智能 App 与分析、智能化实物、数字孪生、云计算、双向会话平台、沉浸式体验、事务驱动模型、区块链、持续的适应性风险和信任技术等。该研究提出的数字技术如今是创新模式数字化和新兴数字创新业态涌现的全面场景和驱动载体。亨德等（Hund et al.，2021）提出了数字创新的"三层概念化体系"，该研究认为数字创新的内核是数字对象（纯粹的技术对象）、第二层是数字技术（具有社会一致性意义的数字对象）、外层是数字创新（融合数字技术以新兴方式创造价值）。在他们的文章中总结了目前数字创新的研究主题：边界的重新定义，包括边界模糊和融合；数字系统，包括数字平台、数字生态系统和数字基础设施；组织决定因素，包括数字能力、数字创新的组织形态、数字实体与数字文化；数字创新战略，包括数字化场景下的战略思考、数字商业战略。

数字技术是数字创新的基因。已有文献也表明，数字技术嵌入于数字创新之中。各种不同类型的数字技术，也会产生功能各异的数字创新形态。此外，对数字技术的理解不能仅局限于企业层面的应用技术，或是单个类型的数字技术，主导数字创新的应是一类社会化、关联性强的融合型数字技术。与传统创新的主要区别在于，数字创新的实体（组织）数字化、知识数字化、组织形式数字化和关系数字化。

二、数字化知识与知识生态

谈到数字创新，不得不关注组织数字化和数字化组织。数字创新代表着数字技术在创新领域的广泛使用。如今，数字创新在商业世界正越来越占据着支配地位。在快速变化的数字世界，一种新的创新会很快"过时"，商业环境也会产生更多"残忍的"竞争（Jahanmir and Cavadas，2018）。数字化创新的本质是数字技术改变了组织创新的过程和方式，导致创新组织方式和结构的根本性变化。其中，根本性的结构就是会产生数字化组织，如数字化企业、数字平台等。尤等（Yoo et al.，2010）曾指出，伴随着技术的数字化，创新的组织逻辑将发生改变。数字化组织的特性综合来看有三点：跨界创新、网络化嵌入创新生态系统和数字化知识。数字化组织的跨界创新包括跨界搜索和跨界合作，以外部知识搜索和知识合作为基础形态。在创新生态系统中的网络化嵌入则也与数字化知识特性有着密切关系。

数字知识的定义包括两种理解：第一种，数字知识可以看成是与数字技术领域的使用相关的技巧和经验（Firk et al.，2022）。现有知识管理理论忽视了此类知识的解释，对数字知识的研究也不足。第二种，数字知识是一种专门的技术知识来源，是与数字化相关的各类专业知识。既包括数字化形态产生与呈现的知识，也包括传统知识形态的数字化。数字知识对于数字创新非常重要。掌握并能运用数字知识的企业和个人能更好地识别和定位自身在数字创新中的角色与作用（Firk et al.，2022），也能更好地识别数字创新机会并发掘"潜藏"于数字创新中的特征与逻辑（Wrede et al.，2020）。

数字化不仅改变知识的形态，也会影响知识创造、知识获取、知识转化和知识整合等一系列知识能力的内生基因和作用机理。数字化带来数字生态系统的涌现，数字化知识也将影响传统知识生态的发展演化，或产生新型的数字知识生态系统。知识和知识生态的数字化必然呈现新的理论与实践需求，数字创新和数字化转型的时代需要新理论的产生，传统的创新理论已无法全面解释数字创新现象（Hinings et al.，2018）。笔者认为，珀尔（Por）提出的知识生态理论需要数字化时代的创新。知识生态的结构内涵将更为丰富，知识网络的载体形式将更为多样化，技术网络的"技术结构"需要更深的解读，个人网络的关系链接将更为多元。传统的网络中心度、网络规模和网络异质性等概念描述需要新的解读。

三、数字化场景下创新生态系统知识生态化的思考

数字创新驱动下，企业等组织与外部环境要素，包括外部组织、市场、创新资源和政策环境等之间的关系将重新进行建构。数字化场景下，创新生态系统知识生态化将产生哪些新的认知？如何重构这种新的认知？认知重构

将会产生一些对创新生态系统知识生态化需进一步思考的问题。

数字化场景包括数字化业务场景、数字技术与实体经济的融合等。创新生态系统的创新不仅因数字技术的渗透而重塑，更关键的是因为场景的数字化而重构。数字化创造一个具有"自我配置"能力的链接型技术网络，该技术网络由标准化和通用格式、相互连接且成分混杂的数字资源而驱动（Kolloch and Dellermann，2018）。数字化场景的出现改变技术网络基础与建构，创新生态系统成员链接关系会变得"宽松"、扩展化和"多中心"。AI 等数字技术在组织中的应用，以往关于创新过程和结果的假设推断有着明显现象的情况将发生改变，由此引起其他新兴概念的需求（Henfridsson et al.，2018）。例如，数字生态系统、数字平台等新兴的数字化创新结构影响创新组合、过程和结果的不确定和多任务场景。在数字化创新模式下，发现、开发、扩散和作用等创新步骤和阶段也会被打破，创新从什么时候开始、什么时候结束以及创新如何跨越时空而展开都变得"模糊"（Trocin et al.，2021）。创新过程和创新结果变得越来越复杂化和动态化，数字化场景令创新生态的创新涌现新组合、新链接和新整合等新现象。例如，创新由谁开始，哪些参与者，有哪些合作形态等都将变得不再固定，过程不确定性因素更为明显。数字化创新生态系统的创新主体多元化，发起者来源更广。创新网络集聚块不再成为一个整体，模块化、分散化更为明显。创新伙伴关系多样化和多特征，关系结构以及关系特征对创新绩效机理的影响也将更为复杂。创新层次嵌套化，企业、区域、跨组织、跨区域和跨行业等创新生态会交错互嵌而生存发展，往往无法从"边界"上区分各种不同层次创新生态的范围和效应归属。

数字化场景给创新生态系统知识生态化解析带来的"冲击"，除了创新生态系统的认知，还有就是创新生态系统中知识的研究。知识及知识再组合是一个传统的研究主题，在很多领域都引起大的关注。例如，知识管理学、内生增长理论、演化经济学等领域的研究，都采取不同方法从不同视角取得理论创新。当数字和实物要素重新组合成为数字创新研究的核心之后，尽管知识作为创新基本要素的重要性在各类跨学科交叉研究中反复被强调，组织最重要的资产——知识的重组在数字创新研究中却被远远忽视了（Hund et al.，2021）。笔者认为，创新生态及知识生态最关键的要素是知识，知识也是数字化影响最直接的创新要素。数字化场景下创新生态系统知识生态化新的认知，首要是对知识的新的解读与研究。一方面，数字化创新将会产生新形态的知识，如数字化知识，或知识数字化，这将改变知识管理的基础和方式。另一方面，数字化将改变知识存储、传播的方式，也将影响知识转化、知识融合和知识再组合及创造的机理，或是产生新的路径。知识管理理论需要创新，以及以知识管理理论为基础的知识生态理论等也面临理论创新需求。多尔蒂和邓恩（Dougherty and Dunne，2012）在研究指出，"数字化创造新形态知识"能够促进不同实践领域互补性洞见的产生。数字化还可以产生新的创新合作方式，促进不同时空范围内知识的交互，如在线社区、生态系统等（Hund et al.，2021）。数字化对知识空间和建构无所不在的作用，需要关注知识、知识论、知识方法论等新的认知与解构，需要对数字化知识的识别、过滤、获取和重新整合进行实践研究。对如何开发特定专门化的知识以支持创新，并能吸引和辐射密切相关创新合作伙伴等问题需进行理论与实践的创新性研究。

第九节　本　章　小　结

基于知识生态化视角探究创新生态系统的演进与治理，需要对创新生态系统研究的起源、发展与现状有个全面系统的了解，为创新生态系统的知识生态化理论解析奠定理论基础与前提条件。本章从研究起源与理论脉络、概念研究与理论基础、系统结构与运行机制、作用机制与系统治理和研究范式与研发方法五个方面对创新生态系统的研究现状进行了分类梳理与述评。对知识生态、知识生态系统以及知识生态与创新生态系统关系的相关文献进行了梳理和述评。进一步，还对创新生态系统研发的新的趋势：数字创新与数字化创新生态的现有研究进行了文献综述。

在此基础上，本章重点深度分析了创新生态系统研究存在的认知挑战，并从创新主体的知识分布、创新行为的知识互动、创新地位的知识竞争和创新能力的知识演化四个方面提出了知识生态化视角认知创新生态系统的观点。并提出了创新生态系统知识生态化的内涵，从知识生态化视角解析了创新生态系统演化与治理的内容。本章文献述评部分为研究问题的提出奠定了基础，对创新生态系统知识生态化的多角度理论分析则为后续各章研究内容的展开提供了理论观点与逻辑基础。

第三章

创新生态系统知识生态化的
架构与建模研究

　　需探究深刻的逻辑架构，才能对创新生态系统知识生态化进行全面深度的刻画。对创新生态系统进行生态化的描述源于组织外部创新网络呈现出的生态圈结构，以及创新系统的边界、结构和治理行为逻辑的生态化表现。一方面，组织的创新在高度依赖外部知识资源的同时，也体现出强的知识外溢能力；另一方面，开放式创新在一定的创新阶段上表现出相应的知识供需平衡，能更好地整合内外资源，促进开放式创新绩效的提升。

　　创新生态系统展现一个创新集合体在创新合作上的趋势和形态。创新组织在交互协同的创新生态化过程中，必然形成创新生态系统构建与演进的生存基因（Dedehayir et al.，2018）。创新生态系统的角色体现是价值创造，知识创造和传播在创新生态系统诞生的早期阶段就开始发生，为创新提供知识资源，为创新机构的构建组成提供一致的创新标准。知识组织及知识元素如何在创新生态系统中呈现知识生态，需进一步研究知识生态化的逻辑建构。为了深度挖掘创新生态系统知识生态化的价值，本章研究分析创新生态系统知识生态化基因、内外要素和架构，以及知识生态化视角基于演化博弈建模方法的创新生态系统演化关系。

第一节　创新生态系统知识生态化基因

创新生态系统自初创、成长到成熟的过程中固有的本质与特性是知识生态化基因形成的基础。探寻知识生态化基因，是解析创新生态系统知识生态化架构的前提，可以全面了解知识生态化内涵和创新生态系统特性。本研究认为，创新生态系统知识生态化基因可以从成员角色、知识基因、知识基础和知识域四个方面进行探讨。

一、成员角色

在创新生态系统初创、成长和成熟的演进过程中，组成创新生态系统架构的各类系统成员因承担不同角色和作用而成为创新生态系统知识生态化的基因。成员角色因知识属性、创新价值而禀赋于创新生态系统初创的早期阶段，随着演进进程发展而发展演变。德德海伊尔等（Dedehayir et al.，2018）的研究提出，创新生态系统中各类创新机构在系统产生初始就具备的角色可以分为四类：领导者、直接的价值创造者、价值创造的支持者和创业生态系统（企业家、创始人和管理者）。领导者在创新生态系统的初创阶段就处于"核心"地位，有四类角色行为，分别是生态系统管理、构建伙伴关系、平台管理和价值管理。直接价值创造角色能确保创新生态系统整体性价值的实现，包括供应商、装配商、互补机构和用户。价值创造支持角色不会直接增加产品和服务提供过程中的价值，但是能提供外部的支持要素增强创新生态系统价值创造的能力，包括"专家"角色（高校和研究机构）和"支持者"角色（其他机构）。创业生态系统角色包括企业家、创始人和管理者，他们打造创新生态系统产生与成长过程的支持体系，形成创新生态系统特有的标志与优势。该文献对创新生态系统内各类创新机构角色的分类系统且全面，而且该分类中所区分的角色是动态的，各角色作用在创新生态系统发展的不同时期是可以变化的。例如，在创新生态系统产生的初期，领导者角色更多是由高校和政府来承担，创新不确定性和技术的不成熟性会制约其他机构，如企业和私人投资机构的投资。但是随着创新行为的成熟和商业化过程的深入，创新环境和技术成熟度的完善，领导者角色就会转换为企业或平台等系统单元。

参照德德海伊尔等（Dedehayir et al.，2018）的分类，本研究将创新生态系统中构成知识生态结构的成员角色分为领导者、创新过程直接参与者和价值创造支持者。领导者包括核心企业、高校、研究机构；直接参与者包括技术中介机构、公共研究中心、用户等；价值创造支持者包括金融机构和其他服务机构。主要的知识生态化成员角色是参与到知识创造、获取、转化、整合等知识链过程中的关键性知识组织，如高校和科研机构、企业、共性技术研发机构、知识交易机构等。

二、知识基因

根据资源基础理论，创新是一个知识发现、识别、选择、转化、创造、应用和扩散的过程（Tomlinson，2010）。伴随着创新领域的扩大，以及合作和协同创新在机制上的深度嵌入，对内外部知识的管理将成为创新生态系统演进与治理的基础性、常规性行为。维鲁（Velu，2015）认为创新生态系统中的企业面临的一个关键挑战就是要具备持续理解和识别客户需求的能力。因此企业和其他组织应以协同进化的方式通过互补性知识共享形成协同创新，共同有效服务于用户需求。创新生态系统是一个复杂的自适应系统，不能以简单的投入产出模式来解释。成员角色多样化，需求多元化，在同步和动态的交互状态下，创新生态系统的演变是无法预测的。在各类创新机构"相互吸引力"的联动之下，对创新生态系统创新过程和行为大的干预不一定会导致创新流程以及创新结果的重大变化。但细微的干涉反而会引起不可预知的成效出现，呈现一种创新生态系统创新行为的"突变性"效应。但不管这种新的变化如何出现，创新生态系统都可以高度"自适应"。就像是一个智能系统，创新生态系统可以环境交互、自我组织和生长、自适应、容错且可塑灵活（Murthy and Krishnamurthy，2003）。知识是创新生态系统"智能"驱动的基本要素。知识既可以为创新机构所拥有，也可以帮助知识拥有者获得知识产权保护所带来的收益。同时，知识也能通过保护机制与共享平台进行扩散和共享，发挥知识在产品和服务创新以及创新成果商业化阶段的主导作用。

创新生态系统知识生态化的知识基因是指创新生态系统成员通过知识交互行为产生创新成果，系统成员以研发成果、产品和服务形成的创新产出等所黏附和凸显的知识属性，表现为对知识识别的能力、对知识认知的空间与范围、知识交互过程中的知识匹配度等。知识基因影响创新生态系统成员的创新行为，影响成员之间创新关系的建立与维护。

三、知识基础

组织缺乏知识就无法解决技术创新中遇到的问题。在创新生态系统联合体中，没有足够的知识基础积累和能力，就无法搭建创新生态网络，创新增长与突破也无从可谈。一方面，知识是创新机构实施创新行为的资源。开放式创新促进创新组织获取和转化组织外部的知识资源，捕获创新机会。识别并获取外部知识，则需要创新组织具备相应水平的先验知识。另一方面，知识是创新学习过程的支撑体系，知识是创新活动开展的基础。知识基础理论认为，知识有"基础"。那些直接来自感觉的简单信念形成了认知的基础（波洛克和克拉兹，2008），也就是说知识学习需要知识接受方具有学习能力，具有对新领域知识认知和理解的能力。

支持创新生态系统创新过程和创新行为的知识基础体系由知识模块、知识平台和知识架构三部分组成。知识模块是指按知识的专门化程度，将知识通过模块化分割形成的专门化、特定性知识范围。知识平台是指知识共享与流通的机构和模式。知识架构是指支持知识库建设、知识平台共享的技术基础与标准。知识模块、知识平台和知识架构相互之间是依存和互补关系，在一定场景条件下会发生转换。

四、知识域

域是指一种集合，知识域是指知识的范畴、内容和载体形式等。野中郁次郎（Nonaka，1994）提出的知识螺旋（SECI）模型中，知识的社会化、外部化、内部化和重新组合等四个转化过程都伴随着不同的知识活动。例如，隐性知识之间的传递需要面对面地交流。知识的外部化就需要有隐喻和对话的方式以便知识容易被理解。知识的内部化过程中，知识的学习依赖于个人的经验和模仿。知识组合就需要对知识进行编码、分类和存储，以便于未来的使用和学习（Nonaka，1994；Nonaka and Konno，1998）。野中郁次郎（Nonaka）的组织知识创造理论揭示了组织的知识是如何转换的，这个工作的一个重要方面就是要识别是哪一类型的知识进行转换或者说是知识的哪个专门领域进行转换（Byosiere and Luethge，2008）。从组织知识创造的实践来看，创新具有连续性和持续性，因为组织创新的知识具有"传承"的禀赋，创新建立在组织已有的知识基础之上。

知识域是在创新的发生、成长与成熟代际更迭过程中，创新组织之间进行知识转化、知识整合等知识供给与需求过程所涉及的知识结构与空间。知识转化和整合等知识活动涉及到两种不同情况下的知识类别。一种是同质类知识的转化与整合。同质类知识在不同层次、不同形态下所表现的价值会有差异。另一种情况是异质类知识之间的转化与整合。异质类知识的转化与整合则需要知识的供给与需求双方具有相近的知识结构。高政利和梁工谦（2009）通过分析，从经济学的角度提出对知识域的理解。他们认为在知识转化的过程中，同质知识在不同层次和处于不同形态下存在不同的经济价值，不同层次、不同形态的异质知识进行整合时知识的经济价值也存在差异，由此导致经济价值的测度不是唯一的。因此建立一个知识域体系，将经济价值测度、知识的经济分析与计量纳入一个统一框架内才有利于分析的规范与统一。从经济学角度看，知识域体现的是知识的经济价值，而从知识管理的角度看，知识域是知识扩散过程中知识供给与需求方知识交互所涉及的知识范畴。知识域与认知能力相关，也与知识交互参与者之间的知识距离相关。随着知识基础的增长和知识形态的变化，知识域呈现动态演变的生命周期往复过程。知识域包含了一个获取、整合、成熟和衰退的循环往复过程，但是这种过程不是简单的循环，而是一个螺旋式的知识积累提升过程，更多地呈现循环上升的态势（刘伟和游静，2008）。基于创新机理的过程，知识域是知识生态发挥专门化和特定性作用的基础。尤其是小众创新、"专精特新"和新兴创业型企业的创新，知识域集中度将提升创新精准度和反应能力。

创新生态系统知识生态化基因：成员角色、知识基因、知识基础和知识域四个概念之间的关系用图 3.1 表示。知识基础是知识生态化基因的基础，知识域与知识基因紧密契合，知识基因决定知识域的范畴。成员角色由知识基因和知识域决定。

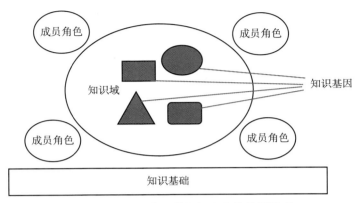

图 3.1　创新生态系统知识生态化基因关系

第二节　创新生态系统知识生态化的内部要素

随着创新生态系统创新范式的演进，知识在创新生态系统中的功能不断扩展，从一种知识分布状态上升为知识生态系统形态。进一步看，创新生态系统的创新机构之间交互性越频繁，网络密度越大，知识生态化的特征愈加明显。因此，知识生态化会发展形成完备的要素体系，构建成契合创新生态系统创新过程和创新行为的知识生态分布体系，从而支撑创新生态系统的演进与治理。国内外学者就创新生态系统的构建展开了诸多研究，主要围绕构建主体、构建要素、构建机制和边界拓展等四个方面进行探讨。在系统发展的不同阶段，这四个方面还表现出不同的变化。构建主体包括所有与创新生态系统构建相关的广泛参与主体，构建要素则是指人力、资本和技术等要素，构建机制包括了共享机制、技术标准和制度规则，边界拓展则是指组织边界、地理边界和知识边界等（吕一博等，2017）。

由于数字技术在创新中的广泛运用，数字创新不仅改变了创新的范式，加快了创新的速度，也产生了一些传统创新模式所不曾具备的特征。例如，数字创新的出现，加快了用户创意在企业产品研发中的应用，用户不再是产品的使用者，他们成为产品设计与开发的主导者。数字技术允许其他创新者进行他们自身的创新或者投资，从而在创新组织之外产生新的创新群体。谷歌公司的"Google for Startups"为其他创新者提供谷歌的创新产品、广泛的网络关系和良好的实践项目，目的是鼓励创业者和团队能创办公司并能获得成长（Elia et al.，2020）。在数字创新模式下，知识扩散、转化与整合的机制与路径变得更为难以预测。但是创新生态系统具有"自组织"的特性，在数字技术的冲击下，创新生态系统的"自组织"韧性将表现得更为明显，流程的控制、创新实体及关系的精心设计等具有的作用或将缺失。例如，创新的参与者更多的是自发行为，不再受正式的权力或权限所控制。创新行为不再通过官僚的机构协调，而是由涌现的新创意、新的创新思想来链接。决策也不再按照行政层次等级来驱动，而是通过整体互动和相互校正来实施（Elia et al.，2020）。创新者之间的关系、创新行为以及创新的组织方式等新的演变使得创新生态系统内部要素的描述更为复杂，增加了各种不确定性。由此也增强了从知识生态化角度阐释创新生态系统内部要素的必要性，因为创新者所组成的复杂集合，创新者之间的自组织结构以及创新者之间密集互动的关系都受益于知识流的链接和知识空间的分布。数字技术只不过加快了知识流动的速度，扩展了知识空间的范围，增强了知识在创新者之间的渗透力，赋予了创新生态系统总体智能的特征。

伊利亚等（Elia et al.，2020）从数字行为、数字行动者、数字动机和数字组织四个维度描述了数字化创业生态系统的建构模式。数字行为代表着数字创业生态系统为了达到创新和创业目标，生态系统中可行的、关键的和能实现的行为。数字行动者是指数字创业生态系统中承担不同角色和责任的创新参与者和利益相关者，直接或间接贡献于生态系统目标的实现。数字动机是指个人和组织参与数字创业生态系统的理由，生态系统给予个人和组织的激励类型以及他们应该承担的不同角色和责任。数字组织是指将行动者和流程链接在一个适宜的组织模式中用以支持结构化行为和新兴的或自组织的动态关系。他们的研究结论为本研究确定创新生态系统知识生态化内部要素提供了借鉴。数字化创业与传统创业方式相比，形态和支撑技术存在区别，但数字和传统创业生态系统的基本要素是一致的。

本研究按照创新生态系统知识基因的解释逻辑，将创新生态系统知识生态化的内部要素按四个维度进行区分，分别是结构、成分、功能和行为。结构是指创新生态系统中知识供给与需求方建立起的关系、互动方式及"生态位"，具体体现结构形态的表征就是知识生态系统。成分就是指维持知识生态结构所需的成员、成员之间的互动机制和维护创新生态系统"秩序"的治理机制。功能就是指知识生态化结构的作用与系统成员的效能，以及创新生态系统整体对外表现出的影响力。行为是指承载创新生态系统成员关系、成员互动机制以及宏观和微观层面创新生态系统治理的各类知识活动。

第三节　创新生态系统知识生态化的外部因素

创新生态系统的产生、成长与演化处在一个相适宜的环境中，与外部环境的交互维系着创新生态系统的稳定、发展与演化。创新生态系统的构建与发展与环境的影响密不可分，因为开放式创新生态模式下任何一个创新组织都无法拥有创新的全部资源。现代创新复杂性使得组织想要拥有创新的全部知识资源其成本非常高，组织势必会寻求外部的资源与合作。此外，在数字技术以及数字平台的支持下，组织之间知识共享、协同创新的成本也极大降低，开放式协同、合作创新是组织创新可持续的根本模式。因此，创新生态系统应开发创建知识生态，规范组织在创新流程上的知识空间分布，使组织在知识链环节上处于一个适宜的知识生态位，以便保障创新过程中组织可以获取各类所必需的知识资源。

组织的创新离不开经济社会环境的影响，同时创新产出也会对经济社会产生影响。成功的创新需要一个由资源提供者、价值链伙伴和资源互补方所组成的创新生态系统。由此给组织的创新提出了一个挑战，那就是组织的创新会有可能限制在一个创新生态较弱的环境中。例如，企业供应链和物流网络的可靠性不够和资源不足；创新的基础设施存在缺陷；开发的市场存在制度缺失，创新组织无法依赖利益激励吸引其他创新机构来填补这个缺失等（Nicholls et al.，2015）。因此，建设创新生态系统的外部环境需要从社会创新的角度考虑社会要素对创新生态系统的影响作用。社会创新是一个引入新产品、新流程和新工艺的复杂过程，它能深刻地改变创新的基础惯例，资源和权力的流动方向，改变发生创新行为的社会系统的收益。成功的社会创新具有持久力和广泛的影响力（Westley and Antadze，2010）。有些观点认为，社会创新区别于经济学意义的创新，因为社会创新不是在于引进新的产品类型或是开发新的市场，而是要满足市场所不能提供的新的需求或是创造新的、更满意的路径让用户（使用者）的地位和作用能嵌入产品当中（OECD，

2011）。从社会创新的理论看，组织的创新离不开社会因素的作用。不管是创新的输入，还是产出，都需定位社会的需求，包括社会利益、公共需求和经济利益。在社会要素的影响之下，创新的发展呈现的是一个螺旋上升且扩散的运动轨迹，如图3.2所示。图3.2显示，社会化创新的发展伴随着一系列的转换点，从启示、提议、成型、可持续增长、规模化到系统性改变（Murray et al.，2010）。借鉴社会创新理论，本研究提出创新生态系统的演进是一个伴随外部环境变化而发展的"社会化"发展过程。

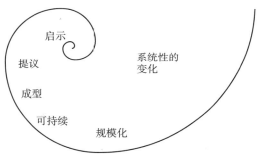

图3.2　社会创新发展的阶段

资料来源：Murray R，Caulier-Grice J，Mulgan G. The Open Book of Social Innovation［M］. London：National Endowment for Science，Technology and the Art，2010。

　　知识生态化驱动创新生态系统螺旋更替式演进，而保障演进过程与结果的重要因素是创新生态系统所处的外部环境。根据前述分析，本研究提出创新生态系统知识生态化外部因素的四个维度：市场、网络、社会和基础设施。市场是实现创新生态系统价值的商业化要素，创新生态系统的价值创造离不开市场的作用。网络是指知识生态系统嵌入创新生态系统的支撑体系——知识网络，也是组织的外部知识网络。社会是指创新生态系统创新行为依赖于的社会环境，包括政策、文化、制度等，同时也包括创新行为对社会的影响。基础设施是指支撑创新行为的技术条件、标准以及地理空间、数字技术空间等。

第四节　创新生态系统知识生态化的架构

　　与自然生态系统一样，每一种生态系统都拥有独特的成员组合和符合自身的演进范式。对创新生态系统的关注，应聚焦于生态系统的结构和系统成员之间的交互关系（Weber and Hine，2015）。在自然界，生物种群的形成基于生物物种之间相似的生理特质而形成，例如，食物、生活习性、身体基因等。生物个体和群体的基因因素在内部条件支撑下与外部环境之间的交换，将促进种群生态的优生、淘汰与重生。同样，生物学类比下的创新生态系统，其初生、成长、灭亡与再生也是创新生态系统的基因条件、内部因素与外部环境互动的结果。

基于知识生态视阈下开展创新生态系统的研究，需要明确界定创新生态系统知识生态化所必须具备的基因，并且搭建起知识生态化基因与内部要素、外部要素互动关系的架构，奠定创新生态系统知识生态化研究的逻辑基础与框架可行性。本研究提出的创新生态系统知识生态化架构的概念，是指依托于知识生态化基因所呈现出的创新生态系统知识基础和能力，创新生态系统在内部要素支撑下强化系统成员之间的知识交互关系治理，维护系统成员知识供需结构平衡以及与外部环境因素建立互动反馈关系所需的结构性组合体系。本研究整合知识生态化基因、内部要素和外部要素内涵，提出创新生态系统知识生态化架构图，如图 3.3 所示。

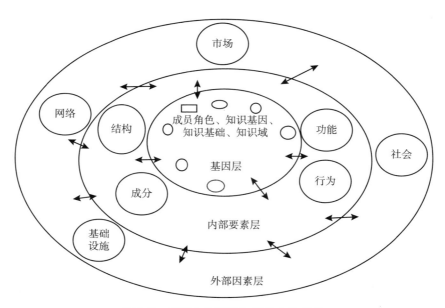

图 3.3　创新生态系统知识生态化架构

图 3.3 显示，创新生态系统知识生态化架构呈现三层结构，三层结构不是孤立的，彼此之间形成相互渗透与影响的关系。基因层决定了知识生态化的属性，是创新生态系统知识基础、知识能力和创新惯性等"天然"特质和属性的整合层。内部要素层决定了创新生态系统的基本布局和结构，是展现基因特质的表现层，还是知识生态系统与创新生态系统关系构建的基础，决定了创新生态系统创新模式、创新网络或知识网络形态。外部因素层属于创新生态系统演进与治理的环境、社会、技术设施等宏观要素层，影响创新生态系统演进的动力和治理的效果。

第五节 知识生态化对创新生态系统演化的影响

组织的内外知识管理过程中，知识资源的交易和交互促进了知识的传播与流动。从组织的角度，知识管理中的知识交易或交互是组织之间知识供给与需求关系的互动。知识生态化过程中知识传播与流动以知识生态系统的形式而存在，知识资源的交易发生于多种类型组织之间，而且呈现为异质性组织之间层次嵌套型的知识传递与转换，是一种动态网络状的知识供给与需求关系结构。在以生态系统为基础的知识交易市场中，知识创造组织既是知识供给者，也是知识需求者。知识供给方能创造远超出单个创新组织所拥有的知识存量与知识能力。由于创新的组织具备拥有无限外部知识资源的可能，生态系统则能带来无限创新机遇（Gawer and Cusumano，2014）。因此，知识生态化过程中的知识活动不能用知识管理概念来衡量，也无法通过组织知识管理理论来解读。生态系统治理的概念能契合知识生态化知识供给与需求关系及知识活动过程的解读。生态系统治理不仅能适合传统创新生态系统创新活动管理的解析，对以平台为主要模式的平台创新生态系统和数字创新生态系统创新类型与活动的分析也是适宜的。哈珀等（Huber et al.，2017）认为生态系统治理由一系列能应用到所有系统单元的唯一标准所支撑。简单地说，这些治理标准规定了生态系统中各类活动"如何发生"，因此生态系统治理将会影响创新生态系统中所有互补性资源的开发与供应。生态系统治理如何影响创新行为，已有研究认为生态系统治理与互补性知识资源的提供者行为有关，并将影响创新的成功（Inoue，2021）。

尽管生态系统治理被认为是影响创新的重要因素，但是内在的影响机理并不明确，而且已有研究还存在一些不同观点。哈珀等（Huber et al.，2017）就在他们的研究中提出，尽管生态系统治理能提供统一的标准，但并非所有的组织都能从治理机制中获得平等的收益。此外，任何的治理机制、规则和环境都会随着时间而变化。由此导致在知识交易和交互过程中，创新生态系统的参与者难以预测创新来自哪里，创新如何发生，它们必须不断识别和适应生态系统环境（Inoue，2021）。生态系统治理对创新成效影响的这种"悖论"，引致一个思考：既然生态系统的治理并不确保对创新输出有足够影响，那么知识生态化将如何影响以创新活动链接创新组织关系为基础的创新生态系统的演化？笔者认为，知识生态化可以看成是知识供给与需求双方资源能量的交换，知识生态化过程是双方知识活动行为关系的演化。知识生态是知识资源的供需双方在一种平衡且相对稳定状态下的知识活动关系。资源基础理论认为，异质型知识获取者或接受者知识吸收的效果及知识吸收能力主要由其知识基础决定（王保林和詹湘东，2013）。在生态系统架构下，知识获取或接受方的知识吸收效果不仅仅只取决于知识基础，其所处的知识生态系统的生态关系也是一个重要的影响因素。在知识供给与需求平衡、组织知识基础局限的情况下，知识生态化驱动下的创新生态系统演化面临以下问题：第一，知识生态化在什么情况下将达到知识供需最佳状态，从而有利于知识交互进而促进创新生态系统的创新活动优化？第二，什么因素会影响知识供需平衡状态？如何判断这种影响关系？第三，哪些因素会影响到知识获取和接受的效果？第四，知识生态化对创新生态系统演化的作用可能会呈现一个什么样的路径变化？本研究采用演化博弈理论和模型建模分析上述问题。

一、理论背景与概念界定

（一）博弈演化理论

创新生态系统的演化呈现的是一个复杂、多主体交互和动态演变的状态。演化是一种系统内部动态驱动力量与外部环境互相适应和此消彼长的过程，没有明确的方向性。因此对创新生态系统演化的研究，学术界主要采用案例分析和模拟仿真的方法进行探究。目前，演化博弈分析方法在创新生态系统演化的研究中应用较为广泛。演化博弈理论最初主要用于人口学的研究，后来在非生态学领域，如经济学和学习理论等领域得到广泛应用。霍夫鲍尔和西格蒙德（Hofbauer and Sigmund，2003）阐述了演化博弈理论的基本内涵。演化博弈理论的应用丰富了以"理性个体"为核心概念的传统博弈论观点和内容。演化博弈描述的是博弈参与者集合或集体的概念，集体的战略行为是一致的。拥有高回报的策略将获得集体的认可和采用，并且这些策略行为能在集体中通过学习、复制和遗传而发生扩散。博弈策略选择的回报取决于博弈参与者集体的行为以及策略实施的频率，频率的变化与回报相关。他们对演化博弈理论的阐述表明，演化博弈分析方法适合于以协同或合作关系而组建的群体在竞争与合作中策略行为选择的分析研究。

（二）创新生态系统演化

目前，演化博弈理论及其分析模型在创新生态系统演化研究中得到广泛应用，并且研究视角和研究内容多样化。创新生态系统的演化之所以契合演化博弈分析方法，一方面在于演化博弈模型适合于生态系统平衡关系的描述与展现，另一方面是创新生态系统成员的创新行为由于生态圈的作用呈现出的是集体之间的竞合关系。引用生物学中"生态"的概念类比，全球经济可以看成是一个由组织和个人所组成的"生物有机体"。自然生态系统是由异质类物种所组成，而"人造"生态系统中具有互补性作用的单元则属于异质类组织。由异质类组织所组成的生态系统必须是一种维系平衡的生态关系结构，因为只有平衡，整个生态系统才能对任何外界影响产生一致的链式反应（Abbate et al.，2022）。根据生态系统理论可以认为，生态化关系结构是由许多异质类组织相互之间的交互活动所形成。生态化把这种交互活动的范围扩大到更多的交互层次，一个组织的活动受到许多链条上其他组织活动的影响。据此，生态化关系的创新组合是运用演化博弈方法研究创新生态系统演化的重要前提。

已有涉及用演化博弈方法分析创新生态系统演化的研究，主要包括四个方面。第一，创新生态系统知识活动的研究。例如，有文献研究服务集成商和供应商在知识共享激励动态合作过程中的策略选择，以得出不同的选择策略对创新生态系统演化路径的影响（和征等，2022）。还有研究关注在行业自律和政府监管机制下，企业、产业联盟和政府在知识共享与风险治理方面策略选择的演化过程（鲁馨蔓等，2022）。基于知识距离理论的知识流动也是创新生态系统演化研究的一种有价值的视角。建立在不同生态位势上的企业分为高、中和低知识位势三类企业，可以通过演化博弈模型分析三类企业知识流动行为的演化，不同知识位的企业呈现不同的知识合作行为（米捷等，2020）。第二，创新生态系统成员之间的策略选择。与该方向相关的研究内容较为广泛，例如，以核心企业、合作企业和政府为三方的博弈模型研究参数变化下的三方价值共创行为，分析三方在创新生态系统中的作用（董微微等，2021）。通过演化博弈模型研究复杂产品研发网络在政府角色缺失和补贴监管下企业技术创新行为的策略选择（杨乃定等，2022）。企业之间的合作创新策略也是主要研究内容。张华（2016）分析了创新生态系统中核心企业与配套企业种群合作创新的策略博弈选择，并诠释了创新生态系统的自组织进化机制。第三，创新生态系统多主体的协同创新。创新的协同意味着创新参与者之间既有合作，又有竞争，因此博弈模型在协同创新的研究中应用广泛。多主体之间的协同对创新生态系统稳定性的影响是一个主要关注点。通过演化博弈模型，可以发掘创新生态系统中政产学研之间博弈的动态演化规律，并能发现政府监管和市场机制两种不同模式下，创新生态系统稳定性的决定性因素（李婉红和李娜，2022）。也可构建平台企业与互补企业协同创新演化博弈模型，研究协同创新的成本、协同交互的频率、利润分配的比例以及互补程度等因素对创新生态系统协同创新成效的影响（李玥等，2022）。还有研究采用三方参与演化博弈模型分析了创新生态系统中利益相关者的策略演化，创新参与者的战略选择是各自相互依存的。其中，主要的利益相关者需要通过有分歧的因素和影响机制来予以识别（Hao et al.，2022）。第四，基于平台的创新生态系统治理研究。将演化博弈理论应用到创新生态系统的治理研究中也是较为常见的一种研究方式。有文献用平台领导企业和互补企业构建演化博弈模型，分别从利益分配机制、激励机制和声誉信任机制等角度研究创新生态系统成员的策略选择及影响因素（危小超和潘港美，2022）。基于演化博弈模型研究治理问题，主要的结论还是关注成员之间策略的选择及所要考虑的因素，创新生态系统治理的研究还需要实际的数据或案例。

综上所述可以得出，演化博弈模型方法用来研究创新生态系统的演化在目前应用较为广泛。学者们在演化博弈模型的运用方面研究颇丰，从多个角度探讨创新生态系统成员之间的博弈策略选择为后续的其他相关研究以及深度研究奠定了基础。已有研究集中突出的三个方面的特点：第一，关注企业之间博弈策略选择的研究较多，如探讨企业之间的技术协同创新，呈现企业在不同条件框架下的策略选择及其博弈收益。第二，研究创新生态系统成员，包括企业与其他类型的创新组织，在一定约束条件下的策略选择与收益。此种研究还是从单个或某类组织在博弈收益基础上的策略选择。第三，聚焦协同创新过程中博弈决策的考量因素，重点分析研究了创新生态系统成员协同创新过程中基于演化博弈的影响因素。已有的相关研究为基于演化博弈理论的创新生态系统研究提供了良好的理论基础与应用案例，同时也拓展了创新生态系统演化博弈模型研究的空间。正如演化博弈研究学者所指出的，演化博弈模型适合基于生态化系统所形成的集体或整体之间的策略博弈（Sigmund and Nowak，1999）。相对于创新系统，创新生态系统的核心概念重在于"生态"架构和形态的体现，生态化创新理念凸显"竞合"的关系博弈，也就是说创新发展不仅在于合作者之间的合作，也包括多种来源的竞争者之间的合作。由此，在总结已有文献研究结论的基础上，笔者提出基于演化博弈理论的创新生态系统演化研究需进一步深化的问题：一是如何考虑所有参与创新生态创新过程的利益相关者的博弈关系，是否应该考虑相关参与者的集体行为及其相似程度而产生的行为整体性？二是如何识别异质类创新机构之间合作或竞争的关键因素？是在何种状况下不同属性或存在知识距离的组织之间存在同步的创新选择行为？三是以知识供给方和需求方为整体的知识生态供需关系如何推动创新生态系统的演化发展？知识供需双方之间有哪些机制或路径会影响到创新生态系统的演化？

要回答上述三方面问题，需要从组织整体行为的视角分析创新生态系统成员创新行为对生态系统演化的影响关系。基于此，本研究从三个方面设计对上述问题的分析过程：第一，分析知识生态化视角下创新生态系统呈现的结构特征，识别创新生态系统知识生态化参与主体之间的整体性关系及角色定位。第二，构建创新生态系统基于知识供需结构的演化博弈模型，以"竞合"的互动关系研究创新生态系统各类创新参与者整体的博弈策略，探究在知识生态平衡状态下影响创新参与者整体策略的关键因素。第三，通过代入数值和模拟仿真的方法分析和揭示创新生态系统基于知识生态化驱动的动态演化过程，验证各类知识生态化机制对创新生态系统演化的作用。通过研究，将揭示驱动创新生态系统演化的关键因素，以整体宏观的视角剖析基于知识供需关系的创新生态系统组织结构，解析基于知识生态位关系结构的知识生态化机制对创新生态系统演化的影响效果。本研究可以为创新生态系统的演化博弈研究提供新的视角，为创新生态系统的演化研究提供新的观点，也为构建创新生态系统知识网络与知识治理体系提供决策参考。

二、建模与模型分析

（一）创新生态系统结构解析与角色识别

搭建演化博弈模型，需要明确参与博弈的各类主体，厘清参与主体之间的关系。知识生态化情境下，创新生态系统成员依据知识生态位互联成整体，从集体行为的角度看待创新参与者的行为变化有利于解析创新生态系统结构。一是各类创新参与者承担着多种创新角色，例如，企业既是合作者，也是竞争者。用户社区既可以是一个产品消费群体，也可以是一类创意发源地。也就是说，在创新的生态圈中，异质类创新主体在不同的创新情境中呈现的角色和作用会有区别。二是在知识流动链和知识生态圈中，各类创新主体所呈现的知识生态位角色也是因情境场景而转化的。例如，高校既是知识生产者和输出者，也是知识获取方和输入方。而平台可能是个知识枢纽转化站，也可能是知识存储库或知识创造机构。创新主体在知识生态系统中的角色与作用取决于它在知识供需结构关系中的定位。正是因为创新生态系统成员创新角色具备因情境转换的特点，所以造成了系统成员博弈策略选择具有的不确定性。

本研究中演化博弈的主体是基于知识生态化结构整体的理念进行设置。知识生态化过程与效果是以知识生态系统为载体，通过知识生态系统成员的知识活动及其作用而呈现。知识生态系统主要是由各种多样的输入要素和组织机构通过合作研发、协同创新以及知识基础开发等方式生产新知识和技术（Abbate et al.，2022）。根据知识交易理论，知识交易双方之所以进行知识资源的交易，在于知识资源的两个主要特性：互补性和替代性（王保林和詹湘东，2013）。互补性知识资源的交易情境下，知识供需双方通过合作和协同的模式呈现知识流动过程，如知识获取、知识转化等。替代性知识资源的交易情境下，知识供需方存在竞争与合作并存的关系。在此情况下，同质类知识资源之间的替代性会造成竞争关系，创新主体倾向于选择互补性知识。但如果是新旧知识之间的替代性，创新主体则倾向于新知识对旧知识的替代与补充。在实践的知识交易过程中，知识供需双方合作与竞争选择的博弈过程是复杂的。知识生态化框架下，创新生态系统成员在某种情境或场景下会处于知识供给方或是需求方。演化博弈理论契合了情境变化下策略选择的趋势预测，它认为任何创新组织之间通过相互作用在不断变化的博弈局势中确定自身的动态演化行为（杨乃定等，2022）。复杂生态系统中的博弈双方是根据其在当前的知识生态位和当时的创新角色与需求，以及由此产生的收益及与其他主体收益的对比下才决定采取相应的策略选择。由此，根据知识供需结构关系，本研究所设定的博弈主体包括：知识供给方和知识需求方。其中，知识供给方是知识生态化结构中的知识提供方和输出方，知识需求方是知识接收方和输入方。同时，在不同的知识交易情境下，它们的角色可以互换。此外，知识生态结构中还存在具备知识中转枢纽站作用的知识节点便于知识资源的联结与流通，起到知识资源配置与流向控制的作用。在实际的博弈中，主要是知识供给方和知识需求方的策略选择会影响最终博弈的结果。知识节点是博弈模型中保持知识生态结构平衡的重要因素，它能串联各类创新生态系统成员，也能维系存在知识位差的系统成员的关系。根据结构洞理论，第三方机构能将没有联系的两个行动者进行联结，从而建立起信息优势和控制优势（Iansiti and Levien，2004）。因此为了建立更广泛的联系，创新生态系统成员将更多地依赖于知识节点的联结作用。

创新生态系统成员之间的合作是有限理性的，也就是它们在合作过程中的合作深度以及知识交互的规模和频率取决于相互之间的合作协议或是资源限制，策略选择受到对方选择策略的制约和影响。一方面，组织之间的合作都是建立在知识共享基础上，也就是知识供给与需求双方的合作意愿是否达到满足。另一方面，知识的供给与需求建立在双方知识基础之上，还受到知识匹配、知识互补和知识转化等因素的影响。因此，尽管知识供需双方建立了知识交互的通道，但是各类不同来源的因素会影响到它们在知识交互过程中策略的选择，也就是知识的供需不能完全实现供需双方的最大化利益。也就意味着，创新生态系统的演化因为创新生态系统成员之间的有限理性行为，会在不同的知识供需结构关系情况下呈现不同的演化路径与方向。由此，本研究运用演化博弈的理论与模型，以知识供给与需求关系为视角对创新生态系统成员之间合作与非合作行为的动态策略选择进行演化稳定性分析，并进一步通过模拟仿真的方法发掘创新生态系统基于知识供需结构关系知识生态化的演化路径。

（二）假设提出与模型构建

判断知识生态化的各种不同状态下创新生态系统的行为选择，需要揭示创新参与者创新行为选择的经济效应。沙莱和张（Challet and Zhang，1997）认为经济学理论对创新行为的经济效应演绎都基于一个假设前提：即每一个参与者自身采取最佳行为策略的时候知道所有的其他参与者都会理智地选择他们的最佳策略。但在现实世界中，实际的参与者对未来结果无法做到完美的预测，大部分参与者的行为都是建立在试错实验基础上进行归纳总结而选择的，不是通过理性建设性地演绎推导而形成的。演绎法和归纳法到底哪种更有意义一直存在争议。建立于博弈理论框架内的演化博弈模型能协调融合归纳和演绎方法的特点，但需运用有限理性理念进行模型的改进与优化。另外，演化博弈模型在生态系统演化的预测与模拟方面也具有应用价值。之所以有此作用，一个重要的前提在于演化理论非常契合经济学中生态交互的描述与解读。西格蒙德和诺瓦克（Sigmund and Nowak，1999）指出，演化博弈理论能将博弈理论与种群生态理念相融合。博弈理论最初是用来分析拥有不同兴趣的决策者如何处理所面对的选择问题。博弈的参与方在策略选择时需要考虑竞争对手的战略抉择，而且还需要考虑在不同条件下合作者和竞争者的选择才能做到方案的优化。

基于知识供需关系的视角，本研究构建基于"竞合"策略的模型，收益函数采用 Shapley 值模型构建。Shapley 值模型属于合作博弈领域，收益可以作为模型的输入因素（Bao et al.，2022）。本研究所考虑的情境是知识生态平衡状况，平衡状态主要是指知识节点在知识生态系统中的作用，包括数量、质量（规模大小）和联结能力。平衡状态的知识生态关系将有利于知识供需双方策略的理性选择，但平衡状态会随着博弈双方的收益成本的变化而发生演化。基于决策者所处的不同情境，可以充分揭示不同生态平衡状况下知识供给与需求方采取合作与竞争或非合作的策略差异，能更为全面地判断知识生态化对创新生态系统演化的影响。参考相关文献（Li et al.，2020；和征等，2022；Bao et al.，2022），在构建演化模型之前提出相关参数及关系假设。模型中包含的参数及其含义如表3.1所示。

表3.1 参数含义简介

参数符号	参数含义描述
P_1	知识供给方采取非合作策略时的收益
P_2	知识需求方采取非合作策略时的收益
P	供需双方都采取合作策略时的收益
α	知识供给方采取合作策略时获得收益比例
$1-a$	知识需求方采取合作策略时获得收益比例
C_1	知识供给方采取非合作策略时的成本（自身的知识成本）
C_2	知识需求方采取非合作策略时的成本（自身的知识成本）
C	当知识供给方和需求方采取合作策略时的额外成本
β	知识供给方采取合作策略时成本比例
$1-\beta$	知识需求方采取合作策略时成本比例
K	知识供给方合作，需求方不合作的整体收益
L	知识供给方不合作，需求方合作的整体收益
λ	只有一方合作时，知识供给方获取收益的比例
R	采取"非合作"一方对采取"合作"一方支付的违约金

按照演化博弈理论观点，基于博弈策略的有限理性和利益最大化角度，本研究提出以下假设：

假设1：将博弈双方简化为知识供给方和知识需求方两类主体。知识供给方和需求方分别可选择的策略是（合作，非合作）。合作策略是指双方通过知识交互达到知识资源获取、转化与整合目的的策略。非合作策略既包含竞争的策略，也包含了不接触、不竞争也不合作的策略。在创新生态系统的生态圈中，产品替代性强的企业之间会存在较为明显的竞争状态。但高校和科研机构与企业等组织之间由于知识距离的存在，会产生无法接触和合作的情况。因此，本研究中对于知识供需双方的博弈策略选择采用｛合作，非合作｝的概念描述。

假设 2：知识供给方和知识需求方在采取合作策略的情况下双方能从合作中获益，会产生协同收益。协同收益的大小一方面是互补性知识资源对供需双方的影响作用，另一方面是双方在协同收益中的分配比例（李玥等，2022）。合作产生的收益为 P，根据合作双方的贡献大小，双方在收益中的分成比例为 $\alpha/1-\alpha$。如果双方采取非合作策略，不管是竞争，还是不接触，收益均为 0。

假设 3：知识供给方和需求方在非合作的策略下，自身知识存量转化成的收益分别为 P_1、P_2。不管是竞争状态下，还是不接触情况下，双方各自的知识基础以及知识资源能保证其基本存量收益。如果采取合作策略，知识供给方和知识需求方需要付出各自相应的知识成本，分别为 C_1、C_2。如果他们采取非合作策略，也会因为创造知识资源而产生成本，也分别界定为 C_1、C_2。

假设 4：知识供给方和需求方采取合作策略，双方会因合作行为的产生付出合作成本 C。依据双方在合作中角色与作用不同，知识供给方输出知识资源，成本比例为 β。知识需求方输入知识资源，成本比例为 $1-\beta$。如果双方是非合作策略，合作成本为 0，其他成本忽略不计。

假设 5：知识生态是知识交易双方的重要环境，知识供需双方的知识交互行为，如知识共享、知识传播等，能提升知识生态系统整体的效益。如果知识供给方采取"合作"策略，而知识需求方没有采取"合作"策略，知识供给方能获得的收益为 λK，知识需求方能获得的收益为 $(1-\lambda)K$。如果是知识需求方采取"合作"策略，知识供给方没有采取"合作"策略，知识供给方和需求方获得收益分别为 λL 和 $(1-\lambda)L$。因为生态系统具有协同效应（Li et al.，2020），因此 $P>K+L$。

假设 6：在战略博弈的过程中，如果一方采取"合作"策略，而另一方采取"非合作"策略，会造成创新生态系统整体收益的降低，而且也会造成合作方的损失。为了降低博弈的一方采取"非合作"策略的可能性，采取"非合作"的一方需要支付一定的罚金给另一方作为补偿，这个罚金定义为 R。

假设 7：知识供给方和知识需求方都有"合作"和"非合作"两种策略选择。假设知识供给方 i 选择"合作"行为的概率为 x，则选择"非合作"

的概率为 $1-x$。知识需求方 j 选择"合作"行为的概率为 y，选择"非合作"的概率则为 $1-y$。

（三）知识生态平衡状态下的演化博弈分析

知识生态平衡的含义包括：第一，知识资源的供需结构稳定，知识供给方和需求方的关系是整体稳定状态。第二，知识生态网络的结构洞少，知识节点在没有直接联结关系的供需双方之间起着非常重要的作用。第三，知识供需双方的知识距离较小，或者是通过知识节点的作用缩小了彼此双方之间的知识距离。知识供给方和知识需求方是在不断博弈过程中选择符合自身利益最优的策略。基于前述假设可以得出在知识生态平衡状态下双方基于"合作"和"非合作"策略的博弈收益矩阵，如表 3.2 所示。

表3.2　　　　　　　　　知识生态平衡下的演化博弈收益矩阵

知识供给方 i	知识需求方 j	
	合作（y）	非合作（$1-y$）
合作（x）	$P_1 + \alpha P - C_1 - \beta C$	$P_1 - C_1 - \beta C + \lambda K + R$
	$P_2 + (1-\alpha)P - C_2 - (1-\beta)C$	$P_2 - C_2 + (1-\lambda)K - R$
非合作（$1-x$）	$P_1 - C_1 + \lambda L - R$	$P_1 - C_1$
	$P_2 - C_2 - (1-\beta)C + (1-\lambda)L + R$	$P_2 - C_2$

由表 3.2 显示的博弈收益矩阵可以看出，知识供给方和需求方基于自身知识基础与知识需求，在"合作"与"非合作"策略中进行多次博弈，从而最大化自身利益。知识供给方选择"合作""非合作"策略的收益设定为 U_1、U_2 和平均期望收益 $\bar{U}_3$，计算公式分别为：

$$U_1 = y(P_1 + \alpha P - C_1 - \beta C) + (1-y)(P_1 - C_1 - \beta C + \lambda K + R) \quad (3.1)$$

$$U_2 = y(P_1 - C_1 + \lambda L - R) + (1-y)(P_1 - C_1) \quad (3.2)$$

$$\bar{U}_3 = xU_1 + (1-x)U_2 \quad (3.3)$$

知识需求方选择"合作""非合作"策略的收益设定为 U_4、U_5，平均期望收益为 $\bar{U}_6$，计算公式分别为：

$$U_4 = x\left[P_2 + (1-\alpha)P - C_2 - (1-\beta)C\right] + (1-x)$$
$$\left[P_2 - C_2 - (1-\beta)C + (1-\lambda)L + R\right] \tag{3.4}$$

$$U_5 = x\left[P_2 - C_2 + (1-\lambda)K - R\right] + (1-x)\left(P_2 - C_2\right) \tag{3.5}$$

$$\overline{U}_6 = yU_4 + (1-y)U_5 \tag{3.6}$$

根据公式（3.1）、公式（3.2）和公式（3.3）建立知识供给方的复制动态方程为：

$$F(x) = \frac{\mathrm{d}x}{\mathrm{d}t} = x(U_1 - \overline{U}_3) = x(1-x)(U_1 - U_2)$$
$$= x(1-x)\left[y(\alpha P - \lambda L) + (1-y)\lambda K - \beta C + R\right] \tag{3.7}$$

根据公式（3.4）、公式（3.5）和公式（3.6）建立知识需求方的复制动态方程为：

$$F(y) = \frac{\mathrm{d}y}{\mathrm{d}t} = y(U_4 - \overline{U}_6) = y(1-y)(U_4 - U_5)$$
$$= y(1-y)\left[(1-\alpha)xP - (1-\beta)C + (1-\lambda)(L - xL - xK) + R\right] \tag{3.8}$$

令 $\frac{\mathrm{d}x}{\mathrm{d}t} = 0$，$\frac{\mathrm{d}y}{\mathrm{d}t} = 0$，求解方程（3.7）和方程（3.8）。可以得出知识供给方和需求方博弈的五个局部均衡点分别为 $E_1(0,0)$、$E_2(0,1)$、$E_3(1,0)$、$E_4(1,1)$ 和 $E_5(x^*, y^*)$。其中，

$$x^* = \frac{(1-\beta)C - (1-\lambda)L - R}{(1-\alpha)P - (1-\lambda)(L+K)} \tag{3.9}$$

$$y^* = \frac{\beta C - \lambda K - R}{\alpha P - \lambda(L+K)} \tag{3.10}$$

根据弗里德曼（Friedman，1991）的研究中提出的雅克比矩阵稳定性判定标准，由方程（3.7）和方程（3.8）两个复制动态方程组分别为 x 和 y 求偏导，可以得到雅克比矩阵 J，如公式（3.11）所示：

$$J = \begin{bmatrix} \dfrac{F(x)}{\mathrm{d}x} & \dfrac{F(x)}{\mathrm{d}y} \\ \dfrac{F(y)}{\mathrm{d}x} & \dfrac{F(y)}{\mathrm{d}y} \end{bmatrix} = \begin{bmatrix} a_{11} & a_{12} \\ a_{21} & a_{22} \end{bmatrix} \tag{3.11}$$

其中，$a_{11} = (1-2x)[y(\alpha P - \lambda L) + (1-y)\lambda K - \beta C + R]$；$a_{12} = x(1-x)[\alpha P - \lambda(L+K)]$；$a_{21} = y(1-y)[(1-\alpha)P - (1-\lambda)(L-K)]$；$a_{22} = (1-2y)[(1-\alpha)xP - (1-\beta)C + (1-\lambda)(L-xL-xK) + R]$。

（四）演化的稳定性分析

令 $F(x) = F(y) = 0$，可以得出 E_1、E_2、E_3、E_4 局部均衡点的特征值[1]，如表 3.3 所示。

表3.3   雅克比矩阵的特征值

均衡点	特征值1	特征值2
$E_1(0, 0)$	$\lambda K - \beta C + R$	$-(1-\beta)C + (1-\lambda)L + R$
$E_2(0, 1)$	$\alpha P - \lambda L - \beta C + R$	$-[-(1-\beta)C + (1-\lambda)L + R]$
$E_3(1, 0)$	$-(\lambda K - \beta C + R)$	$(1-\alpha)P - (1-\beta)C - (1-\lambda)K + R$
$E_4(1, 1)$	$-(\alpha P - \lambda L - \beta C + R)$	$-[(1-\alpha)P - (1-\beta)C - (1-\lambda)K + R]$

从表3.3可以看出，均衡点 $E_1(0, 0)$ 和 $E_4(1, 1)$ 的特征值符号都为正，而 $E_2(0, 1)$、$E_3(1, 0)$ 的特征值符号相反，说明这些均衡点稳定条件存在冲突。为了明确各均衡点的稳定条件，需进一步进行均衡点稳定性分析。借用弗里德曼（Friedman，1991）提出的判别方法，稳定性分析需要所有均衡点满足雅克比矩阵的行列式符合 $\text{Det}(J) > 0$，迹符号 $\text{Tr}(J) < 0$，可以判断该均衡点为均衡解，同时也是演化稳定策略（ESS）。其中：$\text{Det}(J) = a_{11}a_{22} - a_{12}a_{21}$；$\text{Tr}(J) = a_{11} + a_{22}$，需满足 $[x^*, y^*] \in [0, 1]$ 的限制条件。以下分四种情形分别对局部均衡点进行稳定性分析。

情形1：当 $x^* > 0$，$y^* > 0$，也就是 $(1-\beta)C > (1-\lambda)L + R$，$\beta C > \lambda K + R$。五个局部均衡点的稳定性分析如表3.4所示。

---

[1] $E_5(x^*, y^*)$ 为鞍点。

表 3.4 情形 1 条件下局部均衡点的稳定性分析

均衡点	Det(J)	Tr(J)	稳定性
$E_1(0, 0)$	−	+	不稳定
$E_2(0, 1)$	−	−	不稳定
$E_3(1, 0)$	+	−	ESS
$E_4(1, 1)$	+	不确定	不稳定
$E_5(x^*, y^*)$	+	0	鞍点

注:"+"表示成立,"−"表示不成立。

由表 3.4 可见,系统演化的局部均衡点稳定性(ESS)对应的策略组合是 $E_3(1, 0)$,也就是知识需求方采取"不合作"策略,知识供给方采取"合作"策略。也就是说,在当知识需求方合作成本支出大于所获取收益,知识需求方将倾向采取"非合作"策略。知识供给方在采取"合作"策略时,在考虑对方采取策略的收益情况下,成本与整体收益及罚金的关系并不是主要考虑因素。此结果表明,在考虑成本与收益对比的情况下,知识需求方法的激励失灵。因此为了解决此种供需结构机制失灵的问题,关键在于知识供需机制的完善与效率提升。一方面,需要提升知识生态系统中知识传输与交互所产生的整体收益,以提高创新生态系统的收益,降低知识交互成本的影响。另一方面,需要建立补偿机制以弥补知识供给方分享知识的成本,保证知识生态系统的知识流动及平衡。

情形 2:当 $x^* < 1$,$y^* > 0$,也就是 $(1-\beta)C < (1-\alpha)P - (1-\lambda)K + R$,$\beta C > \lambda K + R$。五个局部均衡点的稳定性分析如表 3.5 所示。

表 3.5 情形 2 条件下局部均衡点的稳定性分析

均衡点	Det(J)	Tr(J)	稳定性
$E_1(0, 0)$	−	不确定	不稳定
$E_2(0, 1)$	−	−	不稳定
$E_3(1, 0)$	+	+	不稳定
$E_4(1, 1)$	+	−	ESS
$E_5(x^*, y^*)$	+	0	鞍点

注:"+"表示成立,"−"表示不成立。

　　由表3.5可知，系统演化的局部均衡点稳定性（ESS）对应的策略组合是 $E_4(1,1)$，也就是知识供给方和知识需求方都采取"合作"策略。这是一个有意义的发现。当知识需求方采取"合作"的成本小于其从合作中所获得的合作收益以及生态系统所带来的整体收益时，需求方倾向于采取"合作"策略。这表明，知识需求方在基于知识生态的知识供需结构中是一个非常重要的市场因素。在合作成本大于可能获取的整体收益及补偿的情况下，知识供给方还是采取"合作"策略，以促进知识生态整体知识效能的提升。为了能促进供需双方更多的深度合作，在创新生态系统建设中，应采取多种策略提升知识供需双方知识交互的意愿和收益。一方面，应创建知识交互的条件，例如数字化平台以及灵活的交互方式，基于信任的关系和共享文化。另一方面，通过提升交易数量和质量来提高知识交互的收益，以规范的、法制的机制，如合同等，规避交易中的违约行为。

　　情形3：当 $x^* > 0$，$y^* < 1$，也就是 $(1-\beta)C > (1-\lambda)L + R$，$\beta C < \alpha P - \lambda L + R$。五个局部均衡点的稳定性分析如表3.6所示。

表3.6　　　　　　　　情形3条件下局部均衡点的稳定性分析

均衡点	Det(J)	Tr(J)	稳定性
$E_1(0,0)$	+	不确定	不稳定
$E_2(0,1)$	+	−	ESS
$E_3(1,0)$	+	+	不稳定
$E_4(1,1)$	+	不确定	不稳定
$E_5(x^*,y^*)$	+	0	鞍点

注："+"表示成立，"−"表示不成立。

　　由表3.6可知，系统演化的局部均衡点稳定性（ESS）对应的策略组合是 $E_2(0,1)$，也就是知识供给方采取"非合作"策略，而知识需求方采取"合作"策略。这是一种知识需求方采取"合作"策略的博弈。当采取"合作"的收益以及由此而形成的成本要小于其采取"非合作"策略所获得的收益及可能支付的补偿的情况下，知识供给方仍然会采取"非合作"的策略。知识需求方在合作成本大于因采取"合作"策略而获取的整体收益及补偿的情况下，仍然采取"合作"策略而获得知识资源。由此来看，为了促使知识供给方能积极采取"合作"策略，一方面，主要还是要建设共享文化，加强供需双方的协同性。同时，考虑建立规范的市场交易机制，建立补偿机制，如政府的财政补贴等，以补偿知识供给方的知识创造成本和共享成本。另一方面，应增强知识供给的意愿，增加知识供给的方式和类型，加强知识供给过程中知识产权保护和数据保护等知识治理，提升知识供给侧水平。

情形4：当 $x^* < 1$，$y^* < 1$，也就是 $(1-\beta)C < (1-\alpha)P - (1-\lambda)K + R$，$\beta C < \alpha P - \lambda L + R$。五个局部均衡点的稳定性分析如表3.7所示。

表3.7　　　　　　　　情形4条件下局部均衡点的稳定性分析

均衡点	$Det(J)$	$Tr(J)$	稳定性
$E_1(0, 0)$	+	不确定	不稳定
$E_2(0, 1)$	+	不确定	不稳定
$E_3(1, 0)$	+	不确定	不稳定
$E_4(1, 1)$	+	−	ESS
$E_5(x^*, y^*)$	−	0	鞍点

注："+"表示成立，"−"表示不成立。

由表3.7可知，系统演化的局部均衡点稳定性（ESS）对应的策略组合是 $E_4(1, 1)$，也就是知识供给方和知识需求方都采取"合作"策略。与情形2相比，知识需求方合作的成本将小于对方合作，自身不合作而获得的整体收益及所支付的罚金，知识供给方合作的成本也是如此。因此双方倾向于采取"合作"的策略。该发现表明，知识供需双方从合作中获得收益是策略考量的重要因素。此外，从对方合作所产生的整体收益中获益也是是否采取合作策略的影响因素。由此，构建持续推进合作意愿的知识生态是促进创新生态系统演化的前提。一方面，挖掘知识供需双方知识交互的界面和机遇，推进跨界型的知识交互。如基于学科交叉基础上的知识开发与探索。知识接触的界面越广，机会越多，供需双方信任的基础才能更稳定。另一方面，开发多种类型的数字技术平台，减小或是消除数字鸿沟对知识交互的影响，提升供需双方在知识交互共享中的共鸣度。在跨越数字鸿沟的同时，也能减小知识供需中存在的各种知识差距以及文化、制度等距离。在根本上降低供需合作的成本，提高合作的收益，以便博弈双方能选择各方有利的策略。

上述四种情形下的博弈选择所反映的系统演化稳定策略的动态演化相位图，如图 3.4 所示。

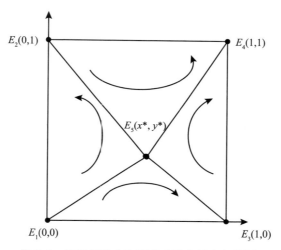

图 3.4　知识供给方和需求方演化博弈相位图

由图 3.4 可知，（0，1）、（1，0）和（1，1）是系统演化趋向的进化稳定策略点。如果在区域 $E_2E_4E_5E_3$ 之间，进化稳定策略可以收敛到（1，1）。在区域 $E_1E_5E_3$ 之间，则可以收敛到（1，0），在区域 $E_2E_5E_1$ 之间，则可以收敛到（0，1）。可以确定，基于知识生态结构的知识供需平衡关系中，（0，0）进化稳定策略都不是知识供需双方所追求的策略，也就是双方一般都不趋向于采取"非合作"的消极策略。如果要追求（1，1）的"积极合作"，$E_2E_4E_5E_3$ 区域的面积需要比 $E_2E_1E_5E_3$ 的面积更大，则收敛到（1，1）的概率则会更高。从创新生态系统演化的正向发展趋势来看，知识供给方和需求方在知识生态框架内是希望能达到双方都能合作的策略，从而给知识生态系统带来正向收益增加，推动创新生态系统的增长性演化。从图 3.4 显示的情形看，要使得 $E_2E_4E_5E_3$ 的面积更大，主要取决于鞍点 $E_5（x^*，y^*）$ 的位置。也就是分析影响 E_5 大小的各种因素，就可以研究知识供需双方合作策略决策中各种影响因素的作用，从而判断知识供需双方各类博弈策略对创新生态系统演化的影响路径。

由公式 $x^* = \dfrac{(1-\beta)C - (1-\lambda)L - R}{(1-\alpha)P - (1-\lambda)(L+K)}$ 和 $y^* = \dfrac{\beta C - \lambda K - R}{\alpha P - \lambda(L+K)}$ 判断可知，决定 $E_5(x^*, y^*)$ 博弈均衡点的关键参数为 β、α、λ 和 C、P、K、L、R。也就是说，知识供需方策略选择对创新生态系统演进的影响主要与以上参数密切相关，接下来通过数值模拟仿真的方法继续对知识供需方博弈策略进行具体分析。

三、数值模拟仿真分析

为了进一步探讨知识供给方和知识需求方的博弈策略对创新生态系统演化的影响，本研究采用 Matlab 软件对参与者各类博弈行为演化过程进行模拟仿真分析。通过不同参数的使用，以此分析在不同场景下，知识供需双方博弈策略行为选择的动态路径变化。通过知识供给方和需求方策略选择动态演变的趋势，可以分析不同博弈策略下基于知识供需结构关系的知识生态对创新生态系统演化的影响。在符合知识供需双方博弈行为基本特征并且遵照参数基本含义的情况下，本研究设置参数初始赋值如表 3.8 所示。

表 3.8   参数初始赋值

参数	赋值	参数	赋值
P_1	30	C	100
P_2	30	β	0.5
P	300	$1-\beta$	0.5
α	0.5	K	50
$1-\alpha$	0.5	L	40
C_1	30	λ	0.5
C_2	30	R	70

（一）合作成本对创新生态系统演化路径的影响

合作创新给知识供需方带来的收益对博弈双方策略选择是个非常关键的影响因素。不同的合作策略的成本下，博弈双方的策略选择会有变化，因此考虑分别取 $C=100$、$C=300$ 和 $C=600$ 三个值，从不同大小的值观察双方的策略变化，反映出双方博弈策略选择的跨度。在其他参数保持不变的情况下，随着合作创新成本 C 的不断增大，双方在策略上的选择会存在变化。知识供需双方的策略选择随着合作创新成本的增加而发生动态演化的路径如图 3.5 所示。除了成本 C 总值大小的影响之外，知识供需双方在合作创新成本 C 中所占的比例对博弈双方的策略选择也存在影响。因为成本比例所占的大小决定了博弈方成本付出的多少，也是博弈方在策略选择时重点考虑的关键因素。为了反映比例大小变化的影响，考虑分别取 $\beta=0.3$、$\beta=0.5$ 和 $\beta=0.7$，知识供需双方在合作创新成本中占比的变化对双方博弈策略选择的影响如图 3.6 所示。

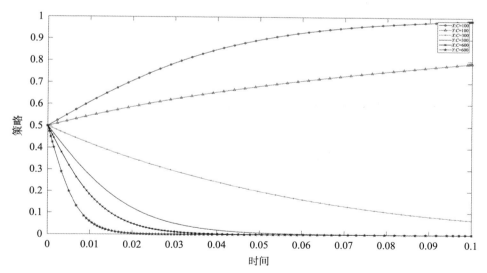

图 3.5 合作成本变化对博弈方策略选择动态演化的影响

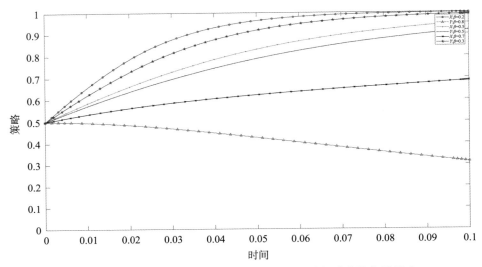

图 3.6　合作成本分配比例变化对博弈方策略选择动态演化的影响

　　从图 3.5 显示的动态演变曲线分布可以看出，合作创新成本变化对知识供需双方的博弈策略选择有着非常明显的影响。当成本 $C=100$ 时，知识供需双方策略动态演化的趋势是趋于 1，其中知识供给方趋于 1 的策略比例要比知识需求方要高，表明知识供给方在知识交互过程中对成本的敏感性比需求方要小。当合作创新成本增加，在 C 大于 100，达到 300 和 600 时，可以明显看出知识供需双方的合作概率逐渐降低，最终收敛于 0。尽管在 $C=300$ 时，知识供给方的策略演化趋势没有为 0，但是在 $C=600$ 时，知识供需双方的合作策略概率在非常短的时间内就收敛于 0，表明合作创新成本的增加对博弈双方合作意愿的演化有着非常明显的影响，合作创新成本越大，知识供需双方合作的概率越低。由此来看，创新生态系统成员的合作创新和各种知识交互行为都会受到知识生态中知识供需合作意愿的影响，合作创新成本将会影响创新生态系统的演化进程。

　　进一步从成本比例的变化来观察博弈双方策略选择的动态演化趋势，如图 3.6 所示。在合作创新成本和其他参数保持不变的情况下，只考虑博弈方在合作创新成本中所占的比例大小，成本比例大小对博弈双方策略选择演化的路径也存在明显的影响。整体来看，所占成本比例越小，合作的意愿越强。

但 $\beta < 0.5$ 时，不管是知识供需的哪一方，合作概率都是逐渐增加，最终收敛于 1。$\beta = 0.5$ 是博弈双方合作概率的一个均值，双方合作意愿相当，合作概率逐渐增加。但 $\beta > 0.7$ 或更大时，博弈方的合作意愿是逐渐下降的。该动态演化过程的结果表明，采取合作策略时，合作中成本比例会影响知识供需方的合作意愿，进而造成知识生态的不平衡状态。博弈双方各占 0.5 的比例是较为容易接受的比例范围。一旦超过 0.7，知识供需双方的合作意愿都会下降，趋向于 0。由此看，博弈双方的成本付出比例应保持在一个平衡的范围之内，才不至于严重影响其中一方的合作意愿。

由此可以获得结论为：合作成本及博弈双方在成本中所占比例是影响知识供需双方合作意愿与概率的重要指标。随着合作成本的增加，博弈双方策略概率逐渐降低，并收敛于 0。成本比例为 0.5 时，博弈双方的策略选择处于均等的状态，都倾向于合作。但当博弈双方各自的成本比例分别为 0.7 以上，双方的合作意愿将逐渐降低。从敏感度来看，知识需求方对合作成本的敏感性要强于知识供给方。知识供需方合作强度的降低将会导致创新生态系统创新效率的下降，进而影响创新生态系统演化的进程与发展的层次。

（二）合作收益对创新生态系统演化的影响

除了合作成本，合作收益也是博弈方策略选择时的重要考虑因素。合作收益对博弈方策略选择演化趋势的影响，也体现为创新生态系统演化的路径规律。为了反映出在不同收益水平上的策略演化过程，考虑分别设定 $P = 300$、$P = 600$ 和 $P = 1000$ 三个收益等级，以便区分博弈方在不同收益水平上的策略演化趋势。在其他参数保持不变的情况下，知识供需双方的策略选择随着合作收益的增加而发生动态演化的路径如图 3.7 所示。此外，α 和 $1 - \alpha$ 也是进行动态演化检验需要考虑的参数。知识供需双方在整体合作收益中所占比例也存在区别，不同比例的收益大小对博弈方策略选择也存在一定影响。因此，为了进一步反映合作收益对创新生态系统演化的影响，考虑分别设定 $\alpha = 0.8$、$\alpha = 0.5$ 和 $\alpha = 0.3$，知识供需方在合作收益中所占比例大小对博弈双方策略选择演化路径的影响如图 3.8 所示。

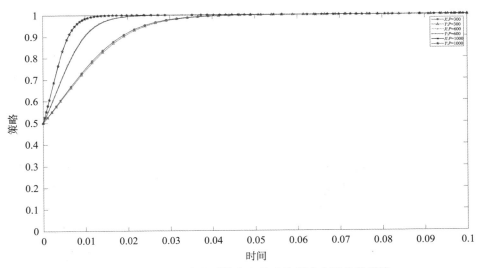

图 3.7　合作收益变化对博弈方策略选择动态演化的影响

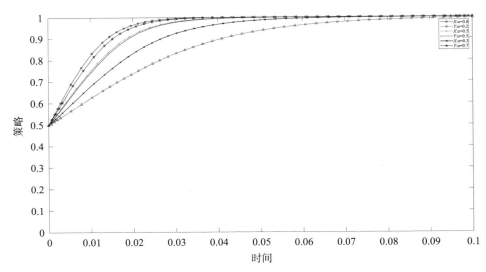

图 3.8　合作收益分配比例变化对博弈方策略选择动态演化的影响

从图 3.7 的结果可以看出，合作收益是博弈双方采取"合作"策略的关键因素，合作收益及其比例系数对博弈方策略选择动态演化的影响是正向的。当 $P = 300$ 时，知识供需博弈双方 x，y 的策略选择演化路径曲线收敛于 1，双方合作的意愿是逐渐增加的。而且随着 P 的增加，P 值越大，博弈双方策略选择演化曲线收敛于 1 的时间越短。当 $P = 300$ 时，知识供需双方策略选择演化曲线收敛的过程还存在一定差异（初始值 $\alpha = 0.5$），可以明显看出知识供给方策略选择演化收敛于 1 的时间更短。但是当 $P = 600$ 和 $P = 1000$ 时，知识供需双方策略选择演化的曲线趋于重合了，这表明 P 值越大，博弈双方策略选择的演化曲线重合度越高，双方合作的意愿强烈，合作概率高。由此来看，知识生态化给所有创新参与者带来的整体合作收益是创新生态系统演化重要的正向影响因素。

在合作收益及其他参数不变的情况下，收益分配比例对于知识供需博弈双方的策略选择也有着明显的影响。从图 3.8 所展示的结果来看，博弈方所占收益比例系数越大，收敛于 1 的速度越快。比例系数 $\alpha > 0.7$ 时，策略选择演化收敛于 1 的时间短。在比例系数 $\alpha = 0.2$ 的情况下，策略选择概率收敛于 1 的时间变得更长。如果系数接近于 0，合作概率将会收敛于 0。在知识供需双方合作收益比例都为 0.5 时，知识供给方的策略选择收敛于 1 的时间与知识需求方收敛时间的差距非常小。在 $\alpha < 0.5$ 的情况下，知识供给方的策略选择收敛于 1 的速度要明显快于知识需求方。该结果表明，在同等或接近的收益比例下，知识供给方采取"合作"策略的概率要显著高于知识需求方，知识供给方更倾向于采取积极合作的策略。

由此可以得出基本结论：合作收益以及收益分配比例对知识供需双方策略选择的动态演化存在重要的影响。只要有合作收益，知识供需博弈双方都会选择合作策略。合作收益越大，双方策略选择概率收敛于 1 的时间越短。而且，知识供给方比知识需求方合作意愿更为强烈。与合作收益的作用相似，合作收益分配比例对知识供需双方策略选择的动态演化也存在正向影响作用。比例系数越高，合作的概率越高，收敛于 1 的速度越快。在同比例系数下，知识供给方采取合作策略的概率要高于知识需求方。

（三）非对称性策略收益对创新生态系统演化的影响

创新生态系统形成的价值共创机制将系统成员链接成一个价值联动体，

也正是在价值共创机制的赋能下，系统成员的创新行为能影响创新生态系统的整体收益。从知识生态的角度来看，知识供给与需求的一方所采取的"合作"行为都将增加创新生态系统整体收益，而非合作方可以从整体收益中获益。比如，知识供给方与知识需求方分享了知识资源，知识需求方并没有与知识供给方进行知识交易，但是知识供给方的知识外溢给创新生态系统带来了整体知识量的增加，知识需求方也会从知识分享中获益（Li et al.，2020）。因此，有必要研究非对称博弈策略收益的变化对知识供需双方策略选择的动态演化影响。非对称博弈策略有两种：非对称策略一（知识供给方合作，知识需求方非合作）；非对称策略二（知识供给方非合作，知识需求方合作）。以非对称策略一为例，考虑设定 $K=200$、$K=420$ 和 $K=840$ 三个值，在其他参数保持不变的情况下，收益变化对博弈方策略选择动态演化的影响路径如图 3.9 所示。在非对称策略二的情况下，考虑设定 $L=180$、$L=360$ 和 $L=720$ 三个值，在其他参数保持不变的情况下，其收益的变化对知识供需双方策略选择动态演化的影响路径如图 3.10 所示。从图 3.9 和图 3.10 的对比来看，不同的非对称策略所呈现出的动态演化路径有着明显的区别。此外，

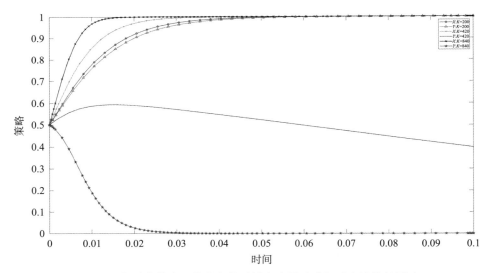

图 3.9　非对称策略一收益变化对博弈方策略选择动态演化的影响

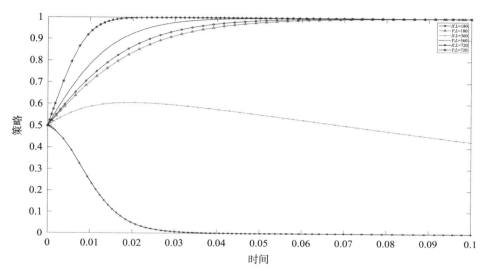

图 3.10 非对称策略二收益变化对博弈方策略选择动态演化的影响

在非对称策略收益中的比例系数也应考虑在影响因素中，设定 $\lambda = 0.8$、$\lambda = 0.5$ 和 $\lambda = 0.3$，考察不同的收益比例对非对称策略中博弈双方策略选择动态演化的影响过程。非对称策略收益比例变化对博弈方策略选择动态演化的影响如图 3.11 所示。

如图 3.9 所展示的结果，在知识供给方采取合作策略，知识需求方采取非合作策略的情况下，知识供给方知识外溢所产生的整体收益并没有改变博弈双方的策略选择。随着收益值 K 的增加，知识需求方采取"非合作"的概率越高，收敛于 0 的速度更快。这表明，要促进博弈双方合作策略的选择，需要改变其他重要因素。非合作策略对知识生态平衡不利，一是造成知识供给方合作成本增加，二是导致知识外溢辐射效应下降。对比图 3.10，也可以得到类似的结论。在知识供给方采取非合作策略，知识需求方采取合作策略的情况下，知识需求方知识外溢（知识搜索、知识识别等知识活动）所产生的整体收益无法改变博弈双方的策略选择。随着收益值 L 从 180 增加到 360，再到 720，知识需求方合作概率意愿增强，收敛于 1 的时间更短。而知识供给方采取合作策略的概率持续下降，最终收敛于 0。综合图 3.9 和 3.10 的对比情况表明：单方面知识的输出或知识搜索与需求所产生的知识外溢效应并无法促使非合作方合作意愿的增强，这将需要考虑其他重要因素和参数的激励作用。由于 $P > K + L$（见假设 5），当 $K + L < 300$ 时，非合作方策略选择的概率演化是收敛于 1 的，但当 $K + L > 300$，非合作方策略选择概率逐渐降低，收敛于 0。由此表明，非对称策略的收益无法大于合作收益，促进创新生态系统演化进程的重要因素是知识生态平衡状态下的合作收益。

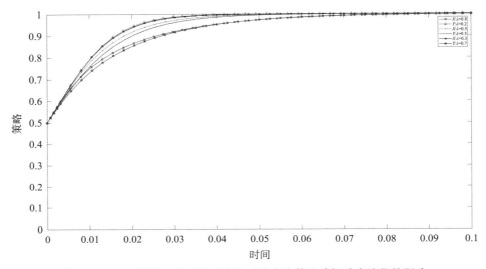

图 3.11　非对称策略收益比例变化对博弈方策略选择动态演化的影响

从图 3.11 的结果来看，收益比例系数 λ 的变化并没有导致博弈双方策略选择的动态演化呈现完全不同的反向过程。这表明，在控制其他参数不变，系数 λ 对博弈双方策略选择的动态演化影响是正向的。但是从不同系数值来看，系数 λ 越大，博弈方合作概率越低。以 $\lambda = 0.2$ 或 $\lambda = 0.8$、$\lambda = 0.3$ 或 $\lambda = 0.7$ 的组合值分析结果为例，$\lambda = 0.2$ 和 $\lambda = 0.3$ 时，知识供给和需求博弈方策略选择概率收敛于 1 的速度更快，$\lambda = 0.8$ 和 $\lambda = 0.7$ 时，知识供给和需求博弈方策略选择概率收敛于 1 的时间会更长。该结果和图 3.9 和图 3.10 的结果形成相互印证，非合作方如果能从合作方的知识共享中获利，会产生"搭便车"现象。这种"搭便车"效应会促使非合作方更加倾向于"非合作"，从而损害创新生态系统的整体收益。由此来看，博弈双方中任何一方的非合作策略都不利于创新生态系统的演化，导致的"搭便车"效应反而会产生更强烈的反向"激励"作用。

由此可得出基本结论为：在知识供给方采取合作策略，知识需求方采取非合作策略的情况下，知识需求方并不会因为所获外溢整体收益的增加而采取合作策略，合作概率反而更小，合作意愿更低。在知识供给方采取非合作策略，知识需求方采取合作策略的情况下，知识供给方也不会因为获得部分整体收益而采取合作策略，合作概率反而收敛于0。该结果表明，需要考虑更多其他因素参与的激励机制促使博弈方有采取合作的意愿和行为。例如，提高合作收益 P，强化奖励与惩罚机制作用等。此外，从收益比例系数 λ 的变化来看，λ 值越大，受益的非合作方采取合作策略的意愿越小，从知识共享中产生的"搭便车"收益效应越明显。综合结论认为，应避免创新生态系统中参与知识资源交互的组织之间"非合作"策略的选择，需结合其他重要因素构建激励机制、交易机制与评价机制。

（四）违约金对创新生态系统演化的影响

惩罚设计对博弈方策略选择的演化路径有何影响？这是设计奖惩机制的一个重要依据。在考虑其他参数保持不变的情况下，设定 $R=100$、$R=200$ 和 $R=400$，以检验不同违约金水平下，知识供需博弈双方策略选择动态演化的路径变化情况。图 3.12 显示了不同罚金水平下，知识供需方策略选择动态演化的路径变化情况。

从图 3.12 可以推断出，罚金对知识供需双方策略选择的动态演化形成正向影响关系。由于罚金的作用，知识供需双方选择"合作"策略的意愿更强，概率更高。而且随着罚金的增加，博弈方采取"合作"策略的演化收敛速度逐渐变快，创新生态系统达到演化稳定状态的时间也逐渐减少。在 $R=100$ 和 $R=200$ 时，知识供给方的收敛速度比需求方演化收敛的速度稍微快一点，$R=400$ 时，两者的收敛曲线是重合状态。该结果表明，罚金对博弈双方收敛于1的速度的影响差异不大，罚金数值越大，这种差异逐渐消失。

因此可以得出以下结论：违约金对博弈方策略选择的演化形成正向影响关系。获得的违约金金额越大，知识供需双方策略选择演化收敛于1的速度越快，博弈方倾向于采取"合作"策略的概率越高。违约金金额越高，知识供需双方策略选择演化收敛于1的速度是重合的，差异就越小。这表明，在促进知识生态平衡和创新生态系统演化的策略中，建立相应的奖惩机制非常有必要。

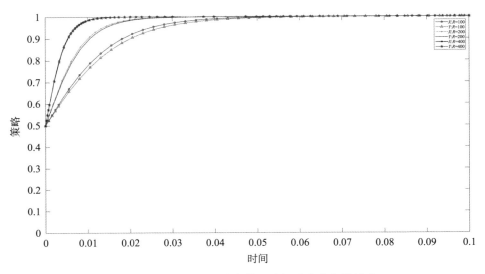

图 3.12　违约金对博弈方策略选择动态演化的影响

四、结论与讨论

（一）研究结论

创新所具有的知识禀赋决定了创新生态系统的知识生态化基因。本研究立足创新生态系统视角下跨组织合作创新需知识协同和资源交互的实际，以知识生态化结构下知识供给方和需求方知识交易行为、关系及过程为研究基础，设定了知识供给方和需求方两个演化博弈主体为研究对象。基于有限理性的假设，采用演化博弈理论提出知识供需双方的演化博弈矩阵，论证了两者演化博弈的收益动态过程，研究了系统演化稳定策略。进一步再以知识供给方和知识需求方的动态复制方程为基础，验证了四种情形下局部均衡点的稳定性分析，得出了不同情形下知识供给方和知识需求方的博弈策略。最后通过模拟仿真分析了合作成本、合作收益、非对称策略收益以及违约金等参数的变化对知识供需双方策略选择动态演化过程的影响，以此判断各类博弈策略决定因素对创新生态系统演化的作用。基于理论分析、验证演算和模拟仿真分析，可得出以下结论：

（1）合作成本与收益的大小关系是知识供需双方策略选择、系统演化局部均衡点稳定性的决定性因素。以局部均衡点 x^*、y^* 是否大于或小于 0 为判断条件，在设定四种组合条件下，系统演化局部均衡点稳定性（ESS）对应的四种策略组合分别是 $E_3(1, 0)$、$E_4(1, 1)$、$E_2(0, 1)$ 和 $E_4(1, 1)$。也就是说，在知识生态框架下知识供需双方策略选择多以合作策略选择为多，而采取何种策略则主要取决于合作成本、合作收益和整体收益及比例系数、罚金的大小及对比关系。

（2）合作成本对知识供需双方策略选择的动态演化存在影响。随着合作成本增加，博弈双方合作概率下降，直至收敛于 0。此外，博弈方在合作成本中所占比例系数的大小对双方策略选择的动态演化也存在影响。如果比例系数在 0.7 及以上，合作意愿将逐渐下降。知识需求方对合作成本增加的敏感性要强于知识供给方。

（3）合作收益对知识供需双方策略选择的动态演化存在影响。合作收益的增加所形成的是一种正向影响，博弈双方合作意愿增加，合作概率上升。合作收益越大，知识供需双方策略选择的演化曲线重合度越高。此外，合作收益分配比例系数对双方策略选择演化也存在影响。比例增加，合作意愿越强。比例系数越小，博弈双方策略选择演化曲线差别越大，知识供给方收敛于 1 的速度要明显快于知识需求方。

（4）一方采取合作策略，另一方为非合作策略情况下，合作方知识外溢所带来的系统整体收益无法改变博弈双方合作策略的趋势。从整体收益中受益的非合作方还是坚持采取"非合作"策略，且表现为收益越增加，非合作方采取"非合作"策略的概率反而更高。此外，从收益分配比例系数来看，比例系数越大，受益的非合作方采取"合作"策略的意愿反而更小，从而产生"搭便车"现象。

（5）违约金对知识供需博弈双方策略选择的动态演化形成正向影响关系。随着违约金数额的增加，博弈双方选择"合作"策略的概率增加，演化收敛的速度也会逐渐加快。奖罚机制将是约束博弈双方策略选择的一个有效机制。

（二）理论贡献

创新生态系统成员种类众多，生态系统创新主体的认知也有多种视角与分类标准。例如，高知识位势主体、中间知识位势主体和低知识位势主体

（米捷等，2020）；服务集成商与供应商（和征等，2022）；平台企业、创新供给方与创新需求方（刘杨和徐艳菊，2021）；平台企业与互补企业（李玥等，2022）；领先企业与跟随企业（谭劲松和赵晓阳，2022）。通过对系统成员采取不同的认知与分类标准，已有文献对创新生态系统的知识共享、企业技术创新行为、风险治理与技术选择策略等进行了研究。本研究从知识生态角度，将创新生态系统成员按知识生态关系分为知识供给方和需求方，采用演化博弈理论与模型分析了知识供需双方博弈策略选择对创新生态系统演化的影响。不同于已有研究的设计，本研究从基于知识供需结构的知识生态视角分析了创新生态系统演化的驱动因素。而且，本研究还获得了现有关于创新生态系统演化博弈研究文献所没有发掘的结论，揭示了知识供需博弈策略中的关键因素如何通过改变知识供需双方策略选择的方向来影响创新生态系统的演化进程。创新生态系统的价值创造与系统演化实质是知识资源的交换，以及交换过程中知识转化、创造、融合与外溢等增值过程，是知识供给方和需求方基于多元化合作方式产生效益的过程。但目前关于这些过程所包含有哪些合作行为及实施机制的知识还较少。已有研究主要聚焦于分析创新生态系统不同成员如何通过某种组织设计和管理机制实现资源共享与价值创造。也就是说，创新生态系统单个组织或某类组织在特定情形下的行为选择是大部分研究关注的重点，而较少有研究关注系统成员在知识生态化框架下策略选择机理及对创新生态系统演化进程的影响过程。本研究的结果表明知识生态化框架下创新生态系统成员基于知识供需结构的博弈行为策略动态演化是创新生态系统演化应该重点考量的因素，给如何优化创新生态系统演化进程机制的研究提供了新的视角与方向。相对于已有研究，本研究的理论贡献在于：

（1）提出创新生态系统成员新的认知标准。基于知识生态化框架，提出知识供需关系结构，将创新生态系统成员分为知识供给方和知识需求方，丰富了创新生态系统组成要素的认知。此分类模式还契合了创新本质是知识创造与应用的基本理念，知识供需结构的设定反映了"生态"的内涵，体现了生态系统平衡与非平衡是创新生态系统演化关键驱动因素的重要价值。

（2）提出了知识生态化框架下的知识供需关系结构，阐明了创新生态系统在知识供给方和需求方博弈策略选择动态演变趋势下的演化路径与机制。现有研究主要聚焦于创新政策环境和要素对创新生态系统成员博弈策略的影响（谭劲松和赵晓阳，2022；鲁馨蔓等，2022），或是创新生态系统企业之间的演化博弈策略（Li et al.，2020；李玥等，2022），或是某些限制条件下企业之间的创新博弈策略（和征等，2022；杨乃定等，2022）。已有研究发现了创新环境和要素对企业等创新生态系统成员策略选择的影响关系，但内外部创新要素通过何种机理和机制推动创新生态系统的演化进程还处于"灰箱"状态。相反，本研究揭示了知识供给方与需求方合作博弈策略的多种规律与机制，发现成本和收益是双方合作与否的关键因素，但双方策略选择并不完全取决于成本和收益的对比关系。知识供给方和需求方知识外溢效应以及收益"搭便车"现象等也是双方策略选择的重要考虑因素，这就表明，推动创新生态系统成员合作与否存在多种机制的作用，创新生态系统的演化进程在多种机制的动态演化下也呈现不同的路径演变。因此，本研究的结论补充了基于演化博弈理论研究创新生态系统的文献，丰富了创新生态系统成员博弈策略选择的理论，呈现了知识生态化视阈下创新生态系统成员基于知识供需关系结构的博弈策略逻辑机制，以及在不同博弈参数约束下策略选择的更多细节，深度发掘了知识供需关系推动创新生态系统演化进程的理论观点。

（3）扩展了知识生态系统与创新生态系统关系研究的范畴，扩充了对两者价值共创内涵与方法的理解，揭示了知识生态与创新生态演化协同的共轭机制。有研究论证了知识生态系统与创新生态系统价值共创应建立在一个支撑网络的基础上（Clarysse et al.，2014）。已有研究将知识生态系统和创新生态系统的价值共创理解为建立在网络或平台的基础上，两个或更多的生态系统成员围绕共同价值目标而实施的创新行为（Clarysse et al.，2014；Huber et al.，2017）。但少有研究是从系统视角或是整体视角探寻两个生态系统之间关系的多样化内涵以及两者可共有的价值共创机制。尤其是从整体的角度将创新生态系统所有成员都囊括在研究对象中，而不是只分析单个组织或某个类别组织集合体的互动关系。本研究不但拓宽了知识生态系统与创新生态系统关系研究的视角和内涵，也发掘了创新生态系统演化研究的更大宽度。将创新生态系统成员以知识供给与需求的结构进行分类：一是遵循了系统化创新的理论基础，将创新生态系统成员视为创新过程中不可或缺的要素；二是能发掘出建立在市场交易规则和知识交易理论基础上的知识生态推动创新生态系统演化的规律，挖掘推动和保障创新生态系统演化进程的机理、机制与路径。由此，基于知识生态框架下的知识供需结构超越了传统的以单个或某个类别企业对创新生态系统创新行为的定义，尤其是合作创新的主体和边界的界定。这不仅为知识生态系统和创新生态系统关系研究提供了新的理论视角，也给挖掘两者之间的共轭机制提供了新的理论观点。

（4）通过识别知识供给方和需求方策略选择的影响因素，以及在影响因素作用下所呈现的动态演化路径，研究结果增加了创新生态系统演化博弈的理论知识及实践应用知识。运用演化博弈理论研究创新生态系统演化和治理等问题成为一个重要的方法创新。学者们采用多个角度运用演化博弈理论探讨创新生态系统的演化与治理问题，肯定了演化博弈理论及模型在探讨创新生态系统演化与治理机制方面的作用。演化博弈适合分析群体或集合体在一定条件约束下的竞争与合作决策行为。但现有研究主要集中分析单个组织的策略选择，如核心企业、合作企业和政府（董微微等，2021）；或者是某个类别的企业，如服务集成商和供应商（和征等，2022）。已有这类研究视角可以分析出创新生态系统中关键企业和其他组织之间的博弈策略选择演化过程，用于探讨支撑创新生态系统成员策略选择及其影响因素的相关机制，但缺乏探寻和解析创新生态系统演化驱动力以及演化路径规律的研究。而且，从合作创新和协同创新的角度看，创新组织之间的合作和协同对创新生态系统发展和演化会产生作用。已有相关研究认为合作和协同是创新生态系统创新产出增长的重要影响因素，但是组织之间的合作和协同受到哪些因素的影响，是否所有的合作都是正向的作用，还缺乏相关的深度研究。通过构建知识生态框架下的知识供需关系结构，重新设定创新生态系统成员基于知识供需结构进行博弈的主要属性，分析与博弈策略选择相关的参数变化对知识供需双方策略选择动态演化的影响程度，本研究采用演化博弈理论及模型定量化分析了在知识供给方与需求方的交互过程中成本、收益、补偿金等要素对双方合作博弈策略的影响。并且进一步以成本和收益为对比参数，分析了不同的成本和收益设定下，知识供给方和需求方将采取的博弈策略。因此，本研究中的稳定性分析和数值模拟仿真量化分析不仅揭示了基于知识供需关系结构的博弈策略选择下创新生态系统演化的路径与趋势，也为基于演化博弈理论的创新生态系统演化与治理研究创造了更多新的视角，拓展了创新生态系统内在关系机理与演化机制研究的深度，拓展了创新生态系统治理机制研究的广度和可能性。

（三）管理启示

创新主体的创新行为是创新生态系统持续发展和转型升级的关键因素，因为创新主体会根据创新目标调整自身的创新行为，包括合作策略、合作伙伴选择、合作方式选择等。知识资源的交互是创新生态系统中创新的基本特质，"生态"的本质特征就是为了搭建一个资源交互且平衡的创新"场"。合作创新或协同创新是各类创新组织基于创新生态环境而采取的最根本的创新组合模式。尽管数字化时代，合作创新和协同创新被赋予了新的内涵和新的属性，但是其具有的知识交互特性并没有改变。我国《"十四五"数字经济发展规划》中提出，要推动行业企业、平台企业和数字技术服务企业跨界创新，打造多元化参与、网络化协同、市场化运作的创新生态体系。推动创新资源共建共享，促进创新模式开放化演进。为了促进创新生态系统的优化发展，须探寻创新生态演化的规律，建立有效的生态系统治理机制，其根本的基础在于发掘影响创新生态系统演化进程的关键要素，以及在要素约束下创新行为实施主体所呈现和选择的决策行为。基于本研究的结论，提出提升知识供给方和需求方合作绩效，促进创新生态系统合理演化的启示建议：

（1）知识资源的互补性和替代性是知识交互行为的基础，要么是组织创新的互补资源，要么是增加组织的现有知识。如此则要求在创新生态系统构建过程中，合作伙伴的选择可以是多元化的，知识的互补与新旧知识的替代是构建合作创新网络时应重点考虑的因素。由此，则更有利于网络化协同关系的构建，更有利于搭建多元化参与的创新生态系统。不管是头部行业企业和核心企业，还是平台企业、创新支撑组织，或是高校等知识创新和输出组织，都可以纳入创新生态系统的合作伙伴圈。异质性组织的合作尽管会带来知识距离，增大知识交易的难度，但是异质类组织也可以产生更多创新驱动力，创造更多来源的演化推力，推动创新生态系统创新优化。因此，应加强创新生态系统知识管理，缩小组织之间知识距离，创造适宜的知识位差。打造良好创新生态系统，应吸引不同类别的创新组织参与创新生态系统建设，但同时也须创建知识节点或中间知识位势主体（米捷等，2020），如共性技术研发中心、技术交易中心等，从而加强多元化来源的知识资源在创新生态系统中的流动性。

（2）合作成本与收益是知识供给方和需求方策略选择的决定性因素，创新生态系统的建设与治理需加强整体成本和成员合作成本的控制，提高合作收益及整体收益。研究表明，在知识生态的整体框架下，知识供给方和需求方对成本变化所产生的博弈策略选择是不一样的。整体来看，合作创新成本增加，知识供需双方的合作意愿都会降低。在合作成本的分配中，所占成本比例越大，其合作概率也越低。由此来看，提高创新生态系统成员开放合作的紧密度，应创建合作成本控制机制。例如，搭建知识中介类平台，提高知识匹配的精准度，减少因知识距离的存在而造成的知识搜索冗余。此外，知识需求方对成本的变化敏感性要强于知识供给方，成本的增加会导致知识需求方合作意愿更大程度的降低。因此，在创新生态系统中，应提高知识需求方或是知识接收方的知识吸收能力。例如，提高知识的可识别性，增强知识需求方的知识基础，从知识管理软硬件方面强化其知识转化、整合和再组合能力。在数字化时代，利用数字技术提升知识数字化程度，加快知识内化的深度。尤其是对于异质性高、专业性强的知识资源，可以采取数字化转化与再组合等技术处理过程，通过机器学习和人工智能等方式，提高知识资源实践应用的程度，减少知识应用中的难度。

合作收益及收益占比比例的大小对知识供给方和需求方策略选择的影响也是正向的，由此可以认为，创建更多提高合作创新收益的机制将是创新生态系统高质量发展的重要举措。对于企业来说，提高合作收益重在强化技术的商业化应用能力，推动创新生态系统整体技术创新水平的提升。做大技术知识的市场需求面，只有收益增加时，合作意愿才会更稳定和持续。此外，收益分配机制是促进合作收益增加的重要保障。应制定合理科学的收益分配方案，保障知识交互过程中参与各方的根本利益，使双方的收益分配达到最优，提升知识供给和需求方参与组织合作研发的积极性。从研究结论看，收益分配比例在各50%的情况下，知识供给方和需求方的演化路径是最为接近的。但知识供给方比需求方的合作意愿要更强烈一些，表明知识供给方对创新变化更易作出反应决策。因此在激励政策制定中，应考虑扩大知识需求面以及需求量，一方面需加强知识共享以提升知识外溢效应，另一方面应提高知识资源的开放对比程度，从多维度、多层面发掘和提炼有价值的利于合作创新的创新性资源，形成需求端的创新引领与资源高地。通过需求端需求培育激发供给方的知识创新，促进知识供给方技术优势和独占性领先能力的形成，以达成与需求端的资源匹配交换机制。

（3）应避免合作创新过程中"搭便车"现象的出现，建立多种激励机制提升双方的合作意愿。非对称策略收益情境下演化博弈模拟仿真结果表明，单方面采取合作策略情况下，外溢的整体收益越高，非合作策略博弈方采取合作策略的意愿和概率反而越低。因此，需要在规避合作"搭便车"行为方面创建生态化制度体系。例如，强化知识产权保护力度，建立多元化技术交易市场和数据要素市场，规范专业化知识和隐默型知识共享的渠道。从根本上来说，就是要构建共创共生、协同发展的知识生态环境，平衡已采取合作策略一方知识位差优势和知识外溢之间的关系（谭劲松和赵晓阳，2022）。

此外，研究发现，在合作一方知识外溢所产生的整体收益还处于较低阶段时，非合作一方是有合作意愿的，并产生合作行为。但是随着知识外溢收益扩大到一定程度，非合作一方的合作意愿迅速下降。这是一个有趣的发现且也具有非常有价值的实践启示。因此可以提出一个有意义的启示，在创新生态系统发展和构建初期，为了培育市场，创造共创共生的环境，需要创新主体适度的知识溢出和共享，这是生态规模成长、生态位多元化的基础（谭劲松和赵晓阳，2022）。为了促进更多的博弈方采取合作策略，必须营造整体良性发展、资源聚集与创新机会涌现的创新生态。因为在知识外溢达到一定阈值之前，知识生态的构建有利于合作创新的产生，能促进合作创新网络的构建与优化。当知识外溢收益超过阈值，为了保持创新生态系统中知识供需结构的平衡与良性竞合关系，应采取生态系统治理方式，如市场交易规则、知识搜索与获取条件门槛设置等，稳定知识外溢效应，促进合作创新层次升级，避免"搭便车"机会主义行为的产生。

（4）设置奖惩机制是创新生态系统治理，提高知识供需方合作效率的有效举措。从本研究的过程和结论来看，违约方支付罚金在一定程度上能保障博弈方不会轻易放弃合作策略。在知识交易、合作创新过程中，应通过签订协议和合同的方式，明确约定任何一方的违约责任和违约赔偿金额。在违约金额的设定上，可以根据合同标的价值的判断来适度确定。一方面，通过违约金奖惩机制防止违约行为的产生；另一方面，可以杜绝创新投机机会主义的发生对创新生态系统演化的影响，避免违约行为对合作创新网络的破坏。此外，政府应在政策层面为知识供给方与需求方知识交互所产生的合作创新提供政策和制度保障，建立行政制度实施和执行体系监督管控违约金奖惩机制的落实，确保合同协议约束机制的落实。

（四）研究局限与展望

本章的研究与大多数研究一样存在一定的研究局限，也提供了进一步深入研究的空间。首先，从博弈模型构建的参数要求来看，合作成本和收益是模型中策略选择的主要考量参数。尽管在模型构建与假设演算中充分考虑了知识供给与需求博弈双方策略选择所能涉及的多种参数，但无法做到全面考虑到所有影响参数。这也反映出演化博弈建立在有限理性基础上的特点。其次，本研究从理论逻辑、假设提出、演化博弈分析及稳定性分析上构建了知识生态框架下基于知识供需关系结构的演化博弈模型，并进行了深度分析，通过数值模拟仿真论证了参数变化下博弈双方策略选择的动态演化路径。但挖掘更多演化机制且发掘机制作用中的调节因素与机理，还需要更多数据和创新的研究设计来进行进一步的实证分析。最后，数字化场景下，知识生态与创新生态系统都会呈现数字化创新所具备的新特征与新属性。因此可以相信，基于数据要素市场交易规则的数字化创新生态系统的演化与治理将是需要拓展的新的研究领域和方向。

第六节　本　章　小　结

创新生态系统的制度设计是一种合作性安排，包含了任何可能对价值共创和共同演化有所贡献的组织机构。之所以选择合作实现优势互补，而不是选择合同、合并或兼并等方式，是因为知识转移属性的影响（道奇森等，2019），也是因为合作中知识学习的作用。合作是创新的典型事实，是缔造新兴创新生态和推动创新生态系统演进的实践动力。合作的根本基础源自知识资源的获取需求与交互目标，创新生态系统参与者围绕共享的知识资源而实现技术能力的共同演进，在合作与竞争中创造和商业化新产品。在新知识创造过程中，升级创新层次，产生新的创新模式。

虽然创新生态系统以及与之相关的概念已得到不少研究，但是对于创新生态系统的创建以及演进过程知之甚少。此外，由于企业、产业、区域和国家等不同层次和不同组合结构的创新生态系统创建和演进过程存在区别，因此对其中某个层次的创新生态系统结构的解析并不能达到对所有层次创新生态系统的通用解释。基于创新的知识属性的理念，本研究提出创新生态系统知识生态化架构的认知，为不同层次和目标的创新生态系统的解析搭建一个通用的逻辑框架。知识生态化基因与架构，或者说是创新生态系统知识供需关系结构的设计原则，阐释了创新生态系统知识生态化的成员角色、知识基因、知识基础和知识域以及它们之间的关系。关键的设计问题还包括创新生态系统知识生态化的内部要素（结构、成分、功能和行为）和外部要素（市场、网络、社会和基础设施）。知识生态化架构的提出对创新生态系统成员的合作以及建立合作模式和关系规则框架，确保创新生态系统各要素的关系平稳以及系统的演化都非常重要。

对创新生态系统合作行为的理解，有研究提出"活动架构"的概念，认为创新生态系统不仅包括参与者角色，还包括合作的驱动和机制（道奇森等，2019）。合作行为的动机和策略将影响创新生态商业模式优化以及价值创造机制的控制。为了探究创新生态系统成员之间合作策略选择规律及其影响，本研究基于知识生态化原则设计了一个知识供需关系结构，以知识供给方和需求方作为博弈方，探究了博弈策略选择的影响因素以及策略选择对创新生态系统演化的影响。这个框架提供了一个系统性的视角，可以帮助管理实践者在发现组织合作策略变化要素的同时，预测以核心或领先组织为主的合作策略对创新生态系统发展演化会产生何种路径方向的影响。知识生态化视角提供了一个直接观察创新生态系统中新知识来源、流动和分布的有用工具，以此促进创新生态系统演化路径与方向的优化。通过对自身角色和所处创新生态系统特征的深刻理解，各类创新机构和组织对自己在创新生态系统中所处的位置以及所需采取的合作创新战略能有更为清晰的认知。

第四章

知识生态化视阈下创新生态系统演进研究

　　创新生态系统的演变发展一直是学术界研究的重点。从演变进化的动力，到演进机制和路径，学术界多采用案例分析和模拟仿真等方法进行了多视角探讨。从线性创新到非线性创新，创新演进的规律越来越复杂，演进的范式也应创新范式的变革而发生关键性的递进。创新生态系统的创新源自各种知识源和层次，新的创新范式隐藏新的演进规律。不同于回归分析等计量统计方法，整体网分析方法应用合作表征类数据，可以通过结构模型图和中心度指标分析结果展现生态系统各类主体之间的结构关系和中心度位置，便于生态系统演进动力与规律的挖掘。在前述重点探讨创新生态系统知识生态化内涵的基础上，本章用整体网分析方法研究知识生态化与创新生态系统演进的关系，通过知识生态系统和创新生态系统整体网分析结果的对比，发掘创新生态系统演进动力与范式。

第一节　整体网分析方法

　　社会网络分析是社会科学和行为科学研究中广泛使用的研究方法，该方法强调个体或组织之间相互作用的关系，并以此为重要的前提假设基础。整体网分析属于社会网络分析方法中的一种，用于创新生态系统研究有其明显的优势。整体网分析通过各种方式参与模型的发展、规范和测试的进程。比如通过形式化的定义、测度和描述从关系的角度表达已有的理论概念，对从主要概念和命题转换为关系过程或结构结果的模型和理论进行评估。而整体网络模型则可以用来检验关于关系过程或结构的理论，这些理论假定了某种结构结果的存在，而这些结果随后可以用观测到的数据代入到模型中加以评估，从而得到有价值的结论。

创新生态系统是一个大型的社会系统，它的关系结构由生态系统中行动者关系模式组成。社会网络理论强调系统中的每个单元和其他单元都会存在联系，而网络模型就是设法模拟这些关系来描述一个系统群体的结构，甚至还可以研究这一结构对群体行为的影响。根据"网络类型"的分类，社会网络研究包括三个层次：个体网、局域网和整体网。个体网是指核心个体和直接相连的其他个体构成的网络，研究的问题主要是个体网诸多结构性质与个体属性之间的关系。局域网是个体网加上与个体网网络成员有关联的其他点构成的更大网络。随着个体网连接数量的增加，局域网发散越来越大，这样的网络研究起来越来越难。整体网是由一个群体内部所有成员及其相互之间关系所构成的网络（刘军，2019）。

对一元及多元关系的整体网研究是当今社会网络研究的前沿领域。整体网研究一个整体内全部行动者之间的关系结构，需要重点分析这些关系的各种结构特征，例如，密度、互惠性、关系等传递性、子群结构、核心－边缘结构等。而个体网则更多地关注个体网成员之间关系的同质性、异质性、结构洞等指标，并探讨这些指标对个体某种属性的影响（刘军，2019）。个体网更适合个人关系网络的研究，社会网络分析最初就是从研究个体之间的关系开始的。创新生态系统倾向于描述创新组织之间的关系，而且这种关系还会呈现出非平衡状态，也是动态变化的。对创新生态系统的研究，不仅需要勾勒出系统内各创新组织之间的关系，以及这种关系呈现的强与弱的状态，还有必要对关系的结构以及结构动态演化的过程和受到的影响因素进行详细的揭示。整体网的结构研究内容非常丰富，包括有"中心性"分析、多个行动者之间的对等性分析、"核心－半边缘－边缘"结构分析和网络演化研究等（刘军，2019）。这些研究方法契合创新生态系统等复杂系统的研究分析，能解决创新生态系统进行定量指标分解所存在的一些难题。综上所述，本研究采用整体网分析方法对创新生态系统进行实证分析。

第二节　研究问题导入

　　生物学上的生态系统概念提出来之后，应用在其他领域产生相关概念并获得深入研究。众多研究都涉及一个重要方面就是生态系统的进化。从自然生态角度看，生物生态系统就是一个由众多生物组织所组成的社区，如植物、动物和微生物等。它们与所处环境中的非生物元素结合在一起，如空气、水和矿物质等（Chapin Ⅲ et al.，2011）。创新生态系统是由众多产生创新和服务于创新的组织所组成的社区，并且这些组织与所嵌入的环境结合在一起。环境要素包括基础设施、政策、法律和文化等。创新生态系统中的组织在规模、结构、属性和技术能力等方面存在差异，或是存在异质性，它们对环境的适应能力也存在差异。例如，某个地区对企业创新的财政补贴主要关注于产品开发、技术改造与研发投入等，而在高校和科研院所更多的是以基金项目和财政奖励等方式作用于基础研究和成果转化等领域。那么，创新生态系统中的各类组织如何建立密切且有效的关系，推动创新技术、创意思想的产生、成长、成熟及应用？

　　查宾三世（Chapin Ⅲ et al.，2011）对生物生态系统的描述观点为我们对上述问题的理解提供了好的视角。他认为当动物以植物或彼此为食时，生物生态系统的能量就能够得到聚合。例如，寄生物和微生物等腐生物分解动物尸体和生物量，释放某种能量，并把这种能量转化为植物能吸收的能量形式，从而创造生物生态系统中能量的持续流动转换模式。与生物生态系统相似，创新生态系统中组织相互之间需要通过合作与协同吸收和聚合创新资源，合作和协同创新的产出影响到其他组织，聚合的创新效应扩散到整个创新生态系统。例如，组织可以构建知识网络平台获取和集聚用户的创意，形成用户创新社区。通过采用有针对性的用户工具，优先管理领先用户、有效嵌入人力资源和集成组织与用户创新社区等模式将终端用户与组织创新过程集成。用户创新社区的聚合同时也能将组织的创新产品与服务提供给用户，提高用户的有效体验，形成用户创新与组织创新的生态圈（詹湘东，2013）。企业与高校和科研院所以项目合作、人才培养和科技成果转化等方式进行创新资源的聚合，通过企业实现创新成果商业化。企业、高校和科研院所之间的交互形成可持续的、良性的创新生态圈。生物生态系统中链接动物、植物、微生物和环境之间关系的连接物质是能量，创新生态系统中促进各类创新组织与服务机构以及环境之间关系构建发展的是知识。腐生物把生物量转化为动植物等生物能吸收的能量，产生创新的组织将创新思想、工艺、技术和流程等整合转化为知识并扩散，形成其他组织能吸收的有效知识，反之亦然。从本体论的视角看，建立起创新组织之间的交互与协同需要开发可用于知识交流的环境，创建基于本体论的知识基础。如此，这种创新演化的结构就可以看成是一种生态系统（Ginige et al.，2014）。

知识的供给与需求由处于不同知识生态位的组织产生和平衡，组织之间的知识交互关系构建形成知识生态化结构，这种系统结构和系统内知识活动以知识生态系统的形式呈现和发展。知识生态系统模型化构建的理念也是基于生物生态系统中的生物能量守恒定律（Briscoe，2010），与创新生态系统关系结构构建与管理的理念是一致的。数字技术的应用加快了知识的流动速度，增强了知识的扩散范围，创造出更多与生物生态系统工作原理相似的相互依赖的知识生态系统。不同的是知识生态系统中是以知识流代替了生物生态系统中的能量流。组织识别创新机遇，开发创新行为会应用到先验知识，需接触到实时动态创造的新知识。在获取新知识的过程中，组织需要识别产生这些知识的其他机构、个人和群体。作为创新生态系统的一部分，这些机构、个人和群体也需要借助于其他外部组织的知识完成它们的知识创造与扩散行为。例如，数字化创新中数据要素是关键的创新资源，企业数字创新对数据资源的获取、应用与管理需要数据要素市场的支持与协同。目前我国数据要素市场的建设与管理以政府部门为主导。从另一方面来说，政府部门主导建立数据要素市场需要整合数据产生、管理和运营等机构的资源，确保数据要素市场供给与需求的平衡与收益。此外，企业突破性创新的发生需要解决"卡脖子"技术对创新突破的限制性问题，这需要共性技术、核心技术的攻关，才能满足企业突破关键性技术的要求。由于"卡脖子"技术复杂性和基础性的特点，整合政府、企业、高校、科研院所和新型研发机构等的知识资源才能赢得技术开发的成功。以往一般观点认为，在我国，高校和科研院所是基础性研究的主要承担者，聚焦于科学研究，而企业是技术研发与创新的主要载体，是科技成果商业化转化的关键渠道。高校、科研机构与企业之间是产学研合作关系，企业往往不是基础性研究的主要承担者。由此造成科技成果"两张皮"的情况，尽管创新生态系统模式下高校等与企业的合作更为紧密和深度融合，但在国家创新体系下突破"卡脖子"技术和关键共性技术需加强原创性知识创新与原理性理论创新的重大需求依然凸显。笔者认为，基础性科学研究是知识创新的本质问题，也应以问题为导向满足国家和区域社会经济发展的重大需求。创新生态系统应形成满足基础性研究战略需求，构建生产创造和传播交互新知识的知识生态，整合多种类型组织以及多个来源渠道的知识资源。如何评估知识生态与创新生态系统的关系，如何分析与明确创新生态系统演进的知识生态化驱动因素，本章的研究将提供新的研究方法和结论。

第三节　理论基础与文献回顾

一、知识生态系统

知识生态以知识生态系统的形式存在和展现。作为一个特定性的生态系统，知识生态系统强调认知定位结构，也就是说系统成员在系统中的"生态位"以自身的作用和角色而确定。知识生态系统是由知识的生产者和需求者遵循共同的知识搜索目标而组成，强调系统成员通过创造、开发和使用共享的知识基础而共同参与获益过程（Järvi et al.，2018）。从知识获取与转换的角度看，知识生态系统承载的角色是让参与到系统中的成员能够获取到产品和服务商业化的新知识，以便创造新的方法发现只依赖单个成员知识量所无法识别的新商业模式和过程（Robertson，2020）。以此角度来说，知识生态系统是一个知识聚合社区，其生成的原因是单个创新机构无法具备创新识别和风险管控的所有知识资源，其产生的目的是将各类创新机构聚集成知识社区或"场"，通过知识流动构建知识资源有效配置与效用实现的机制。已有知识生态系统研究的文献表明，知识创造与流动中的各类组织聚集能降低知识获取与扩散的成本，组织地理空间位置优势而形成的地理空间集聚是知识生态系统的重要机制。此外，知识机构聚集形成的外部规模经济也让生态系统中的企业从外部共有资源中获利，相对于其他不处于生态系统的竞争者来说，处于生态圈的企业能让技术开发努力更加富有成效（Agrawal and Cockburn，2002）。有学者的研究指出知识生态系统是一个"人造"系统，与自然生态系统一样，有着独特的特性。知识生态系统包含了成员和成员之间的交互集合，知识生态系统的演化按自己的方式进行（Valkokari，2015）。本研究认为知识生态系统是组成知识链的各类知识创造与流动组织基于知识生态位和知识交互关系而构建的一种分布式生态结构系统。其中，主要包括的成员有高校和科研机构、企业等知识创造、流通、转换和聚集机构。

二、创新生态系统

创新生态系统是目前最富活力的整合式创新模式，它以自组织规律，按生态位结构聚合了互补性创新资源，通过资源共享与整合的方式凸显创新优势，形成一个动态的、对环境适应性强的系统化创新结构。有学者的研究认为创新生态系统概念与创新集群、区域创新系统和创新环境等的概念相似之处在于都是聚焦于资源交互和相互学习（Witte et al.，2018）。如果是从地理空间视角定义，创新生态系统就容易看成是众多创新组织在地理位置上的接近而形成的群落，是处于同一个空间和时间范畴内的集合体。但是地理视角的定义对于数字经济时代数字化创新模式下创新生态系统的特征、创新行为、组成结构和关系链接等无法形成有效解释。数字化创新加快了知识的交换、转化与获取，扩大了组织创新的范畴，延伸了创新生态系统的空间范围，也减少了时间滞后对创新的限制。例如，基于互联网平台的信息系统能支持点到点的互动行为，帮助数字化创新创业者提供或获取新的和独特的组合资源。越来越多的互联信息系统为数字基础设施的整合运行提供了多种机制，能促进数字创新创业者快速提升创新规模（Suseno et al.，2018）。数字创新也超越了地理边界的限制，极大地削减了时间的消耗。例如，小米公司利用互联网信息技术平台建设用户创新社区，反馈和采纳用户创意与需求，建立起平台型的创新生态系统。数字技术给新兴企业建立创新生态系统带来了便利，为企业构建开放式创新关系，形成创新规模降低了开发成本，节省了时间成本。由于互联网和信息技术的发展与应用，创新生态圈的许多组织从单纯的产品和服务提供商变成了开放式创新和新思想融合的推动者、数字经济的创新者（Rayna and Striukova，2015）。具体的个人交流方式也发生了变化，通信媒介工具承担了产品、服务和工艺等思想和创意交流的日常任务。数字技术为数字资源的形成与扩散提供了技术基础设施。在数字化推动下，创新生态系统的边界是流动的。在数字基础设施的支持下，数字创新生态系统构建超越了地理空间的范畴，产品与服务的创新链属性表征为既是技术创新也是社会创新。

大数据、云计算和物联网等数字技术在创新过程中的使用，使得创新生态系统的结构、边界、组织模式等相对于以地理空间以及时间为边界所定义的内涵有了显著变化。数字创新生态系统、大数据创新生态系统和虚拟创新生态系统等新的概念成为新的研究对象，也就导致了以地理空间和时空为基础所建构的理论无法阐释数字技术支撑下创新生态系统的新现象和新变化。也就意味着数字化创新时代的创新生态系统研究需要理论创新，需要新的视角解析数字技术影响下创新生态系统成员关系、创新行为和系统结构等新问题。但不管数字技术如何使用和渗透，数字化冲击下创新生态系统如何演变，创新生态系统有两个关键属性是一贯的。一是创新生态系统成员增加了，新增了改变系统结构与组成关系的关键角色（如数字平台），但原有系统成员的角色作用并没有产生颠覆性的变化。系统成员"生态位"动态变化，但是核心成员仍然是创新生态系统关系结构的基石。二是创新生态系统的关系网络更加复杂，网络联结范围也更广。但是系统成员关系的核心内容还是合作、协同、竞争和多赢。这也意味着，数字创新改变了传统创新生态系统的物理边界，拓展了创新生态系统的内涵范畴。数字化创新也打破了传统创新系统和创新生态系统研究的理念，企业、高校和科研机构等组织不仅仅只是地理空间上的集聚，创新链上的合作也不再仅局限于联盟和协同等基于关系强度的联系纽带。新的研究必须寻找一种能解释数字创新时代创新生态系统创新行为、成员关系和系统组成结构的视角，以便能契合创新生态系统中的新业态和新模式，弥补空间聚集和企业集群理论解释力的不足。

起源于自然生态系统研究的生态系统理论框架为解释基于创新生态圈构建的创新生态系统提供了有效视角，生态系统理论为创新生态系统成员的交互行为、关系结构、种群演化和资源流向等提供了有力的分析工具，也给创新生态系统与环境之间交互关系的理解提供了理论基础。生态系统理论应用到组织研究形成"组织生态"，应用到信息系统研究能构建"信息生态"概念。以其为基础所构建的知识生态理论不仅为创新组织之间关系以及成员与环境之间交互行为的研究提供了理论基础和研究视角，而且在解释数字技术演化对创新成员关系、组织结构和创新行为等的影响关系方面提供了相契合、相适宜的嵌入视角和分析路径。鲍昂德尔和米亚克（Bowonder and Miyake，2000）在其文章中指出生态系统理论无法解释系统演化和技术演化之间的差别，人类认知无法影响自然生态系统。但是技术进步对创新的影响是明显的，例如，技术支持下的突破性创新。该研究提出了从知识生态视角对技术管理的研究框架，并且提出知识生态所包含的四个知识活动维度：知识演化、知识搜索、知识创造和知识想象。该研究提出的知识生态维度是基于知识管理战略而形成的知识活动过程，为解释技术管理战略如何满足客户需求变化、竞争战略和未来技术轨道的发展提供了新的观点。

三、知识生态系统与创新生态系统

知识生态系统和创新生态系统都属于经济生态系统，但是由于各个系统所聚焦的重点不一样，两个生态系统之间存在差别。此外，还有商业生态系统也属于经济生态系统的一种形式。克拉里斯等（Clarysse et al.，2014）在他们的文章中曾指出知识生态系统与商业生态系统的区别：知识生态系统的活动聚焦于知识生产，成员的联结是通过地理空间的聚集，关键成员是高校或公共研究机构。商业生态系统的活动聚焦于客户价值创造，成员关系由价值网络联结而成，关键成员是大公司。从该研究对两者区别的分析来看，知识生态系统与商务生态系统无法形成共同的演化机理，因为两者存在根本性的差异。克拉里斯（Clarysse）等接着研究知识生态系统是否能推动与促进企业（公司）嵌入成为商务生态系统的一部分，论证的问题是金融支持网络是否影响创新型新兴企业的绩效。他们认为金融支持网络中的金融投资者（如风险资本），在填补新知识生产与商业化应用之间的缺口上起着关键性作用。最后的研究结果却没有发现金融支持网络影响新创企业的绩效，也就是说知识生态系统和商业生态系统无法共有金融支持网络，知识生态系统不会自动驱动商业生态系统的演进。他们的研究为探寻知识生态系统与创新生态系统之间融合关系、知识生态系统是否驱动创新生态系统的演进等问题提供了非常好的思路。

任何生态系统中，每一个成员都有自己的角色，都有自身看待生态系统的唯一视角。因此不应把生态系统看成是一个简单平台，而是一个有着结构和成员之间交互关系的模型（Weber and Hine，2015）。理解各类生态系统的含义，重在对生态系统边界的界定。同时生态系统成员的角色、作用和关系联结也是区别各类生态系统含义的重要考量因素。科拉洛和普罗托帕帕（Corallo and Protopapa，2007）曾指出不同生态系统之间的区别关键在于生态系统中的"流"。"流"可以看成是生态系统成员之间的"共享意图"，或是生态系统的基础与产出，也可以看作是生态系统成员之间"杂交"的原因。两位学者的观点对理解知识生态系统与创新生态系统的区别提供了非常好的切入点。也就是说，生态系统成员通过整合外部资源形成"异质性交互与融合"而获得持续性的产出，构成异质组织之间交互的"物质"是区分各类生态系统的基本要素。瓦尔科卡里（Valkokari，2015）从生态系统的地理空间和时间两个维度对商业生态系统、知识生态系统和创新生态系统进行了区分。商业生态系统强调经济产出以及成员之间的商务关系。创新生态系统聚焦于促进区域中心或集聚区的创新型新兴企业创新发展机制与政策的构建与实施。知识生态系统的主要作用是通过系统成员合作与协同创新以创造新知识和增强生态系统的知识基础。该研究进一步总结出了三个生态系统在系统基础、关系与连接、成员与角色、行为逻辑四个维度上的各自特征。借鉴该文的观点，本研究整理了知识生态系统和创新生态系统在四个维度上所具备特征的区别，如表4.1所示。

表4.1　　　　知识生态系统和创新生态系统的特征对比

指标	知识生态系统	创新生态系统
生态系统的基础	知识探索	合作创新
关系与连接	被分散和扰乱的知识节点通过知识交换进行协同	地理上集聚的成员；不同层次的协同与开放
成员与角色	研究机构、创新者、技术创业者	创新政策制定者、本地中介机构、创新经纪人和基金组织
行为逻辑	一大批围绕知识交换而群聚一起的成员，或是一个能为所有成员获利的核心地位的非专属资源	通过中介机构促进地理上接近的成员之间的交互

资料来源：Valkokari K. Business, innovation, and knowledge ecosystems: How they differ and how to survive and thrive within them [J]. Technology Innovation Management Review, 2015, 5 (8): 17-23.

表4.1展现了知识生态系统和创新生态系统在系统基础、关系与连接、成员与角色、行为逻辑四个维度上的对比。从对比的内容来看，瓦尔科卡里（Valkokari）对知识生态系统和创新生态系统各自特征之间的总结并不完整。他进一步对两者之间的关系进行了梳理，其中也包括了商业生态系统。他认为，商业生态系统聚焦于展现客户价值创造，大公司是商业生态系统中的领导者。知识生态系统聚焦于新知识生产，技术创业者等研究机构和创新组织是系统中的核心角色。创新生态系统则是为知识生态系统新知识探索和商业生态系统中共同价值创造开发提供整合机制（Valkokari，2015）。笔者认为，创新生态系统实则是包含了知识生态系统，扩展了知识生态系统的知识创造价值，而支撑两者关系的基础则是两者所共有的知识网络，也就是创新生态系统成员视角的外部知识网络。

创新生态系统的组成成员包含了企业、高校、科研机构、中介机构、金融机构以及其他创新参与者，成员数量超过商业生态系统和知识生态系统。依托于所有成员的创新能力，创新生态系统能具备新知识创造能力，并能将新知识商业化以实现知识和产品的价值收益，体现了创新的本质。因此瓦尔科卡里（Valkokari）的认知观点反映了创新生态系统作为一种人造生态系统，必须要保持生态系统平衡的理念。知识生态系统的"流"是知识的供给与需求，知识组织和机构围绕知识的交换而形成生态化的关系。创新生态系统的成员之间既有合作，也有竞争。它们基于组织惯例、能力和技术开发轨道而相互之间进行选择和适应，通过组合参与它们所在层次的创新生态系统"创新蓝图"。

第四节 研 究 设 计

一、研究思路

尽管已有研究提出创新生态系统包含了知识生态系统（Valkokari，2015），但研究者并没有通过实证进行进一步分析。因为两者在组成结构上存在差异，因此从政策制定与评价的角度看，知识生态系统在创新生态系统中的嵌入并不能确保能推动创新生态系统的演进。克拉里斯等（Clarysse et al.，

2014）认为政策制定者都希望知识生态系统的发展能促进企业在商业生态系统中的嵌入，从而成为系统中的重要部分，因为两者在驱动因素和特征上存在明显差异。知识生态系统和创新生态系统在内容和特征上也存在差异，但是应用整体网络分析方法对两者进行对比分析是可行的。原因在于：首先，两者都是属于生态系统，是系统成员联结而成的网络化结构。其次，两类生态系统的组成成员在规模、角色上有大小之分，关键的"基石"成员在生态系统中具有领导作用。具体体现为生态系统知识资源创造者、输出者的关键"基石"作用，或者是知识网络中平台和中介机构的枢纽作用。最后，两者在生态系统的成长和成熟等发展阶段上具有同步性。创新驱动的实质是新知识创造、旧知识更替以及新旧知识和互补性知识的循环增长和动态演化。新知识效能可以促进知识扩散，加快知识在生态系统中的流动，有利于创新生态结构的动态优化，但前提条件是组织的知识基础较好，才能发挥知识流动与扩散对创新的驱动作用（王保林和詹湘东，2013）。揭示知识生态系统和创新生态系统之间的内在关系，就可以解释创新生态系统演进的路径与技术轨迹。基于两类生态系统成员以网络化结构形成联结关系的基本状态，采用整体网分析方法研究两类系统之间的关系需注重以下三个方面：第一，知识生态系统和创新生态系统结构各自的呈现形式是什么？主要成员之间是什么样的关系结构？各类成员之间联结关系如何？存不存在关键的系统成员？第二，知识生态系统和创新生态系统各自的关键基石是哪类机构？两类系统各自所呈现出的关键"基石"是什么样的组织和机构？说明了什么问题？两类系统的"基石"之间呈现什么样的特点？能否表征两类系统之间的关系？第三，如何界定两类系统的关系？知识生态系统中关键成员对创新生态系统的演进是否构成影响？如何评价这种影响？

本研究结合社会网络理论、知识生态理论、创新生态理论以及知识管理理论等观点，采用社会网络分析中的整体网分析方法对上述问题展开研究。首先，采取 1–模网络图显示知识生态系统和创新生态系统成员的结构关系，用 K-core 系数显示结构模型图中的关键节点，关键节点代表系统演化的牵引力量。分析结构模型图中节点的聚集度，明确知识生态系统和创新生态系统在结构上的相似点和区别。其次，根据中心度检验的结果，分析知识生态系统和创新生态系统中心度高的节点成员，并对两类生态系统里的中心度情况进行对比。最后，将对两类生态系统的关系结构进行对比分析，对结果进行解析。本研究采用江苏、湖南、湖北和四川四个省域的创新生态系统创新机构合作创新数据进行整体网分析，分析的具体内容有：度数中心度（degree centrality）、中间中心度（betweenness centrality）、接近中心度（closeness centrality）和 1 – 模网（one-mode network）。根据刘军（2019）的解释，度数中心度的测量是根据与该点直接相连的点数，度数越高，就越代表该点居于网络的中心。中间中心度测量的是生态系统中某个成员对资源控制的程度，如果一个点处于许多其他点对点最小路径上，就说明该点具有较高的中间中心度。接近中心度是指生态结构的一个点与其他点之间的距离都很短，则是说明该点具有较高的接近中心度，与中心点距离最远的行动者在信息资源、权力、声望以及影响方面是最弱的。1 – 模网是指一个行动者集合整体内部各个行动者之间的关系形成的网络，能呈现出系统成员在生态系统中所处的"生态位"层次。

二、数据来源

整体网分析的数据来源可以多元化，既可以是问卷调查数据，也可以是统计数据。本研究选择区域范围内的创新生态系统作为收集数据的样本，主要原因在于：第一，以区域为范围确定的创新生态系统，其所包括的系统组成成员更为齐全。从区域角度界定的创新生态系统包括企业、高校、研究机构、技术交易中介、金融等较为完整的成员机构。如果以企业为核心，则是收集与某企业创新生态系统有关的数据。由于每个企业的创新生态系统组成结构存在区别，导致企业创新生态系统不一定能包含到完整的组成成员。第二，以区域为范围界定创新生态系统数据收集的来源，能兼顾对企业、产业和国家创新生态系统的研究需要。因为区域的组成成员（如高校、研究机构和企业），它们的各种对外合作既包括本区域范围的其他外部组织，也包括跨区域、跨国境的外部组织。在合作形式上，既有基于组织知识交互的相互合作，也有基于产业链基础上的纵向和横向合作。正是因为区域层面创新生态系统具有的这种特点，让基于区域创新生态系统层面的数据收集与处理向微观下沉能融合企业创新生态系统的空间与外延，向中观拓展能契合产业创新生态系统的产业链体系，向宏观扩充能嵌入国家创新生态系统的子系统分布与战略布局。

　　本研究以江苏、湖南、湖北和四川四个省域为样本，按照统一指标收集数据，数据来自四个省份统计年鉴、《中国科技统计年鉴》和《中国统计年鉴》。选用这四个省域的数据作为统计样本，主要考虑的原因：第一，选择的四个省域来自我国东部、中部和西部，在地域上代表不同创新水平的区域。第二，四个省域都颁布实施相关科技创新政策，持续的研发投入已构建起区域创新驱动发展的基础。2021 年，江苏省的研发投入强度（研发经费内部支出与国内生产总值之比）达 2.95%，湖北、湖南和四川分别达到 2.32%、2.23% 和 2.26%①。从该指标也能看出所选样本的层次性。第三，区域范围视角看创新生态系统，创新生态系统能包括广泛的成员和机构：行政管理机构、知识机构和知识中心、高校、科研机构、公共研究机构、私人企业、各类学科交叉研究中心等（Clarysse et al.，2014）。广泛的成员组织为知识生态系统和创新生态系统的分类研究提供了样本基础。

三、指标选择

（一）知识生态系统的指标选择与取值

　　按照克拉里斯等（Clarysse et al.，2014）的观点，企业主要与高校、公共研究机构和研发机构建立基于项目的产业关系。该研究运用各机构之间往来的研发经费作为指标数据。借鉴该研究的方法，本研究采用高校、研究机构和企业之间研发经费往来作为指标收集数据，形成整体网分析所需的矩阵数据。具体的指标包括：高校研发经费外部支出中对境内研究机构支出、对境内高校支出、对境内企业支出、对境外机构支出；研究开发机构研发经费外部支出中对境内研究机构支出、对境内高等学校支出、对境内企业支出、对境外机构的支出；规模以上工业企业研发经费外部支出中对境内研究机构支出、对境内高校支出。收集了时间为 2014 ~ 2019 年期间的指标数据②。

（二）创新生态系统的指标选择与取值

　　创新生态系统所包括的成员比知识生态系统要广，客户市场、中介机构

---

① 国家统计局公布的《2021 年全国科技经费投入统计公报》。
② 数据处理与分析时间是在 2020 年。数据的取值时间范围能够体现指标数据的时效性。

等都是创新链中的重要一环。按知识管理的过程来看，创新生态的创新链是知识创造、扩散和商业化的循环过程。创新生态系统成员之间的商业化合作关系除了知识生态系统所采用的衡量指标之外，本研究还加入企业引进国外技术经费支出和购买国内技术经费支出两个指标，这两个指标体现的是企业在创新生态系统中知识获取的程度，是反映知识流动的两个重要指标。此外，还采用了技术市场技术流入合同金额指标和技术流出合同金额指标，反映知识流动平台的知识交易情况。收集的时间为 2014～2019 年。

第五节　整体网分析

为了能显著展示和分析知识生态系统和创新生态系统在结构、成员中心度、成员关系等衡量指标上的表现特征，本研究使用 Ucinet 6 作为分析软件，采用 Freeman 值和标准化值对度数中心度、中间中心度和接近中心度进行计算。Freeman 中心度是指与生态系统节点有直接相连关系的其他节点数量的综合，而标准化中心度是指与节点有直接相连关系的数量除以生态系统网络中所有有相连关系的数量的比值。结果报告的内容包括每个地区知识生态系统和创新生态系统的 1－模网结构模型图，用不同颜色及深浅区分中心度聚集的层次，表明该系统成员的"生态位"位置。

一、知识生态系统结构模型和网络中心度分析

图 4.1 是江苏知识生态系统结构模型分析结果，表 4.2 是其网络中心度指标分析结果。从图 4.1 所显示的结果来看，在以江苏数据为基础所分析的知识生态系统中，有三年高校数据居于核心的中心度位置，从节点相互之间的距离来看，研究机构与高校的距离最小。表 4.2 的结果也显示，从度数中心度判断，有两年的高校度数中心度处于前两位，其标准化度数中心度分别达到了 35.382 和 17.333。以中间中心度判断，有两年高校的标准化中间中心度超过了 3，表明高校处于知识生态系统结构的中心地位。接近中心度数字越小，表明该节点越是处于核心地位，该指标的数据表明，高校的引用接近中心度和被引接近中心度都占据最小的位置。

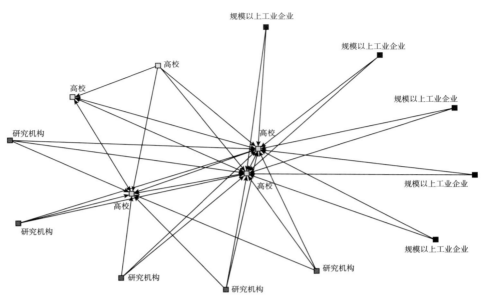

图4.1 江苏知识生态系统结构模型

注：浅灰色代表高中心度区域，深灰色代表次中心度区域，黑色代表中心度边缘区。

表4.2　　　　　　　　　　江苏知识生态系统网络中心度指标分析结果

度数中心度			中间中心度			接近中心度		
节点	度数中心度	标准化度数中心度	节点	中间中心度	标准化中间中心度	节点	引用接近中心度	被引接近中心度
University	1247733	35.382	University	6.667	3.663	University	38.829	171.6
University	611254	17.333	University	6.667	3.663	University	38.829	171.6
IED	342447	9.711	University	1.667	0.916	University	40.663	171.6
IED	315871	8.957	University	0	0	University	41.663	171.6
IED	302391	8.575	University	0	0	University	210	162.25
IED	297313	8.431	RDI	0	0	RDI	210	162.2
IED	225254	6.388	RDI	0	0	RDI	210	162.2
University	188684	5.351	RDI	0	0	RDI	210	162.2
University	101266	2.872	RDI	0	0	RDI	210	162.2

续表

度数中心度			中间中心度			接近中心度		
节点	度数中心度	标准化度数中心度	节点	中间中心度	标准化中间中心度	节点	引用接近中心度	被引接近中心度
RDI	72252	2.049	RDI	0	0	RDI	210	162.2
网络中心度指标 = 34.66%			网络中心度指标 = 3.34%			网络引用中心度指标 = 48.56% 网络被引中心度指标 = 0.29%		

注：University = 高校；IED（industrial enterprises above designated）= 规模以上工业企业；RDI（R&D institutions）= 研究开发机构。

图 4.2 所示的结果是湖北知识生态系统的结构模型图，从图形可以看出，湖北与江苏的结构模型图是相似的，其中高校依然是网络的中心，表明高校是知识生态系统中的关键"基石"。从表 4.3 的度数中心度数据来看，我们可以看出一些区别，湖北的知识生态系统中，度数中心度前五位的节点当中，

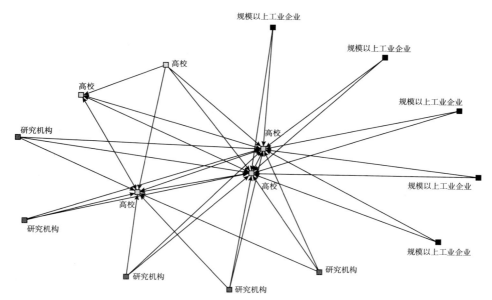

图 4.2 湖北知识生态系统结构模型

注：浅灰色代表高中心度区域，深灰色代表次中心度区域，黑色代表中心度边缘区。

表 4.3　　　　　　　湖北知识生态系统网络中心度指标分析结果

度数中心度			中间中心度			接近中心度		
节点	度数中心度	标准化度数中心度	节点	中间中心度	标准化中间中心度	节点	引用接近中心度	被引接近中心度
University	797305	59.471	University	6.667	3.663	University	38.829	171.6
University	280043	20.889	University	6.667	3.663	University	38.829	171.6
University	125037	9.327	University	1.667	0.916	University	40.663	171.6
IED	118200	8.817	University	0	0	University	41.663	171.6
RDI	110910	8.273	University	0	0	University	210	162.25
IED	108737	8.111	RDI	0	0	RDI	210	162.2
IED	107549	8.022	RDI	0	0	RDI	210	162.2
RDI	98089	7.316	RDI	0	0	RDI	210	162.2
IED	97628	7.282	RDI	0	0	RDI	210	162.2
RDI	85765	6.397	RDI	0	0	RDI	210	162.2
网络中心度指标 = 59.65%			网络中心度指标 = 3.34%			网络引用中心度指标 = 48.56% 网络被引中心度指标 = 0.29%		

注：University = 高校；IED（industrial enterprises above designated）= 规模以上工业企业；RDI（R&D institutions）= 研究开发机构。

高校占据三个节点，另外两个是工业企业和研究机构。排在第一位的高校节点的标准化度数中心度达到了 59.471，这表明湖北的高校在知识生态系统结构中承载核心角色的能力更为突出一些。江苏知识生态系统度数中心度前五位中只有两年的高校数据，其余三个节点都是工业企业，而湖北的该指标前三位都是高校。从中间中心度和接近中心度的数字看，湖北的情况与江苏的情况是一致的，高校的中间中心度最大，接近中心度最小，也体现了高校是湖北知识生态系统中的中心节点。

图 4.3 显示的是湖南知识生态系统数据分析的结构模型图，该模型图与江苏、湖北的结构模型图的分布形态一样，高校处于明显的中心度位置，研究机构与高校的直接（距离）关系比工业企业与高校的直接（距离）关系要近。表 4.4 的数据结果显示，度数中心度排名前五位的是高校和工业企业，其中高校数据占据前三位，第一位的标准化中心度为 33.72。工业企业占据

两位。尽管江苏、湖北和湖南知识生态系统的结构模型图相似，但是从度数中心度的结果还是看出三个区域知识生态系统结构的一些区别。江苏的结果显示，排在前十位的节点中，高校占四位，工业企业占五位，研究机构占一位。湖北的结果是高校占前三位，工业企业占四位，研究机构占据了三位。在湖南前十位节点中，高校占前三位，研究机构占两位，工业企业占五位。而且三个区域的高校、研究机构和工业企业这三类节点，其排名顺序也存在明显区别。江苏和湖南数据度数中心度分析结果显示，度数中心度排名靠前的主要是高校和工业企业，而湖北的度数中心度分析结果表明，靠前的排名中高校、工业企业和研发机构都占有指标。尽管表4.4的结果表明，湖南知识生态系统的中间中心度、接近中心度与江苏、湖北的情况一致。但是从度数中心度这个反映节点之间直接相连关系的重要指标来看，三个区域的知识生态系统在节点相互关联关系的组成结构上还是存在区别，体现了不同区域在知识创新、知识投入以及关键节点关系组成上还是具有地域特点。

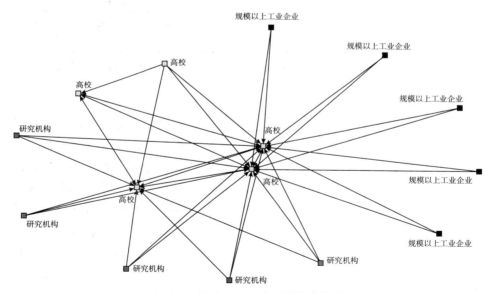

图4.3 湖南知识生态系统结构模型

注：浅灰色代表高中心度区域，深灰色代表次中心度区域，黑色代表中心度边缘区。

表4.4　　　　　　湖南知识生态系统网络中心度指标分析结果

度数中心度			中间中心度			接近中心度		
节点	度数中心度	标准化度数中心度	节点	中间中心度	标准化中间中心度	节点	引用接近中心度	被引接近中心度
University	402739	33.72	University	6.667	3.663	University	38.829	171.6
University	206434	17.284	University	6.667	3.663	University	38.829	171.6
University	143591	12.022	University	1.667	0.916	University	40.663	171.6
IED	118663	9.935	University	0	0	University	41.663	171.6
IED	118113	9.889	University	0	0	University	210	162.25
IED	108542	9.088	RDI	0	0	RDI	210	162.2
IED	90480	7.576	RDI	0	0	RDI	210	162.2
IED	89775	7.517	RDI	0	0	RDI	210	162.2
RDI	62105	5.2	RDI	0	0	RDI	210	162.2
RDI	49343	4.131	RDI	0	0	RDI	210	162.2
网络中心度指标=29.46%			网络中心度指标=3.34%			网络引用中心度指标=48.56% 网络被引中心度指标=0.29%		

注：University = 高校；IED（industrial enterprises above designated）= 规模以上工业企业；RDI（R&D institutions）= 研究开发机构。

作为我国西部地区的样本，四川的知识生态系统结构模型图显示出了与江苏、湖北和湖南三个地区的不同之处。如图4.4所示，从网络图节点颜色及深浅的区别来看，高校仍然是中心度最高的节点，除此之外，有一个研究机构节点呈现为浅灰色，成为知识生态系统中的关键"基石"。结合表4.5的结果看，度数中心度排名前五位的节点中，前两位是高校，第三位就是研究机构。这表明四川知识生态系统中，研究机构在知识供给与需求的匹配关系中起着一个重要的联结作用。而且在前五位的节点中，规模以上工业企业只占一席，标准化度数中心度为7.746。西部地区工业企业的知识创新能力相比东部、中部地区存在一定差距，同时也表明高校和研究机构在四川知识生态系统结构中处于关键的"知识生态位"，对整个生态系统的知识创造与扩散机制的形成占据重要的角色和具有足够的影响力。

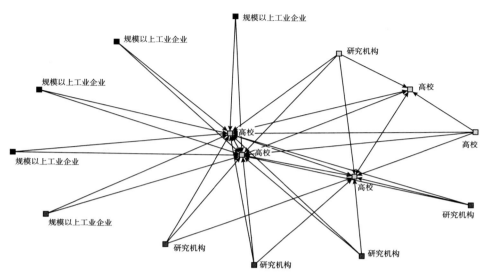

图4.4 四川知识生态系统结构模型

注：浅灰色代表高中心度区域，深灰色代表次中心度区域，黑色代表中心度边缘区。

表4.5   四川知识生态系统网络中心度指标分析结果

度数中心度			中间中心度			接近中心度		
节点	度数中心度	标准化度数中心度	节点	中间中心度	标准化中间中心度	节点	引用接近中心度	被引接近中心度
University	661960	45.503	University	6.333	3.480	University	38.829	171.6
University	248621	17.09	University	6.333	3.480	University	38.829	171.6
RDI	145028	9.969	University	1.333	0.733	University	40.663	171.6
University	133659	9.188	University	0	0	University	41.663	171.6
IED	112691	7.746	University	0	0	University	210	162.25
IED	105117	7.226	RDI	0	0	RDI	210	162.2
IED	102886	7.072	RDI	0	0	RDI	210	162.2
RDI	99173	6.817	RDI	0	0	RDI	210	162.2
IED	95415	6.559	RDI	0	0	RDI	210	162.2
IED	72094	4.956	RDI	0	0	RDI	210	162.2

续表

度数中心度			中间中心度			接近中心度		
节点	度数中心度	标准化度数中心度	节点	中间中心度	标准化中间中心度	节点	引用接近中心度	被引接近中心度
网络中心度指标 = 42.09%			网络中心度指标 = 3.18%			网络引用中心度指标 = 48.44% 网络被引中心度指标 = 0.29%		

注：University = 高校；IED（industrial enterprises above designated）= 规模以上工业企业；RDI（R&D institutions）= 研究开发机构。

从江苏、湖北、湖南和四川的知识生态数据整体网分析结果的对比来看，高校、研究机构在知识生态系统中处于较高的中心度位置。尤其高校在四个省域的知识生态系统中都占据最大的度数中心度，这表明高校是知识生态系统中最为关键的知识创造者与输出者。同时，四个区域知识生态系统度数中心度的分析结果相互之间存在区别，主要体现在高校、研究机构和规模以上工业企业在前十名排位中所处的位置、节点数量有不同。这表明四个省域在研发合作投入强度上有差异，高校、研究机构和企业的研发创新能力也会存在区别，但基本的判断可以总结为知识生态系统中高校占据网络节点的最大中心生态位，研究机构也是重要的知识节点，两者都是系统中不可或缺的知识创造、知识输出输入的重要节点。

二、创新生态系统结构模型和网络中心度分析

知识生态系统中的关键"基石"是否也是创新生态系统中处于中心度高的成员，需要把知识生态系统融入创新生态系统中同时进行结构模型指标和三项中心度指标的分析。通过结构模型图和中心度指标的分析，判断知识生态系统对创新生态系统演进的支撑作用。以下采用整体网分析方法对四个省域创新生态系统指标矩阵数据进行分析处理，通过结构模型图和网络中心度指标结果进行对比分析。

图 4.5 显示了江苏创新生态系统的结构模型图。从中心度分层看，中心度最高的成员，依然是高校（白色），其次是研究机构（浅灰色），而且它们也是关系联结重要节点。在中心聚集区，还包括了规模以上工业企业，这表明江苏的创新生态系统形成了一个包括高校、研究机构、企业和技术市场等

组织机构的价值网络。而且结构模型图也清楚地表明，高校和研究机构在创新生态系统中也起到关键"基石"的作用。进一步分析表 4.6 的数据处理结果，度数中心度分析结果显示：排在前五位的节点中，前两位分别是研究机构和高校，其标准化度数中心度分别为 10.185 和 7.22，两者的度数中心度均已超过了 5。网络中心度指标也达到了 9.69%，说明高校与研究机构在创新生态系统中处于明显的中心位置，对创新生态系统的结构组成起着关键的支撑作用。其次是技术市场，说明知识交易类中介平台机构是创新生态创新链中重要的知识流动和知识商业化转换渠道和机制。中间中心度指标上，标准化中间中心度最高的节点是高校和研究机构，分别为 1.783，说明通过这两类节点进出的关系联结是最多的。接近中心度指标中，引用接近中心度最小的是高校，与研究机构和企业的引用接近中心度数值大小相差大。被引接近中心度最小的是工业企业，但是高校和研究机构的数值相差极小。综合来看，高校占据创新生态系统核心点和重要"生态位"。

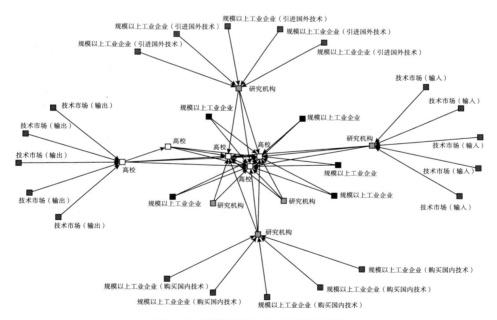

图 4.5 江苏创新生态系统结构模型

注：白色代表高中心度区域，黑色和浅灰色代表次中心度区域，深灰色代表中心度边缘区。

表 4.6 　　　　　　　　　　江苏创新生态系统网络中心度指标分析结果

度数中心度			中间中心度			接近中心度		
节点	度数中心度	标准化度数中心度	节点	中间中心度	标准化中间中心度	节点	引用接近中心度	被引接近中心度
RDI	49820496	10.185	University	20	1.783	University	119.142	1091.6
University	35317152	7.22	RDI	20	1.783	University	119.142	1091.6
CIDTM	14386430	2.941	RDI	20	1.783	University	120.975	1091.6
CIDTM	10163396	2.078	RDI	20	1.783	University	124.975	1091.6
CEDTM	9914475	2.027	University	11.667	1.040	University	1020	1062.25
CIDTM	9195511	1.880	University	11.667	1.040	RDI	1020	1062.2
CIDTM	9055931	1.851	University	6.667	0.594	RDI	1020	1062.2
CEDTM	7784223	1.591	University	0	0	RDI	1020	1062.2
CIDTM	7001906	1.431	RDI	0	0	RDI	1190	1062.2
CEDTM	6356425	1.3	RDI	0	0	RDI	1190	1062.2
CEDTM	5729178	1.171	IED	0	0	IED	1190	1062.067
CEDTM	5431585	1.110	IED	0	0	IED	1190	1062.067
RDI	1762993	0.360	IED	0	0	IED	1190	1062.067
University	1213189	0.248	IED	0	0	IED	1190	1062.067
RDI	1016768	0.208	IED	0	0	IED	1190	1062.067
网络中心度指标 = 9.69%			网络中心度指标 = 1.55%			网络引用中心度指标 = 47.53%　网络被引中心度指标 = 0.1%		

注：University = 高校；IED（industrial enterprises above designated）= 规模以上工业企业；RDI（R&D institutions）= 研究开发机构；CEDTM（contract exportation from domestic technical markets）= 技术市场技术输出；CIDTM（contract inflows to domestic technical markets）= 技术市场技术输入。

湖北创新生态系统结构模型图如图 4.6 所示，表 4.7 显示了三类网络中心度测量指标的分析结果。与知识生态系统一样，湖北的创新生态系统结构模型与江苏创新生态系统的结构模型类似，也展示出中心度的层次性，高校、研究机构和工业企业处于创新生态系统的不同生态位，处于核心聚集区。从表 4.7 的数据看，度数中心度排名前五位的节点中，第一位的是高校，标准化度数中心度超过了 3，为 3.727。第二位是技术市场（输出），第三位是研究机构。五个节点中有三个是技术市场（输出），而江苏的分析结果显示，度数中心度前五位的节点中，技术市场（输入）占了两个，而且这两个节点的度数中心度超过了2，明显高于湖北创新生态系统度数中心度前五位节点中两个技术市场（输出）的值，它们的值都没有超过1。这一现象表现出的特征表明江苏通过技术市场流入技术、产品、工艺的强度要高于技术市场的流出，也同时说明了江苏和湖北在创新开放程度以及开放方式上存在一定的区别。

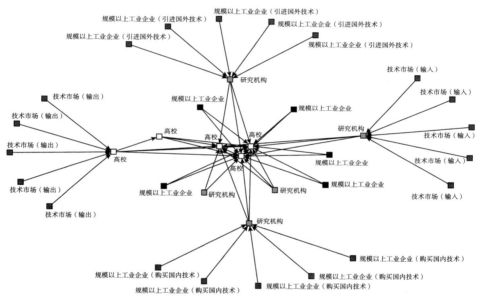

图4.6　湖北创新生态系统结构模型

注：白色代表高中心度区域，黑色和浅灰色代表次中心度区域，深灰色代表中心度边缘区。

表4.7　　　　　　湖北创新生态系统网络中心度指标分析结果

度数中心度			中间中心度			接近中心度		
节点	度数中心度	标准化度数中心度	节点	中间中心度	标准化中间中心度	节点	引用接近中心度	被引接近中心度
University	157165696	3.727	University	20	1.783	University	119.142	1091.6
CEDTM	124040936	2.941	RDI	20	1.783	University	119.142	1091.6

度数中心度			中间中心度			接近中心度		
节点	度数中心度	标准化度数中心度	节点	中间中心度	标准化中间中心度	节点	引用接近中心度	被引接近中心度
RDI	29782022	0.706	RDI	20	1.783	University	120.975	1091.6
CEDTM	10330773	0.245	RDI	20	1.783	University	124.975	1091.6
CEDTM	9038371	0.214	University	11.667	1.040	University	1020	1062.25
CIDTM	8284674	0.196	University	11.667	1.040	RDI	1020	1062.2
CEDTM	7893407	0.187	University	6.667	0.594	RDI	1020	1062.2
CIDTM	6777445	0.161	University	0	0	RDI	1020	1062.2
CIDTM	6420258	0.152	RDI	0	0	RDI	1190	1062.2
CEDTM	5806801	0.138	RDI	0	0	RDI	1190	1062.2
CIDTM	4949463	0.117	IED	0	0	IED	1190	1062.067
CIDTM	3283726	0.078	IED	0	0	IED	1190	1062.067
RDI	788284	0.019	IED	0	0	IED	1190	1062.067
University	782670	0.019	IED	0	0	IED	1190	1062.067
RDI	292685	0.007	IED	0	0	IED	1190	1062.067
网络中心度指标=3.67%			网络中心度指标=1.55%			网络引用中心度指标=47.53% 网络被引中心度指标=0.1%		

注：University = 高校；IED（industrial enterprises above designated）= 规模以上工业企业；RDI（R&D institutions）= 研究开发机构；CEDTM（contract exportation from domestic technical markets）= 技术市场技术输出；CIDTM（contract inflows to domestic technical markets）= 技术市场技术输入。

另外两个中心度指标，中间中心度和接近中心度的结果显示，高校和研究机构在湖北创新生态系统结构是资源流动的核心节点，这两类节点与其他节点之间的关系距离也是最短的。

图4.7和表4.8显示的分别是湖南创新生态系统的结构模型图和网络中心度指标计算结果。从图4.7看，湖南的创新生态系统结构模型分布与湖北、江苏的系统结构模型图类似，显示出高校处于中心度最核心的层次，表明高

校在湖南创新生态系统中的引领作用，也说明知识的创造与流动是创新生态系统演进的基础。但是从表 4.8 的度数中心度所显示的结果来看，湖南的创新生态系统与江苏、湖北创新生态系统在细节上还是存在一些区别。度数中心度数据显示，排名前五位的节点中，第一位是高校，标准化度数中心度达到 8.302，第二是研究机构，该值达到 7.828，说明高校和研究机构的中心度位置核心程度较为明显。另外三个节点分别是技术市场技术输出和技术市场技术输入，它们的度数中心度都没有超过 3，这个现象与湖北较为类似。江苏、湖北和湖南创新生态系统的度数中心度结果的对比，在一定程度上说明，湖北和湖南在企业的外部知识获取强度与效率方面还需加强。两个地区应多层面、多渠道加大开放式创新的开发度，加大外部技术、产品和工艺等知识资源的获取与吸收，强化创新生态系统结构外延扩展的效应与效率。

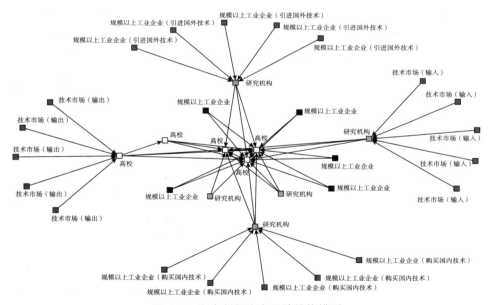

图 4.7　湖南创新生态系统结构模型

注：白色代表高中心度区域，黑色和浅灰色代表次中心度区域，深灰色代表中心度边缘区。

表 4.8 　　　　　　湖南创新生态系统网络中心度指标分析结果

度数中心度			中间中心度			接近中心度		
节点	度数中心度	标准化度数中心度	节点	中间中心度	标准化中间中心度	节点	引用接近中心度	被引接近中心度
University	7949046	8.302	University	20	1.783	University	119.142	1091.6
RDI	7494882	7.828	RDI	20	1.783	University	119.142	1091.6
CEDTM	2816162	2.941	RDI	20	1.783	University	120.975	1091.6
CEDTM	2031915	2.122	RDI	20	1.783	University	124.975	1091.6
CIDTM	1946548	2.033	University	11.667	1.040	University	1020	1062.25
CIDTM	1777636	1.857	University	11.667	1.040	RDI	1020	1062.2
CIDTM	1516117	1.583	University	6.667	0.594	RDI	1020	1062.2
CIDTM	1230541	1.285	University	0	0	RDI	1020	1062.2
CEDTM	1056287	1.103	RDI	0	0	RDI	1190	1062.2
CEDTM	1050578	1.097	RDI	0	0	RDI	1190	1062.2
CIDTM	1020776	1.066	IED	0	0	IED	1190	1062.067
CEDTM	979342	1.023	IED	0	0	IED	1190	1062.067
University	402739	0.421	IED	0	0	IED	1190	1062.067
RDI	287739	0.301	IED	0	0	IED	1190	1062.067
RDI	242150	0.253	IED	0	0	IED	1190	1062.067
网络中心度指标 = 7.75%			网络中心度指标 = 1.55%			网络引用中心度指标 = 47.53% 网络被引中心度指标 = 0.1%		

注：University = 高校；IED（industrial enterprises above designated）= 规模以上工业企业；RDI（R&D institutions）= 研究开发机构；CEDTM（contract exportation from domestic technical markets）= 技术市场技术输出；CIDTM（contract inflows to domestic technical markets）= 技术市场技术输入。

图 4.8 显示的是四川创新生态系统的结构模型图，可以看出，该图与江苏、湖北和湖南的创新生态系统结构模型图呈现出不同的模式，四川知识生态系统图也呈现出与另外三个地区不一样的模型。在四川创新生态系统中，研究机构占据一个第一层次的中心度节点（图中浅灰色节点）。在知识生态系统模型图中，也是有一个研究机构的节点呈现浅灰色，处于第一层次中心度聚集区。这种情况也说明，处于不同地区的创新生态系统与知识生态系统的演进有着密切关系。

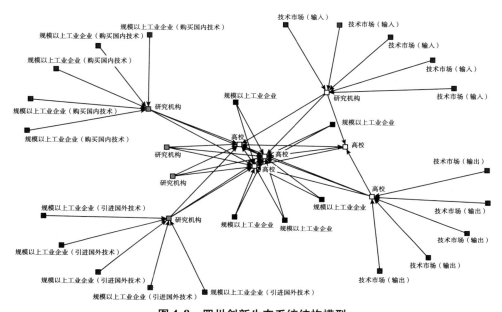

图 4.8 四川创新生态系统结构模型

注：白色代表高中心度区域，黑色和浅灰色代表次中心度区域，深灰色代表中心度边缘区。

表 4.9 的数据显示的是四川创新生态系统三类网络中心度指标的计算结果。度数中心度排在前五位的节点中，第一、第二位的节点分别是高校和研究机构，其标准化度数中心度分别为 6.455 和 5.855，均超过了 5。第二位到第六位的节点包括了两个技术市场输入和两个技术市场输出，标准化度数中心度均超过了 1，表明四川创新生态系统中的该项指标均为平衡。中间中心度结果表明，高校和研发机构的中间中心度最高，处于核心生态位。接近中心度的结果也显示，高校和研发机构处于创新生态系统的关键生态位。

表 4.9　　　　　　**四川创新生态系统网络中心度指标分析结果**

度数中心度			中间中心度			接近中心度		
节点	度数中心度	标准化度数中心度	节点	中间中心度	标准化中间中心度	节点	引用接近中心度	被引接近中心度
University	21874916	6.455	University	20	1.783	University	119.517	1091.6
RDI	19839710	5.855	RDI	20	1.783	University	119.517	1091.6

续表

度数中心度			中间中心度			接近中心度		
节点	度数中心度	标准化度数中心度	节点	中间中心度	标准化中间中心度	节点	引用接近中心度	被引接近中心度
CEDTM	9967010	2.941	RDI	20	1.783	University	121.35	1091.6
CIDTM	5886135	1.737	RDI	20	1.783	University	124.15	1091.6
CIDTM	5366053	1.583	University	9.667	0.862	University	1020	1062.25
CEDTM	4058307	1.198	University	9.667	0.862	RDI	1020	1062.2
CIDTM	3317871	0.979	University	4.667	0.416	RDI	1020	1062.2
CEDTM	2993006	0.883	University	0	0	RDI	1020	1062.2
CIDTM	2932644	0.865	RDI	0	0	RDI	1190	1062.2
CEDTM	2823202	0.833	RDI	0	0	RDI	1190	1062.2
CIDTM	2305204	0.68	IED	0	0	IED	1190	1062.067
CEDTM	1990506	0.587	IED	0	0	IED	1190	1062.067
University	661960	0.195	IED	0	0	IED	1190	1062.067
RDI	317923	0.094	IED	0	0	IED	1190	1062.067
University	248621	0.073	IED	0	0	IED	1190	1062.067
网络中心度指标 = 6.08%			网络中心度指标 = 1.56%			网络引用中心度指标 = 47.35% 网络被引中心度指标 = 0.1%		

注：University = 高校；IED（industrial enterprises above designated）= 规模以上工业企业；RDI（R&D institutions）= 研究开发机构；CEDTM（contract exportation from domestic technical markets）= 技术市场技术输出；CIDTM（contract inflows to domestic technical markets）= 技术市场技术输入。

三、结果讨论

本研究以整体网分析方法分别对江苏、湖北、湖南和四川四个省域的知识生态系统和创新生态系统进行结构模型和网络中心度分析。通过四个省域的知识生态系统和创新生态系统的对照比较，研究发现：知识生态系统中关键"基石"成员——高校和研发机构，在创新生态系统中也同样承担着关键角色的作用，尤其是高校，它是创新生态系统中中心度最大的关键角色（Fuster et al.，2019）。这也印证了有些学者提出的观点，知识生态系统嵌入在创新生态系统之中（Valkokari，2015）。本研究进一步明确并拓展了此观点，知识生态系统的关键成员，不仅嵌入在创新生态系统中，同时对创新生态系统的动态演进起着"引领"的作用。克拉里斯等（Clarysse et al.，2014）在研究知识生态系统与商业生态系统关系时，提出假设认为在两者之间存在一个支撑创新型新创企业生存与发展的金融支持网络，他们认为知识生态系统是通过该金融支持网络而对商业生态系统自动产生影响，也就是影响新创企业的发展，促使新创企业成长为商业生态系统中的大企业，或是关键"基石"。但是他们的实证研究却发现，知识生态系统中处于核心中心度聚集区的成员根本不会影响到新创企业的存活率，嵌入到金融支持网络中心度中的成员也不能改善新创企业的生存状况。他们解释这个结论产生的原因是在商业生态系统中，成熟的大企业为处于不同生态位的成员提供了资源和商业化基础条件，知识生态是商业产业链中上下游成员之间价值创造而形成的联结关系。由于成熟大企业不是知识生态的核心，因此知识生态系统无法表现出对商业生态系统的显著影响。他们对知识生态系统与商业生态系统之间关系的研究是一个非常有意义的视角，本研究的结果印证他们的一个研究结论：知识生态系统成员之间的知识创造与流动是系统结构构建与组成的基础。同时，本研究结果也呼应了已有的研究观点：创新生态系统包含了知识生态系统，知识生态系统中的关键成员既参与了创新生态系统中的创新过程，处于创新生态圈中的适宜"生态位"位置。同时它们也是创新生态系统结构中的关键联结点，处于高中心度节点范围中，表明创新生态系统是基于知识资源创造、流动与交互的非线性、多层次和多元化创新生态体系。

第六节　结论与讨论

一、研究结论

采用整体网分析法，通过知识生态系统与创新生态系统结构模型与网络中心度分析，从研究结果可以进一步推出以下结论：

第一，创新生态系统是一个动态演变的系统，既有不同发展阶段系统结构的变化，也有不同规模形态下系统层次上的变化。通过对四个不同省域数据分析得出的结果可以看出，不同区域创新生态系统在系统结构、节点分布、网络中心度等指标上都存在差异。该结果表明，创新生态系统的演进与知识生产、知识密度、知识流动强度和知识流向都有密切关系，知识资源在创新生态系统中的规模、配置等因素也会影响到创新生态系统的演化路径，可以决定系统演变进化的方向和趋势。

第二，知识生态视角对创新生态系统演进的研究发现了一些新的结论。新创企业在成长期，由于其自身的知识基础与创新能力的限制，所处的知识生态位不在核心区，而且外部知识资源来源是广泛分布的。由于新创企业一般不会处于高中心度节点聚焦区，所以获取知识资源所产生的联结路径将会比较长，与高中心度节点产生联系需要经过其他节点的链接，也就是说它的非直接联结居多。随着企业规模和创新能力的增强，企业能构建自身为主体的创新生态系统，或嵌入更大的创新生态系统，企业将能与更多高中心度节点聚集区的知识创造与输出机构产生直接联系。企业基于自身为核心所构建的创新生态系统可以融合其他高中心度节点成员，或企业可以融入其他创新生态系统中成为高中心度成员。因此企业创新生态系统会逐步演化升级成为产业创新生态系统，融入整合到区域创新生态系统。

第三，创新生态系统的层次演进呈现为企业、产业、区域和国家创新生态系统的递进路径。不同层次创新生态系统的区别在于每个层次的知识生态系统所包括的人际交流网络、技术网络和知识网络存在差异。不同层次的知识生态系统所包含的三大网络在构成要素、网络规模和节点关系等重要特性上发生了演化。根据演化经济学理论，本研究提出按照"构成主体 - 规模"两个指标将创新生态系统的战略演进分为"特殊化 - 专业化 - 一般化"三个阶段。特殊化阶段一般对应企业创新生态系统，以核心企业为核心，围绕核心企业联结上下游产业链上的合作伙伴，横向融入其他外部组织。企业创新生态系统与企业的属性和所处行业、规模等因素有关，极具企业个性特色。专业化阶段对应产业和区域创新生态系统。产业创新生态系统与产业知识基础、产业创新模式有关。例如，汽车产业创新生态系统与软件产业创新生态系统存在明显的产业差别，与专业化程度以及数字技术运用情况有关。区域创新生态系统的专业化体现在，区域创新模式与区域社会经济发展密切相关，也与地区产业结构与优势有关系。区域创新生态系统的规模、优势以及创新模式是地区优势产业、人才结构、高校和研究机构科研力量的集中体现。一般化阶段与国家创新生态系统和跨国界创新生态系统对应，集中体现为宏观层面创新生态系统演进与治理的一般规律。国家创新生态系统（体系）注重宏观创新政策的战略引导作用，突出国家科技创新生态建设的重大需求。例如，创新驱动发展战略、关键核心技术突破、重大需求牵引项目开发与建设等。

二、研究贡献

第一，本研究用整体网分析法进行了结构模型与网络中心度分析，采用新的研究方法丰富了创新生态系统的相关研究。研究结论拓展了瓦尔科卡里（Valkokari，2015）和德·瓦斯孔塞卢斯·戈梅斯等（de Vasconcelos Gomes et al.，2018）部分研究文献的观点：创新生态系统包含知识生态系统，以知识创造与流动作为系统结构构建的支撑基础。也就是说，驱动创新生态系统发展演进，必须在系统演化的过程中形成一个新旧结构演变的"领域转换"机制。这个"领域转换"机制要能确保新的层次或新的形态下新的创新生态系统能被旧系统成员所能适应和嵌入。除了这种新旧系统的更替之外，创新生态系统成员的生态位在系统更替的过程中要保证资源互通并保持成员关系结构的有效联结。本研究的结论表明，新旧创新生态系统的更替，创新生态系统在层次上的演进，其引导力量是知识生态系统结构的优化，知识生态系统知识供需关系的演进。创新生态系统演进的支撑网络就是基于知识流动机制构建而成的组织外部知识网络。外部知识网络所包含的结构、关系特征既是知识生态系统的基础，也是创新生态系统结构和成员关系形成的基本要素。

第二，本研究丰富了创新生态系统相关的研究观点，强调了知识生态结构及其构成主体在创新生态系统中的重要作用与角色：关键的知识供给者和知识流动节点。本研究提出新的研究视角，从知识生态的角度，基于整体网分析的理念揭示知识生态系统与创新生态系统内在同步的机理，解析了知识生态系统驱动创新生态系统演进的"领域转换"机制。基于新视角的研究强化了基于生态视角研究创新生态系统的研究结论（Shaw and Allen，2018），也发掘了与以往研究的不同之处：从知识生态的角度能清晰地明确创新生态系统在不同发展规模下系统成员之间呈现出具有一定差别的系统组织结构和成员关系结构。研究结论丰富了创新生态系统研究的理论内容，为后续研究提供了新的理论借鉴。目前关于创新生态系统的研究主要关注开放式创新框架下创新生态系统价值共创、演化机制等问题，缺乏契合生态结构与成员关系演变下创新生态创新范式变革的深度研究。本研究内容为分析创新生态系统在知识生态视角下的演进范式提供了有效的解释性框架，建立新的认知方法，通过定性与定量相结合的方法综合考虑创新生态系统演进范式的驱动因素和支持体系，是对新的研究领域和内容的开拓。

三、实践启示

第一，高校和科研机构在创新生态系统中处于高中心度生态位，也是关键的知识输出和输入节点。以此观点为依据，为了促进科研成果的商业化，应从资金资助和制度设计上加大高校和科研机构的投入。对知识生态系统的整体网分析发现，高校不仅是高中心度的机构，也是其他机构之间产生联结关系的支柱型组织（Clarysse et al.，2014），同时高校也是各类支柱型组织关系构建的关键基础。但是在这些系统节点成员之间必须存在一种转换的逻辑路径和支撑体系，就是同时内嵌于知识生态系统和创新生态系统的知识网络，这是一种抽象的知识流动逻辑，而不是商业逻辑。因此，在创新生态系统治理的政策建议上，资金资助应该重点关注高校以及重点科研机构。应加强基于高校知识创新的新创企业的创业和成长，加大高校和科研机构的基础研究投入，扩充创新生态系统的知识基础。开放式创新不是简单地从外部引进和获取知识，而应在增强自身知识基础上，加强创新创业的本地化涌现，本土化扎根立足。

第二，从创新生态系统的整体网分析结果可以看出，处于高中心度聚集区的系统成员都和企业有相互关联。伊安斯蒂和莱维恩（Iansiti and Levien，2004）的研究发现，产业领导者在刺激大企业创建商业生态系统的过程中起着主要作用，因为它们能为消费者创建基于全产业链的价值链。但是克拉里斯等（Clarysse et al.，2014）的研究中却没有发现大企业在商业生态系统中有着领导者或关键"基石"的作用。他们提供了这个问题的一种可选择的答案，那就是区域的创新是否是受益于基于高校的知识生态系统，而不是有着明确定义的商业生态系统或其中的关键"基石"。本研究发现在区域的创新生态系统中，高校是系统的关键主体，是知识供给与流动的关键节点。基于高校的知识生态系统在企业和区域创新生态系统中起着关键的驱动作用，企业建立完善的创新生态系统需基于高校和科研机构的知识生态系统支撑。对于政策决策者来说，在制定激励地区新创企业发展的政策上，应考虑高校、科研机构等对新创企业知识资源的支持。例如，科学研究、人才培训、共性技术、技术基础设施、数据要素市场等知识平台和资源项目的建设与供给，加强高校和科研机构科技成果转化机制建设，加强科技孵化企业的政策支持。在为企业，尤其是科技型新创企业、中小企业提供各类资金支持、财政税收的同时，关键是要通过外部知识输入和内部知识创造夯实企业的知识基础，提高企业的知识创新与应用能力。

　　第三，从整体网分析结果还可以总结出，在创新生态系统中，高校、科研机构和工业企业都处于高中心度聚集区，但是高校、科研机构还承担了技术市场和其他工业企业联结节点的角色。这个结论可以提供一个政策启示，一个区域需要构建和发展知识生态系统作为一种机制为区域创新提供知识创造和知识资源的输入与输出。但是如何让知识取得创新价值，毫无疑问，必须要由企业来完成。克拉里斯等（Clarysse et al. , 2014）的研究中提出，知识生态系统在缺失商业生态系统配合的情况下，要发挥知识生态系统价值创造的作用，必须要找到一种方法吸引大企业，依托大企业实现知识的价值。因为高校或科研机构和企业之间的合作创新并不会自动地带来价值的实现，需要在知识生态系统和创新生态系统之间建立相互联结的动机与机制，链接两者的系统元素和成员关系，需要开发一个支撑机制形成连接两个生态系统之间的核心纽带。在知识生态系统中，高校和研究机构能构建本地化的知识网络（Whittington et al. , 2009）。创新生态系统中企业能构建基于自身为核心的外部知识网络，两类生态系统中的外部知识网络在网络主体、结构特征等属性上存在一致性，外部知识网络是支撑两类生态系统的基础。知识生态系统中的高校、科研机构应特别关注它们在创新生态系统中的作用，注重与企业的协同创新。要驱动高校或科研机构与企业之间的协同创新，并能推动高校和科研机构的知识价值创造，需要加强"科研环境建设"，构建"开放的创新生态"，建设具有"全球竞争力的创新生态"。具有全球竞争力的创新生态需要建设高端的知识生态系统和活力的创新价值共创体系，实践管理者要构建起知识生态系统对创新生态系统的驱动机制，重要的机制就是创新生态系统的知识治理，本书第五章将对该问题进行深入研究。

第七节 本 章 小 结

　　社会网络分析法中的整体网分析方法是研究创新生态系统结构演变、演进驱动因素等的有效工具。克拉里斯等（Clarysse et al.，2014）用整体网分析工具探究了商业生态系统与知识生态系统的耦合关系，证明了整体网分析工具在解构生态系统组成结构及关键驱动因素方面的科学有效性。本章主要的研究目的是分析以知识生态组成成员为载体的创新组织及创新联合体是否是创新生态系统演进的关键驱动力和创新载体。在分别阐释知识生态系统和创新生态系统内涵的基础上，提出两类生态系统成员角色上共有特点、系统结构网络上共有属性和成员行为交互上共有逻辑等观点。在此基础上，采用整体网分析工具以建构生态系统结构模型和测算生态系统网络中心度指标的方式分别对知识生态系统和创新生态系统进行了独立的指标检验与分析。依据检验分析结果对知识生态系统和创新生态系统进行了对比研究，以挖掘基于知识生态化探究创新生态系统演进规律的观点。整体网分析所选用的是区域层面的数据，一方面是因为区域层面的创新生态系统数据能包含全面的系统成员数量，另一方面是可以收集不同区域的数据进行对比，体现差异性，分析结果更为立体。

| 第五章 |

知识生态化视阈下创新生态
系统的知识治理

创新生态系统治理是学术界高度关注的研究主题。由于创新生态系统是多类型组织"生态化组合"创新的体系，创新模式的选择以及创新过程的产生是跨组织合作、跨产业联动和跨区域协同的结果，因此创新生态系统创新绩效的提升就涉及整体制度的顶层设计、机制建设与路径规划等治理问题。治理是创新生态系统创新流程规范、机制合理和效应保障的必要战略手段。创新生态系统的运行需要有相应的治理模式和能力，保障创新生态系统能突破结构形态的外延，形成新的结构形式，产生更高层次的治理模式和能力。超越知识管理范畴的知识治理理念适应于创新生态系统治理研究的内涵，也契合知识生态化研究视角的逻辑。本章采用案例分析与计量统计相结合的定性和定量方法研究创新生态系统知识治理。

第一节　创新生态系统治理的理论基础

一、创新生态系统与治理

为什么企业等创新组织的创新活动会形成一个以知识流动为纽带的创新生态圈？如何协调创新生态系统成员的交互关系？探究以上问题的根源是需要解析创新生态系统构建的背景。因为创新组织处于相互影响的环境中，组织的创新既要考虑组织自身的目标，更关键在于还要考量其创新行为对其他组织的影响，创新产出的经济效益和社会效益。登·奎登（Den Quden，2011）曾提出生态系统创新的四个目标：创造有意义的创新、作出决策、领导作用和相互依赖。该研究所提出的这四个目标，表明创新生态系统各成员的创新价值体现在对其他组织的影响和作用上。如何实现创新生态系统整体的价值创造，需要在系统成员之间建立一种价值共创、竞合同存和动态有序的治理机制，以达到促进创新生态系统领导者引领、关键组织支撑、参与者推动的规范化、有序化发展目的。

企业等组织的创新活动之所以以生态系统的结构呈现，是基于价值共创的目的。价值共创目标是实现创新生态系统成员的价值"共赢"，通过创新驱动推动社会和经济的发展。实现创新驱动下的社会经济增长应借助于社会创新的力量，将不同的创新组织进行联合，深化不同组织之间的关系认知以及创新需求的理解。创新生态系统中存在多种异质性组织，系统成员在知识基础和知识能力上也存在差异，组织制度与管理惯例也会因时而异。如何实现创新生态系统的整体创新绩效最大化，必须寻求一种能协调各方利益与需求的治理机制，以平衡和维护创新生态系统的关系结构和绩效优化。当然，就不同层次的创新生态系统而言，由于规模、目标和治理对象不同，其治理的核心思想也不一样。笔者认为创新生态系统治理的核心思想包括：以核心企业为主导的网络化、平台式管理；以核心产业生态优化和局部突破为战略布局的空间化、辐射式管理；以创新生态系统知识供给与需求平衡为主导的生态化、协调式知识治理。

二、创新生态系统的知识治理

治理是一个经济学的概念，强调机制的设计、程序的规划和制度的建设。知识生态化视阈下的创新生态系统治理是一种知识治理，其更加符合创新生态系统中组织结构、创新行为和创新成效的阐释。王健友（2007）总结了知识治理的理论脉络，该研究指出，关于创新生态系统治理的研究具有理论价值与意义，但是相关的研究不多，对创新生态系统创新过程的治理也缺乏关注。格兰多里（Grandori，1997）第一次提出"知识治理"的概念。之后学者们围绕知识治理的成因、现象、机理和作用展开研究（Foss and Mahoney，

2010；姚伟，2013），形成了三种理论脉络：企业理论的拓展、知识活动的治理、治理机制对个体行为的影响（王健友，2007）。知识治理可作为动机与激励、知识过程的治理机制配置和知识风险研究的视角与方法（Foss and Mahoney，2010）。作为超越知识管理的新的理论概念，知识治理尚未建立成熟的理论体系，有效知识治理机制和知识效果等方面的实证研究尚为缺乏（张爱丽，2011）。基于现有研究结论可总结，知识治理的目的是将知识交流双方的沟通协调有序化，建立一种交流模式与结构体系。知识治理重在机制建设，是通过沟通、协调和有序的机制在复杂系统的不同组织之间建立连贯性过程，解决知识管理过程中的障碍（姚伟，2013）。知识治理可以用于解决知识管理过程中知识和组织衔接不匹配问题，提高知识管理效率，降低知识处理成本。

知识管理包括对组织内部知识创造与运用的内部知识管理，也包括组织对外部知识获取、吸收、转化和应用的外部知识管理。知识治理是基于生态系统管理关键要素而实施的跨组织对知识活动的协同管控，能决定生态系统管理的绩效（Giebels et al.，2016）。基于生态系统管理的理论强调应把社会生态系统看成是复杂系统，考虑到生态系统状态和发展决策中所有涉及的多样性因素，只有应用整体系统观才能对生态系统的认知与管理达到真实的状况。创新生态系统中既有正式网络，例如，科技成果转化形成的高校与企业之间的技术合同关系、企业与供应商的供应关系、企业与研究机构的产品合作研发等。同时也包含了非正式的网络，例如，组织个人之间的交流网络、组织之间的非正式合作等。正式网络成员相互之间的知识交流一般可以通过专利、技术合同、人员、资金投入等客观指标进行衡量与评价，非正式网络成员之间的互动主要以信任、关系强度、交往频率等主观指标测度与评估。正式与非正式网络的存在表明创新生态系统既存在经济属性，也存在非经济属性，表现出经济和非经济的价值创造特征。由于创新生态系统成员的多样性、异质性特点，成员之间不得不寻求不同的治理机制以分配和满足系统成员的产出与利益需求。从知识治理角度看，知识认知与能力的不对称导致创新生态系统成员必须处理各类不同的问题。为了达到有效的治理效果，创新生态系统必须具备一种关键的能力以保障系统成员缩小和消除相互之间的异质与差距。这种能力需能处理与各种双边治理关系相关的各类问题，有利于创新生态系统中经济的与非经济的价值创造。因此本研究提出创新生态系统知识治理的概念，探寻用于推动创新生态系统演化的一种治理机制。

知识治理是一种超越知识管理的，以机制协调、优化和制度安排实现知识活动效率的一系列机制和组织结构的集合。创新生态系统的知识治理是指采取有效的协调和整合机制，优化制度与规则，对生态系统中的知识活动进行针对性的方式选择、规模确定、流程优化等机制设计与制度安排。创新生态系统知识治理的活动分三个维度测量：知识获取、知识合作和知识交易。知识获取体现创新生态系统组成成员之间知识供给与需求的关系，它是系统成员进行创新的必不可少的知识活动。知识合作反映的是系统成员之间合作、协同创新关系的知识活动。知识交易是以合同形式承载的技术、产品、工艺等创新产出交易的过程，体现创新生态系统知识交互活跃程度的知识活动。对创新生态系统知识治理机制的研究，一则需要通过解析系统成员合作协同创新现象以发现创新生态系统架构、演化动力，从而提炼治理规律与机制。二则需要通过创新生态系统知识活动指标之间关系的论证，以发现各类知识活动之间相互的影响关系，以发掘可实现的治理机制与可实施的治理策略。本章分别采用案例研究方法和计量统计分析方法研究创新生态系统的知识治理问题。

第二节　案例研究设计

一、研究方法

对创新生态系统知识治理的解析，可以先采用案例分析方法研究提炼相关结论。主要原因在于：

（1）案例分析可以通过典型案例的阐述与剖析，从中分解出研究对象之间的逻辑关系。在实证研究之前，通过案例分析理清研究对象的逻辑关系非常必要。在管理学领域所采用的定性研究方法中，案例研究方法得到广泛使用。与定量分析方法相比，案例研究更关注变量之间逻辑关系和概念的理论描述，成为管理理论构建和理论改进的一种主流研究方法。

（2）本章研究目的是探索创新生态系统的治理规律、机制以及治理措施，案例分析方法适合解答这类规律问题，挖掘规律背后的理论逻辑。

（3）采用案例研究与定量分析相结合的方法能更全面系统地揭示创新生态系统知识治理的规律，研究方法上能起到一个相互呼应的作用。两类研究范式的结合也能对所提炼的观点、形成的理论进行反复验证，有助于提出创新性的理论体系。

（4）创新生态系统按层次来看，分企业创新生态系统、产业创新生态系统、区域创新生态系统和国家创新生态系统等各种层次。不同层次创新生态系统的知识治理在机制设计、制度建设和政策实施方面存在区别，需要通过多案例的比较才能更好地构建逻辑框架和事实依据，有利于清晰呈现各层次创新生态系统在其成长、发展与成熟的各阶段知识治理规律与机理。

二、资料收集与样本选择

案例研究遵循规范化的研究程序，在管理学研究中越来越多的学者运用案例研究方法探索管理理论，或者用来构建理论框架和假设前提。案例研究是一种逻辑设计，用以探讨当前现象在实际情境下的状况。在现象表现与实际情境界限不清而且也不容易明显区分的时候，案例研究就是一种适宜的探究策略（李平等，2019）。

本研究主要以二手数据作为案例研究的数据源，结合部分调研所得的一手资料。根据苏敬勤和刘静（2013）的表述，二手数据的案例研究价值在于：第一，较高的可复制性，相比较于一手数据而言，影响二手数据复制质量的变数较少，正式二手数据的高度可复制性才使得其具有学术价值。第二，较高程度的客观性，是案例研究对象客观事实与规律的描述。第三，较低的获取成本。二手数据在时间、人力和资源等方面存在明显优势，互联网造就的信息平台使得二手数据的获取变得较为容易，定性和定量的二手数据都非常丰富。此外，互联网平台上一些专业的数据收集和维护机构也使得案例研究者能够方便地获取二手数据。

本研究在资料收集时遵循了以下原则：多形式和多来源收集数据资料（李平等，2019）。具体来讲，包括：第一，借助企业网站、宣传手册、上市公司公开信息获得二手数据资料。第二，查阅各大媒体，包括纸质媒体、互联网等新兴媒体的报道、公司管理层的采访、政府管理机构人员访谈和产品介绍等各类信息。第三，搜索和查阅学术期刊中的报道、研究论文和案例研究资料。第四，笔者承担过湖南科技创新政策评估、长沙研发经济政策研究和产业政策评估等政府和企业课题。在课题研究过程中，借助在相关企业考察调研、产业园区参观调研、马栏山视频文创产业园等调研的机会，现场进行人员访谈和资料收集，获取了一手调研资料。结合获得的二手资料，整理成了案例资料素材。

三、案例主体内容的简介

（一）企业创新生态系统——山河智能

山河智能是我国企业自主创新的典型案例，是以关键核心技术引领行业发展的创新样板。山河智能是由高校教师创建，是高校科技成果转化的成功典范。依靠高校科研成果——液压静力压桩机的研制、生产与销售开始经营起步，现已发展为包括地下工程装备、全系列挖掘机、现代凿岩设备、特种装备、矿山装备、起重机械、液压元器件和通用航空装备等十多个领域产品的上市公司。到2021年，山河智能生产的第一台静压桩机设备累计施工100万余米，静压桩机系列产品累计销售多达6000余台，全球市场占有率超过70%，稳居全球第一。除了国内市场外，山河智能不断拓展海外市场。截至2021年6月底，山河智能业务范围覆盖了180多个国家和地区。公司现为国内地下工程装备龙头企业之一，全球工程机械制造商50强、全球支线飞机租赁企业3强。①

山河智能采用先导式创新战略，先导式创新相较跟随式创新而言，是一种探索式的全过程产品研发模式，把创新作为一种"基因"植根于企业的生命之中。坚持自主创新、差异化发展的道路，创建了集原始创新、集成创新、开放创新和持续创新的"四位一体"创新体系②，形成了具有鲜明山河特色、差异化显著的产品群。

---

① 新工业洞察. 行业困局与挑战并存，山河智能如何继续成就"工业网红"？［EB/OL］. https：//blog. csdn. net/weixin_50604094/article/details/120461469，2021 – 09 – 24.

② 冯济武，莫湘雄，杨兰. 产学研有效融合 山河智能创新发展之路越走越宽 ［N］. 中国工业报，2009 – 07 – 29（A3）.

山河智能注重创新生态系统打造，创建多层次、多类型的合作创新模式。山河智能起源于高校科技成果转化，是典型的产学研一体化模式。除了与高校共建大型实验室，还致力于构建产学研人才培养联盟与平台。企业还与多所本科院校和职业院校，共育高校人才、共培师资、共建实践实训基地。企业还设立了"国家认定企业技术中心""院士专家工作站""现代工程装备节能关键技术湖南省重点实验室""地下工程装备湖南省工程研究中心""湖南省山河智能工业设计中心"等创新平台，多类型的平台支撑了创新生态系统知识生态的打造、建设与发展。

构建形成以大企业为主，融合多种类型企业一体共同发展的产业链。企业已形成以核心企业为磁极，吸引和促进产品配套企业协同创新发展的格局，并通过合作创新与知识共享助推配套企业在技术和管理上获得增长。企业通过与行业企业合作，实现知识互补与共享。2021 年 7 月，山河智能与玉柴股份进行战略合作，在挖掘机和高空作业平台等工程装备领域共同实现高质量发展。山河智能还注重互补性创新生态的打造，拓展企业新的创新领域。2022 年 7 月，山河智能与格林美公司达成战略合作协议，共同建设动力和储能用锂离子电池产业链。借用企业在工程机械领域的研发优势，抓住工程机械电动化的创新机遇，协同打造工程机械设备及工程机械用锂电池的回收服务体系。[①] 通过团队建设，山河智能打造了多元化、多主体的知识生态网络系统，为企业先导式自主创新提供了强大的智力支持与知识资源保障。企业建设了团队知识管理体系，建立了山河技术中心专家委员会库，通过产品研究院、共性技术研究院、子公司研究院、公共管理机构等构建知识管理平台，形成集知识库、研发人员、专业工程师、外部专家和外部知识资源于一体的知识生态系统。

新兴创新平台和研发机构也成为山河智能创新生态的重要组成部分。企业在践行湖南"三高四新"战略，创建高端装备制造业创新发展新样板方面取得实际成效。企业建有山河智能制造中心：研发具有自主知识产权和核心竞争力的高端装备产品；山河智能共性技术研究院：注重关键共性技术、前沿引领技术科技攻关，着力构建打造集研发设计、检验检测、智能制造、售

---

① 王蕙蓉. 格林美与山河智能合作，发展工程机械电动化与电池回收利用［EB/OL］. https://www.thepaper.cn/newsDetail_forward_19163641，2022 – 07 – 25.

后服务等全价值链的高端制造业创新生态圈。[①]

数字经济时代，山河智能积极利用数字技术资源创建数字平台，提升企业创新服务能力。山河智能祥云工业互联网平台入选了工信部发布"2021 年工业互联网平台创新领航应用案例名单"。聚焦企业数字化转型，山河祥云工业互联网平台融合企业的研发、制造、服务、产品、施工等各业务板块，构建一个"大"平台、"多"应用的生态模式。平台充分利用云计算、大数据、物联网和人工智能等数字技术，实现企业与用户等外部组织或机构在信息共享、创新协同与数字智能领域的整合，打造了具有标杆性的工程机械工业互联网生态圈。

山河智能先导式创新的自主创新战略取得了显著成效。企业已成功研发出 200 多个规格型号，具有自主知识产权和核心竞争力的高端装备产品，批量出口全球 100 多个国家和地区。"SUNWARD"商标已在全球数十个国家注册。公司已获得专利技术 1000 余项，承担国家级项目 20 余项，获得国家级和省级奖项等各种奖励数十项。[②]

(二) 产业创新生态系统——长沙文化创意产业

文化创意产业是以创意创造和知识创新为核心的新兴产业，产品附加值高，边际收益大，属于技术和知识密集型产业。文化创意产业是长沙的标志性产业，源于长沙深厚的文化底蕴和良好的城市文化基因。长沙文化创意产业包括影视、娱乐、数字出版、创意设计、文化旅游等多个领域，依托于数字技术的支持，文创产业的发展具备良好的产业基础。2021 年，长沙文创产业总产值超出 2000 亿元，文创产业在长沙经济发展中的支柱性作用日益凸显。其中马栏山视频文创产业园是长沙文创产业发展的重要标志，是长沙文化强市、湖南文化强省的重要载体。

在强化长沙文化创意产业的产学研合作链条上，长沙市政府通过一系列政策和项目的支持在文创产业的技术开发、合作平台和高端业态方面取得了显著成效。2008 年以来，长沙就以重大科技专项资金的方式支持重点

---

① 践行"三高四新"战略｜打造高端装备制造业创新发展的山河智能样板 ［EB/OL］. https：//new. qq. com/rain/a/20210917A0EO4E00，2021 – 09 – 17.

② 集团介绍——为客户创造价值 ［EB/OL］. 山河智能官网，https：//www. sunward. com. cn/jtjs/.

文化创意产业的发展。先后通过重大项目的方式支持文化创意产业技术创新，支持长沙重点文创产业企业的技术专项研发与产品开发。2013 年开始，长沙引入文化产业项目落户，着力打造长沙文化创意产业生态圈，支持多元化文创产业业态的发展。2017 年长沙市文化创意产业引进 12 个文化产业投资项目，签约金额达 132 亿元。① 根据 2019 年智研咨询发布的《2017—2022 年中国文化创意产业园行业市场深度调研及投资前景分析报告》，长沙已经建立起了中部文化创意产业集群，成为全国六大文化创意产业集群区之一。② 马栏山文创产业园先后获批全国首家国家级广播电视产业园区、国家文化和科技融合示范基地、中国创新创业典型示范基地。2021 年园区实现企业营收 519.81 亿元，同比增长 24.4%，亩均税收超过 41.3 万元，位居省级园区前列。③ 马栏山视频文创产业园已聚集企业 4286 家④，华为、腾讯、爱奇艺和字节跳动等一批文创领域的头部企业和"独角兽"企业纷纷落户马栏山视频文创产业园，数千家视频文创产业链的上下游企业在产业园聚集。

在加大文化创意产业投资的同时，长沙通过政策支持和项目引导，加强文化创意产业生态系统中高校、企业等之间的合作。长沙的各类重点高校和一批专注于文化、科技融合型产品开发的企业，通过广泛合作建立起高校和企业之间，国内与国际层面的产学研合作机制。以共同承担国家重点项目为基础，共同推动文化创意产业关键共性技术的开发与攻关。

强化文化创意产业区的发展，打造一个数字视频文创产业链集群——马栏山视频文创产业园，凸显长沙文化创意产业生态系统的特色和优势。在紧邻湖南广电的马栏山地区，建成一个 10 平方公里的聚焦数字视频文创产品研发、生产、销售的全产业链聚集区和人才高地。到 2020 年，园区已有 2 个平台——超高清视频制作共享云平台、国家超级计算长沙中心创新应用平台；2

---

① 长沙市签约 12 个文化产业项目，签约金额达 132 亿 [EB/OL]. http：//hunan. sina. com. cn/news/s/2017 – 05 – 13/detail-ifyfeivp5656263. shtml，2017 – 05 – 13.

② 长沙市统计局. 长沙文化产业发展现状与问题研究 [EB/OL]. 长沙市人民政府网站，http：//www. changsha. gov. cn/szf/ztzl/sjfb/tjfx/201811/t20181119_8254389. html，2018 – 11 – 19.

③ 21 世纪经济报道. 长沙文创产业迈步高质量发展，"中国 V 谷"向千亿级产业集群进击 [EB/OL]. https：//www. 163. com/dy/article/H3UO5TI005199NPP. html，2022 – 04 – 02.

④ 长沙晚报掌上长沙. 长沙：国际文创天空的闪耀星辰 [EB/OL]. 长沙晚报掌上长沙，2022 – 06 – 28.

个研究院——湖南区块链技术应用研究院、马栏山计算媒体研究院，另外还有电广传媒高新视频应用实验室等 4 个创新实验室入驻。① 平台、研究院和实验室的建设汇聚了创新生态系统结构中重要的技术、知识等创新资源，形成强大的创新聚集效应。除此之外，马栏山视频文创产业园与院校、科研机构开展合作，助推科技成果转化与文创产业人才培养。2018 年，马栏山视频文创产业园与长沙学院合作共建"马栏山视频文创学院"，开展视频文创产品的联合研发以及视频文创产业高层次人才的培养。与国防科技大学、湖南省社科院等高校和研究机构开展视频文创技术、文创智库等项目的合作研究与推广。

在聚集文创产业产品与服务供应商的同时，马栏山文创产业园也汇集了湖南最为丰富的视频文创产业消费的传媒资源。湖南电广传媒作为最核心的企业，与之相关的各类企业事业单位形成完整的视频文创产品与服务的消费产业链。园区还建成了天使投资与创业投资引导基金等金融支持体系，2020年马栏山视频文创产业园设立了第一支数字文创股权投资基金，由多家金融和投资企业共同打造的芒果马栏山数字文创股权投资基金总规模将达到 20 亿元，首期规模 5.6 亿元。②

数字经济的蓬勃发展为马栏山视频文创产业的跨越式发展带来了新的机遇。一方面，马栏山视频文创产业园持续推进产业云平台建设，打造全方位和全体系的数字产业环境，构建"数字化采集—网络化传输—智能化计算"的数字链。另一方面，提升文创产业创新载体的数字化：加快视频文创创作创造设施的数字化；加大数字虚拟人、元宇宙、5G 等在视频文创创新中的应用；加强基于区块链技术的数字资产交易平台建设。

（三）区域创新生态系统——湖南

区域创新生态系统的建设与地区的科技创新基础、创新驱动发展政策以及内外开放式创新体系的融合具有重要关系。近年来，湖南的科技创新体系日益完善，大力实施的创新驱动发展战略取得明显成效。在《国务院办公厅

---

① 参考网．马栏山视频文创产业园："中国 V 谷"向阳而生［EB/OL］．http：//www.fx361.com/page/2020/0417/6576376.shtml，2020－04－17.
② 马栏山视频文创产业园首支数字文创股权投资基金正式设立［EB/OL］．红网，https：//moment.rednet.cn/pc/content/2020/01/23/6645333.html，2020－01－23.

关于对 2018 年落实有关重大政策措施真抓实干成效明显地方予以督查激励的通报》中，湖南等 5 个省份因实施创新驱动发展战略、推进自主创新和发展高新技术产业成效明显受到表彰，并获得 2019 年优先支持其行政区域内 1 家符合条件的国家自主创新示范区或国家高新技术产业开发区扩区或调整区位、1 家符合条件且发展基础较好的省级高新技术产业开发区升级为国家高新技术产业开发区的激励。①

研发投入强度是保障区域科技创新活力的重要指标之一。2021 年，湖南省全社会研发投入达到 1028.9 亿元，相对于 2012 年增长 2.98 倍，跻身全国前十位。研发投入强度由 2012 年的 1.3% 提升到 2021 年的 2.23%，提升幅度居全国第二位、中部地区第一位。全省创新综合实力连续进位到全国第十一位，企业创新综合指标在全国排名第八位。② 2021 年，湖南全年技术合同成交额与登记项数均创新高。其中，输出技术合同成交额 1261.26 亿元，增长率排名全国第九位；吸纳技术合同成交额 922 亿元，技术交易额 404.34 亿元，增长率均排名全国第七位。高校成果转化活力不断增强，技术合同成交额 19.32 亿元，同比增长 33.61%；技术合同数量 3826 项，同比增长 53.22%。③ 湖南的创新生态系统建设也取得明显成效。

第一，传统产业升级转型与数字产业发展。数字经济既包括数字技术对传统产业的升级改造，也包括与数字技术相关的主要以数字化形式呈现经营模式的其他产业和领域。数字技术的快速变化，加快了数字经济在创新驱动中的发展速度。湖南有着良好的大数据产业基础和互联网技术应用基础，2021 年全省移动互联网产业全年实现营业收入 2036 亿元，同比增长 25.8%。长沙移动互联网产业营业收入突破千亿、企业总数有 3 万多家，产值位居中部省会城市首位。④ 2020 年湖南数字经济规模再上新高，达到 1.148 万亿元，

---

① 任彬彬，胡宇芬.湖南实施创新驱动发展战略成效明显［EB/OL］.华声在线，http：//hunan. voc. com. cn/article/201905/201905201052494620. html，2019 – 05 – 20.

② 红网.湖南十年研发投入增长 2.98 倍 创新综合实力进位至全国第 11［EB/OL］. https：//k. sina. com. cn/article_3363163410_c875cd1202001dgjx. html？from = local，2022 – 08 – 11.

③ 中部城市群.湖南发布 2021 年技术交易成绩单，长沙成创新成果主要转化地［EB/OL］.长沙晚报网，https：//www. icswb. com/h/100104/20220424/759385. html，2022 – 04 – 24.

④ 湖南移动互联网产业营收突破 2000 亿元［EB/OL］.湖南省人民政府门户网站，www. hunan. gov. cn，2022 – 01 – 27.

同比增长 13.4%，增速居全国第四位，占 GDP 比重达到 27.5%。① 因此，湖南创新驱动发展的新方向在于充分发挥数字技术产业的重大优势，改造传统产业，发展数字新兴产业。例如，按照湖南省国资委的文件要求，大力推进国企的数字化转型工作，推进国有企业全面的数字化建设工作。以国有企业为示范，推进其他所有制类型企业的数字化转型工作，全面提升全社会整体的数字化水平。将传统产业优势资源进行整合，利用数字技术进行深度优化，去除市场竞争乏力的传统产业，提升传统产业的竞争力。将数字技术相关产业，数字化模式经营的企业列为创新驱动发展的战略重点。例如，着力发展湖南本地的"专精特新"企业，从创新资源与金融体系等多方面加大对"专精特新"企业的支持。

第二，打造本地化的创新生态系统。企业的自主创新不能单打独斗，必须与外部资源进行合作。在国外环境不确定性因素日益增加的情况下，构建支撑内循环、连接外循环的本地化创新生态系统是保持本地企业可持续创新能力的根本。因此，湖南优化创新环境，打造全产业链生态圈，构建以龙头企业为主体的企业创新生态系统。在打造创新生态系统的同时，改善营商环境，为企业创新创造健全的法制环境和良好的营商环境。通过全产业链生态圈的打造，实现创新生态系统本地化和全球化资源优化配置，降低企业创新成本，提高创新绩效。在财政政策、人才政策等方面落实了人才引进、技术引进与开发的财政补贴与优惠政策。加强高端资源的服务，创造生态化的营商环境。加强研发管理涉及的信息、市场、金融等服务领域的发展，完善了创新生态系统的服务能力，逐步构建研发经济发展的良好环境。

第三，形成具有特色的区域创新优势。作为中部地区省份，相对于东部沿海发达地区省份，湖南的创新资源存在一定差异。湖南有其产业基础、研发能力、人才优势和后发优势，因此湖南有针对性地开展全面创新改革试验，以特色化的创新优势打造国家区域创新中心。截至 2020 年 7 月，湖南省拥有各类省级及以上产业园区 144 家，基本实现了县市区发展平台的全覆盖。其中，各类园区以占全省约 0.51% 的国土面积，产出了 35.97% 的 GDP，69.7% 的规模工业增加值，70.4% 的高新技术产值，50.1% 的实际利用外资，

---

① 增速全国第四，湖南数字经济强势崛起［EB/OL］. 湖南省人民政府门户网站，http：//www. hunan. gov. cn/hnszf/hnyw/sy/hnyw1/202108/t20210814_20325457. html，2021 - 08 - 14.

成为全省落实创新引领开放崛起战略的有力支撑和稳定区域经济增长的"顶梁柱"。从产业园区的类型来看，省级工业集中区数量最多为 44 家，其次为省级经开区 42 家，省级高新区 37 家，国家级高新区、国家级经开区均为 8家，国家级综合保税区 5 家。① 经过前期的发展，湖南形成了较大规模的产业园区和产业聚集区，无论是数量还是质量在国内都保持着高水平的增长，为新时代湖南创新驱动的重点战略发展奠定了坚实的基础。湖南合理利用产业园区的资源集中优势，遴选和打造了能形成特色优势的新兴产业，打造出了创新驱动发展的区域优势。

第三节　案例研究与分析过程

上述三个案例分别代表企业、产业和区域创新生态系统②。三个不同层次的创新生态系统均有不同的成员组成、结构体系和发展阶段，创新生态系统的动态演化与治理机制也存在不一样，影响它们的因素也会有所差异。为了系统挖掘各个层次创新生态系统所包含的要素，通过对比探寻创新生态系统从企业到产业、区域层次的发展规律，从而发掘创新生态系统治理的丰富内涵，本研究采用分层次研究的方法对三个案例的内容进行解析。三个不同层次的创新生态系统之间的独立性和关联性是：第一，企业创新生态系统是以核心企业为主导构建的基于纵向和横向创新链为基础的生态系统，一般会经历初创、成长、成熟和更新的发展阶段。企业创新生态系统以各类异质性组织之间的交互而形成创新生态圈，以创新和学习推动企业的发展与演进（陈劲，2017）。第二，产业创新生态系统是以产业创新要素与环境为基础的技术经济系统（杨伟等，2020），强调创新要素、成员和资源在一定时间和空间上的聚集。产业创新生态系统构建的基础是企业，由各种不同类型的企业创新生态系统相互嵌入融合而构建。第三，区域创新生态系统是由各类创新要素、子系统、创新机构等形成的共生竞合、

---

① 2020 年湖南省产业园区发展现状分析［EB/OL］. 东方财富网，2020 - 07 - 18.

② 案例中没有考虑国家创新生态系统案例，一则是因为国家创新生态系统包括企业、产业和区域，或者是跨区域等创新生态系统，案例素材量大，涉及的案例要素多；二则是案例内容广且复杂，需要描述的维度和关键内容多，在案例研究中无法阐述全面。

动态演化的网络体系（Zmiyak et al.，2020），是企业等组织在地理空间范围的聚集以及跨区域资源交互与配置的连接体（黄鲁成，2003）。区域创新生态系统的主要节点单元有企业、高校和科研机构等（Ritala and Almpanopoulou，2017；Bristow and Healy，2018；李斌和王宋涛，2020），是创新环境等"硬件"和文化等"软件"的空间建构体系（张敏和段进军，2018）。协同机制（Markkula and Kune，2015）、知识管理机制（de Vasconcelos Gomes et al.，2021）等是区域创新生态系统构建主体之间的重要机制。区域创新生态系统也可以是由多类型的企业创新生态系统、平台创新生态系统、研发创新生态系统等多元化的创新生态系统组成。

为了能通过对三个不同层面案例素材的研究，可以探寻出创新生态系统知识治理的一些基本规律。本研究借用扎根理论方法对案例原始素材进行整理编码。作为一种质性研究方法，扎根理论注重从原始资料中归纳总结经验，将所获取的素材进行合理的范畴化与概念化。它的主要作用是发现逻辑及新的理论，适合于案例的探索性研究（Seo et al.，2017；林艳和张欣婧，2022）。因此，本研究分别以三个层次的创新生态系统为案例素材，每个案例都采用 NVIVO 软件进行数据编码与分词处理，每个案例的分析都采取开放式编码、轴心编码和选择性编码提取案例的初始范畴、主范畴和核心范畴。

一、以核心企业为主导的企业创新生态系统知识治理

（一）关键词编码与范畴提炼

1. 开放式编码
开放式编码是将文字资料和案例素材分类重组并重新整理（桂黄宝等，2022），提取关键词作为初始概念。通过对企业创新生态系统——山河智能案例原始材料进行词频初级编码，得到 269 条初始概念词。通过词频替代及去除重复项，提炼了 26 条高词频作为案例的初始范畴，并对每个初始范畴的概念进行了描述或说明，如表 5.1 所示。

表 5.1 企业创新生态系统案例的开放式编码结果

初始范畴	内涵描述
先导式创新	先导式创新是指市场先导式，是在市场相对空缺时提前研究、开发，引领市场消费，是一类复杂艰难的全过程产品研发模式
自主创新	把关键核心技术牢牢掌握在自己手里，坚持具有自主知识产权和核心竞争力的产品研发
差异化发展	由先导式创新引领的全新产品研发模式，坚持差异化自主创新战略，走独具特色的创新发展之路
合作创新	企业建立了与高校、互补型合作伙伴、竞争对手、供应商、平台机构等组织的合作创新网络，打造了多种类型的合作创新模式
跨界创新	企业构建了组织跨界创新模式，如与格林美共同开发工程机械锂电池系统。通过多种跨组织创新模式，开创新的产品与服务领域
原始创新	在创业初期，坚持创新在关键重点领域的突破，比如工作原理和关键构件等的自主研发，取得原创性或首创性的技术成果
组成要素	企业已形成以核心企业为磁极，通过多种合作和协同创新模式打造了包含配套企业、高校、新型研发机构、创新平台、合作伙伴和竞争对手等组织在内的创新生态系统
组织结构	构建由企业等创新组织参与，多类型创新平台和数字平台支撑，多元化创新生态子系统组成的网络化结构体系
创新环境	进军全球市场，所在园区正打造全球高端装备制造业基地、打造开放创新驱动的引领区、打造数字赋能转型的先导区、打造营商环境一流的创业区和打造绿色低碳安全的示范区
产学研一体化	企业起源于高校科技成果转化，是典型的产学研一体化模式。除了与大学共建大型实验室，还致力于构建产学研人才培养联盟与平台
关键基石	以企业自身为基石，构建打造集研发设计、检验检测、智能制造、售后服务等全价值链的高端制造业创新生态圈
创新平台	建设了高校与企业共建实验室；涉及研究、设计与工程施工等的各类创新中心和研究中心；注重关键共性技术研发的研究院等创新平台
创新绩效	静压桩机系列产品累计销售多达 6000 余台，全球市场占有率超过 70%，稳居全球第一
创新水平	现为国内地下工程装备龙头企业之一，全球工程机械制造商 50 强、全球支线飞机租赁企业 3 强

续表

初始范畴	内涵描述
数字平台	工业互联网平台融合企业的研发、制造、服务、产品、施工等各业务板块，构建一个"大"平台、"多"应用的生态模式
数字化生态	充分利用云计算、大数据、物联网和人工智能等数字技术，通过各类数字创新平台实现企业与用户等外部组织或机构在信息共享、创新协同与数字智能领域的整合，构建了数字化生态圈
创新机制	先导式创新模式的引导和积淀形成了基于市场需求开拓式的自主研发体系、开放式创新体系，并由此而建立创新激励机制
知识资源	坚持自主创新战略所沉淀和积累的创新"基因"内嵌于企业创新文化与制度、员工的隐性知识以及通过知识生态圈而构建的知识库之中
知识数字化	企业创新数字化转型就是将创新沉淀积累的知识数据化、信息化、智能化以及精益化和效益化，其中，数据化是基础
知识管理	企业构建了服务于先导式自主创新，组织内知识管理与组织外知识管理协同的知识管理体系
知识组织	企业不仅将自身打造成知识创造型组织，同时也通过知识输出助推其他外部组织的知识化
知识网络	企业构建了以高校、研发机构、配套企业和核心企业等重要知识组织为基础，用于知识交互、协同与创造的知识网络体系
平台治理	创新平台在产学研合作、共育人才和创新合作等领域发挥了重要作用。数字平台在搭建工业互联网生态圈的过程中集成了众多创新生态系统治理的关键要素
知识合作	企业创建了一种以核心企业为基石，通过知识共享、知识交互和知识供给等方式将企业与其他外部知识组织联结而成的知识合作关系
数字化转型	企业积极利用数字技术资源创建数字平台，提升企业创新服务能力。充分利用数字技术的特点打造了工业互联网平台生态圈
智能制造	企业还积极探索人工智能等数字技术与高端装备的融合创新，成立了智能制造中心，在全创新链的各个维度开展数字化和智能化转型升级，打造高端制造业高地

2. 主轴编码

主轴编码是分析初始概念之间逻辑关系，按照概念层次和逻辑关联程度提炼副范畴。再对副范畴进行从属关系分析，提炼出主范畴（林艳和张欣婧，2022；桂黄宝等，2022）。按照此原则，共提炼 10 条主范畴，并对每条主范畴阐释了关系内涵，如表 5.2 所示。

表 5.2   企业创新生态系统案例的主轴编码结果

主范畴	副范畴	关系内涵
创新理念	先导式创新；自主创新；差异化发展	先导式创新让企业取得了市场竞争优势，凭借先导式创新模式，经过多年的发展积累，形成了具有鲜明山河特色、差异化显著的产品群
创新模式	合作创新；跨界创新；原始创新	企业构建了产学研合作创新模式，强调先导式的新领域原始创新，建立基于创新平台和数字平台支撑的多类型跨界创新网络
创新要素	组成要素；组织结构；创新环境	企业的创新生态包括了核心企业以及其他异质性型创新组织，构建了多元化的创新生态系统子系统，努力打造全球高端装备制造业基地
运行机制	产学研一体化；关键基石；创新平台	与高校建立了共同研发和共育人才的产学研模式，以企业自身为基石打造了多元化创新生态系统，建立了用于多种创新合作的创新平台
创新能力	创新绩效；创新水平	静压桩机系列产品全球市场占有率超过70%，稳居全球第一。国内地下工程装备龙头企业之一，全球工程机械制造商50强、全球支线飞机租赁企业3强
数字创新	数字平台；数字化生态	企业打造了以工业互联网平台为基础的多应用生态模式。通过各类数字创新平台构建了企业与用户等外部组织的数字化生态圈
创新驱动	创新机制；知识资源；知识数字化	企业建立了基于先导式创新模式的创新激励机制，构建了具有明显知识外溢效应的知识生态圈。在数字化转型中，重点推进了创新知识资源的数据化
知识生态	知识管理；知识组织；知识网络	企业构建了知识库，形成了集知识库、研发人员、专业工程师、外部专家和外部知识资源于一体的知识生态网络系统
知识治理	平台治理；知识合作	企业形成以创新平台和数字平台为支撑的多种创新生态系统，并通过合作创新与知识共享助推配套企业在技术和管理上获得增长，实现知识互补与共享
数字治理	数字化转型；智能制造	企业积极探索实施技术创新数字化，并形成了自有特色。强化了数字技术与高端装备的融合创新，智能制造中心推升智能制造水平

3. 选择性编码

选择性编码需要构建一个逻辑框架模型，将开放式编码和主轴编码所获得的主范畴和副范畴归纳为一个完整的理论框架。在分析主范畴相互关系基础上，提炼了 3 个核心范畴：创新生态、演化动力与治理机制。核心范畴、主范畴和副范畴之间的关系结构，如表 5.3 所示。

表 5.3   **企业创新生态系统案例的选择性编码结果**

核心范畴	主范畴	副范畴
创新生态	创新理念	先导式创新；自主创新；差异化发展
	创新模式	合作创新；跨界创新；原始创新
	创新要素	组成要素；组织结构；创新环境
	运行机制	产学研一体化；关键基石；创新平台
演化动力	创新能力	创新绩效；创新水平
	数字创新	数字平台；数字化生态
	创新驱动	创新机制；知识资源；知识数字化
治理机制	知识生态	知识管理；知识组织；知识网络
	知识治理	平台治理；知识合作
	数字治理	数字化转型；智能制造

4. 理论饱和度检验

本研究抽取小部分原始案例素材，再加上已收集但没用到的案例材料作为饱和度检验的基本数据。同样按照三级编码原则进行关键词提取和范畴提炼，没有发现新的范畴出现。这表明主范畴发展内容足够丰富，核心范畴"创新生态–演化动力–治理机制"所组成的研究框架达到理论饱和。

（二）案例分析

通过案例素材的词频分析与关键编码分析，案例企业的创新生态系统包含了丰富的创新生态元素，发展过程具有显著的生态系统演化驱动因素，也呈现了生态化系统治理的特点和规律。

1. 创新生态

企业已经建立了一个成员类型完善，结构分工明确，合作关系紧密的企业创新生态系统。先导式创新理念奠定了山河智能在企业创新生态系统中关键基石的角色及作用。填补市场空白或引导市场需求式的创新也是一个新知识创造与开发的涌现过程。自主创新的战略不仅支撑山河智能成为"关键基石"，同时也让企业具备吸引和拉动更多其他外部组织参与产业链打造、生态圈构建的能力与资本。企业源自高校科技成果转化，是产学研合作的典范，开创了研发合作、共育人才和共培师资等高校和企业的合作模式。企业的创新生态圈不仅囊括了高校、研发机构、配套企业等组织，还通过战略合作等方式与竞争对手、互补性合作伙伴等合作创新，拓展了创新生态系统的外延与深度。此外，企业建立了一些创新平台，例如，研究中心、设计中心，智能制造中心和共性技术研究院等新型研究机构，以及工业互联网平台等数字平台。各类平台的建立提升了创新生态系统的功能，尤其是促使生态结构更为丰富和完整，提升了创新生态系统的整体效能。创新生态系统的建立是企业自主创新战略实施的机制保障，也凸显了基于差异化目标的"专精特新"创新生态系统的强大生命力。

2. 演化动力

从最初的科技成果转化，单一的产学研合作模式逐步发展成为聚集企业、新型研发机构、配套企业、合作伙伴、创新平台和数字平台等多种类型创新组织的创新生态系统，体现了创新模式由简单到复杂、创新范式由线性创新到创新生态系统的演化发展过程。企业的主打产品全球销量第一，企业位于全球工程机械制造商 50 强。创新能力在一定程度上反映了企业创新生态系统的绩效。此外，企业也紧紧抓住了数字技术给创新带来的变化与机遇，着力推进以数据化为基础的企业数字化转型建设。最突出的成效在于工业互联网平台的构建，极大提升了企业数字化创新水平，推动了创新生态圈向数字化创新生态系统的演进。

案例素材的分析，也凸显了数字技术在传统创新生态系统演化与新兴数字创新生态系统打造方面的突出作用，也同时印证了目前数字技术及其带来的创新模式变化和创新生态的重构是创新生态系统演化不可或缺和尤为关键的驱动因素。"数字化转型包括数据化、信息化、智能化以及精益化和效益化，其中，数据化是基础"，数据既是创新要素，也是创新扩散和知识交互的基础性资源。因此创新生态系统演化还需考虑数据在创新流程重塑、创新生态重构和创新绩效评价中的作用与影响。

3. 治理机制

企业创新生态系统的治理，需要探索其治理的机制或路径。学术界对企业创新生态系统治理机制的探讨较多。例如，正式治理机制和非正式治理机制；决策机制、协调机制和约束机制；价值共创机制和利益分配机制；等等。已提出的这些治理机制，一是以经济学范畴的机制概念居多，更多的是从经济学角度看待创新生态系统治理中的资源与利益关系；二是在运用这些治理机制概念阐述多种不同类型的创新生态系统治理问题时，无法兼容不同创新生态系统的特色规律与现象。在不同情境下，应用这些治理机制概念对创新生态现象进行解析的内容与结论存在局限性。

此案例企业的分析给企业创新生态系统治理机制的探讨提供了有效的实践素材，着力凸显了创新生态系统知识治理的特点与规律，也夯实了知识治理理论在解析创新生态系统治理机制问题上的契合度和良好的解释力。一方面，"企业建设了知识管理体系，建有山河技术中心专家委员会库，通过产品研究院、共性技术研究院、子公司研究院、公共管理机构等搭建了知识管理平台"。另一方面，企业以知识库为枢纽，形成了企业与外部组织知识交互与共享的知识生态系统，这些知识基础条件的形成为知识治理提供了可能。此外，平台在企业创新生态系统的作用非常明显，不仅链接形成了不同的生态圈，而且对于生态系统成员之间的关系形成与稳定，减少结构洞影响具有重要意义。企业的数字化转型也凸显了创新生态系统知识治理的科学性。一是互联网平台和智能制造中的知识数字化，改变了知识的载体模式和呈现方式，也导致知识治理机制的重塑；二是数字技术支撑下基于互联网平台的融合创新，改变了企业与其他组织之间的知识网络结构，知识生态系统也因此而需要重构。

二、面向关键创新组织聚合的产业创新生态系统知识治理

（一）关键词编码与范畴提炼

1. 开放式编码

通过对产业创新生态系统——长沙文化创意产业案例原始材料进行词频

初级编码，得到 209 条初始概念词。通过词频替代及去除重复项，提炼了 21 条高词频作为案例的初始范畴，并对每个初始范畴的概念进行了描述或说明，如表 5.4 所示。

表 5.4 **产业创新生态系统案例的开放式编码结果**

初始范畴	内涵描述
产业组织	视频文创组织包括文化创意企业、视频制作企业、文化制造企业、高校、金融服务机构、平台企业、媒体企业、产业链配套企业、数字科技企业等
股权基金	园区设立的第一支数字文创股权投资基金——芒果马栏山数字文创股权投资基金将支持文创企业孵化，促进产业园建设和服务未来千亿视频文创产业市场
产业环境	产业园区成立了公共法律服务中心，建设了综合服务平台和人才公寓，推进惠企政策的落地落实，为企业提供风险补偿贷款资金，营造优良的产业创新和营商环境
园区建设	园区总面积 15.75 平方公里。获批全国首家国家级广播电视产业园区、国家文化和科技融合示范基地、中国创新创业典型示范基地
企业集聚	2021 年，产业园已聚集企业 4286 家，实现企业营收 519.81 亿元。一批文创领域的头部企业和独角兽企业纷纷落户马栏山视频文创产业园，数千家视频文创产业链的上下游企业在产业园聚集
产业生态	园区构建了以产业平台为支撑，以企业和高校合作创新、人才共培为内容的产业生态，聚集了一大批视频内容生产、产品制作企业和创新创业群体，形成了较为完整的产业生态圈
内容 + 科技	通过数字科技的综合运用推动内容创新、发掘内容创意、提升内容品质和促进内容推广
场景 + 技术	通过数字技术推进视频创作和制造场景规模化应用，提升企业创新能力，打造核心企业竞争力
文创 + 制造	通过 5G 等新一代信息通信技术的应用，构建文创产业与制造业产业链的融合创新，开创"软性制造"新业态，提升文创产业和服务附加值。"文创 + 制造"的融合创新开创了文创产业发展新引擎
技术创新	园区企业以视频文创产品和服务的创造、制作与商业化为主业，围绕视频内容制作、视听技术、版权服务和技术平台等开展研发与应用
企业创新生态系统	以视频文创企业为主体，形成了集高校、科研机构、投资基金、核心企业，产业链企业、产业创新平台、共性技术研究中心以及政府管理机构等创新参与组织，以实现数字视频文创产业价值共创的企业创新生态系统

续表

初始范畴	内涵描述
产业融合创新	推进视频文创产业与区域优势产业的融合，5G云VR平台与工程机械企业的深度融合，加强基于视频技术多场景应用的视频文创产业与教育医疗、城市管理和乡村振兴等产业融合创新
产业创新平台	产业园区建设了云平台、应用创新平台、研究院和创新实验室，还搭建了共性技术研发平台和企业综合服务平台等，平台的搭建为产业协同、企业合作创新提供了支撑
跨界融合创新	在数字技术和平台的支持下，实现了视频文创内容制作与文化制造业企业、视频文创技术与工程机械企业等不同产业以及企业之间的跨界融合创新
数字产业	产业园区构建了良好的数字产业基础设施，建设了一批数字化产业平台，打造了一批以核心企业为主体的企业数字化创新生态系统
数字化组织	文创产业企业涉及影视、娱乐、数字出版、创意设计、文化旅游等多个领域，头部企业具备显著的数字化组织特点，其他产业链企业也是以数字技术为支持的数字化、知识型新创企业为主
数字生态	以数字视频创意为龙头，以数字视频金融服务、版权服务、软件研发为支撑，以数字化视频文创企业为核心，以数字化产业链打造为目标而形成的数字化生态系统
产业知识管理	视频多场景应用，产业云平台建设，视频文创内容创作与制作，算法技术与场景应用的融合，实验室、研究院和创新平台的知识共享等，使得马栏山视频文创产业形成了多场景、多来源和多元化的产业知识管理体系
知识网络	园区已建成集视频文创内容知识创造、视频文创产品和服务供给、视频文创技术应用、视频文创与教育、制造业等产业融合创新的基于知识供需形态的知识网络系统
平台治理	多种类型的平台是马栏山视频文创产业治理的关键要素，平台"模糊"了企业边界，跨越了产业界限，极大增强了产业跨界融合、企业跨界合作的效能
知识协同	视频文创企业和其他参与产业创新的组织形成了以视频文创产品和技术的研发、创作、制作和商业化应用为目的的知识协同体系

2. 主轴编码

按照主范畴和副范畴从属关系的原则，共提炼9条主范畴，并对每条主范畴阐释了关系内涵，如表5.5所示。

表 5.5　　　　　　　　　**产业创新生态系统案例的主轴编码结果**

主范畴	副范畴	关系内涵
产业要素	产业组织；股权基金；产业环境	产业园区汇集了视频文创企业、视频制作企业和文化制造企业等知识型组织。园区从人才引进、财政补贴和综合服务等方面优化了产业环境，并设立了数字文创股权投资基金
产业集聚	园区建设；企业集聚；产业生态	国家级产业园区，聚集了 4000 多家视频文创及其相关配套企业，形成了集产业平台、高校、金融服务、政府政策等诸多元素的产业生态体系
创新范式	内容＋科技；场景＋技术；文创＋制造	强化视频文创内容制作与数字科技的融合，提升视频文创产品和服务竞争力；推进视频场景化技术的应用，推动视频场景技术与制造业等融合创新；构建文创产业与制造业的融合创新链，打造"软性制造"新业态
企业创新	技术创新；企业创新生态系统	着力视频文创内容和技术的创新，以视频文创头部企业为关键基石，形成了集合作研发、跨界融合、平台支撑和金融投资的企业创新生态系统
产业创新	产业融合创新；产业创新平台	产业发展已形成视频文创产业、视频文创技术与工程机械、教育医疗等多类型产业的融合创新，完备的产业平台体系为产业融合与协同创新以及企业合作提供了强有力的支撑
数字创新	跨界融合创新；数字产业	在数字技术支持下，园区视频文创产业形成了明显的跨组织、跨产业、跨行业等跨界创新行为，并具备了成体系的数字产业基础与支撑能力
数字治理	数字化组织；数字生态	产品研发、创造、制作和应用都是依赖于数字技术的视频文创企业是典型的数字化组织，以数字化组织为主体打造形成数字化生态系统
知识生态	产业知识管理；知识网络	依托于数字化平台、数字化场景和数字化知识等构建了多场景、多来源和多元化的产业知识管理，形成基于数字化的知识供需结构知识网络
知识治理	平台治理；知识协同	产业园区中异质类组织、跨产业的融合和多元化的创新平台，突出了视频文创产业创新生态系统平台治理的特点，刻画了知识协同关系促进知识治理机制优化的角色与作用

3. 选择性编码

按照主范畴的相互关系，同样适宜提炼 3 个核心范畴：创新生态、演化动力与治理机制。关系结构如表 5.6 所示。

表5.6 产业创新生态系统案例的选择性编码结果

核心范畴	主范畴	副范畴
创新生态	产业要素	产业组织；股权基金；产业环境
	产业集聚	园区建设；企业集聚；产业生态
	创新范式	内容＋科技；场景＋技术；文创＋制造
演化动力	企业创新	技术创新；企业创新生态系统
	产业创新	产业融合创新；产业创新平台
	数字创新	跨界融合创新；数字产业
治理机制	数字治理	数字化组织；数字生态
	知识生态	知识管理；知识网络
	知识治理	平台治理；知识协同

4. 理论饱和度检验

再次分析重新抽取的案例素材和补充数据，没有新的范畴关键词出现，表明范畴内容足够，核心范畴"创新生态－演化动力－治理机制"所组成的研究框架理论饱和。

（二）案例分析

通过案例素材的词频分析与编码提取可以发现，产业创新生态系统结构与治理与所依托的产业特性、产业成员性质和产业知识生态等因素有关。视频文创产业的创新生态既有地理空间范围内的要素集聚，也有基于数字技术支撑下跨组织、跨产业融合的数字化创新生态。以下在"创新生态、演化动力和治理机制"三大维度框架内具体阐释案例分析所发掘的结论。

1. 创新生态

视频文创产业提供的是数字化产品和服务，视频文创产品的创作与制作是一个知识创造、创意试验和产品实现的过程。与传统的工业企业不同，视频文创企业的主要核心资产是人力资本和知识资本，企业的创新更依赖于产业链中配套企业以及其他知识型组织的知识协同。由此看，产业创新生态系统成员包括了产业创新的受益者，也还涉及创新生态的利益相关者，例如，视频文创场景技术应用方—工程机械制造企业。相对于企业创新生态系统，产业创新生态系统增加了产业层面的融合创新，跨产业的跨界融合等。产业创新生态系统是一个企业、高校、研究机构和其他机构的空间聚集区，以产业园的形式存在，形成了人才和资源聚集效应。马栏山视频文创产业园以视频文创创意与制作企业为核心，聚集了一批视频文创企业，平台、实验室和研究院等产业链创新合作机构。

芒果马栏山数字文创股权投资基金的设立将有利于促进视频文创产业体系的发展。通过基金的资金支持引导产业孵化，培育新创企业。在将文化创意转化为文创产品和服务的过程中，股权基金资金的支持是实现知识价值向商业价值转化必不可少的产业创新要素。尤其是对于新创视频文创企业来说，金融网络的支撑是市场培育和企业创新的重要基础。此外，针对视频文创产业创新特点的产业环境构建也是产业创新生态系统的创新要素。例如，针对新创视频文创企业的财政补贴、视频文创产业共性技术平台以及在法律服务、人才引进等方面给予企业的扶持等。

2. 演化动力

总结开放式编码结果可以看出，马栏山视频文创产业园已在企业、产业和数字创新等三个方面形成了产业创新生态系统的演化驱动要素。园区已形成以头部企业（核心企业）为"关键基石"的企业创新生态系统，依托视频文创产业链的产业配套能力，园区企业已形成了具备技术优势和技术能力的视频文创产业链，构建了服务创意、创作、制作和商业化的技术创新流程体系。由于视频文创企业产品与服务的研发、创作对数字技术的依赖度高，视频文创企业创新生态系统具有跨界融合与合作创新的特征，数字技术模糊了企业的边界，也使得企业的创新生态超越了传统产业的范畴与领域。因此，从马栏山视频文创产业案例的分析看，数字化时代的产业创新生态系统具有显著的数字创新特征：融合创新、数字平台赋能、跨界融合与合作。与传统产业创新生态系统相比，数字化产业创新生态系统的企业跨界知识搜索能力更强，知识搜索范围更广，具有更多跨"界"的需求和驱动力。

产业平台是产业创新生态系统演化重要的赋能因素。从案例中可以看出，视频文创产业的融合创新、跨界创新离不开平台的支持。马栏山视频文创产业建设了云平台、应用创新平台、研究院和创新实验室，还搭建了共性技术研发平台和企业综合服务平台等。尤其是数字平台的赋能，将促使产业创新生态系统向子系统嵌套、层次交叉、创新主体多元的方向演化，由此而带来系统结构、成员关系、产业范畴等多方面的要素重构。

3. 治理机制

产业创新生态系统治理的主要目的是提升产业创新能力，提高产业链供需的水平和层次，促进产业高端化发展。具体来讲：一是产业配套体系完整，形成供需平衡的产业生态系统，提升产业链响应能力。二是产业融合创新能力强，拓展产业创新边界，激活产业创新要素。在数字技术的渗透下，跨产业融合是产业创新生态系统发展的重要趋势，也体现了跨产业实施协同治理的必要性。三是产业知识生态系统提供关键的知识治理机制。不管是跨产业的融合，还是跨企业等跨界合作创新，都需要在异质类组织或具有不同知识属性的产业领域之间进行知识交换与整合。因此，构建符合产业知识供给与需求的知识生态系统不仅能为产业和组织的跨界融合和合作创新提供知识源，还能减小跨界融合和合作创新过程中的知识距离以及由此而形成的知识交互成本。

案例的分析还发现，视频文创产业具有良好的数字治理的基础。首先，视频文创创作、制作等离不开数字技术的支持，数字化水平越高，视频文创产品和服务的价值越高。其次，视频文创产业链的构建与治理离不开数字技术的支撑。视频文创产品和服务的载体主要是数字设备，视频文创企业与外部组织之间的知识交互与信息共享建立在多种数字技术的综合利用基础之上。最后，数字化组织是视频文创产业创新生态系统构建与治理的基本要素。视频文创企业具备显著的数字化组织特点，以数字技术支持下的数字化、知识型新创企业为主。

产业知识管理是产业创新生态系统治理的基本知识活动。在 AI 技术、云计算等数字技术支持下，多场景应用和产业云平台建设促使视频文创内容的创作与制作实现了算法技术与场景应用的融合。一方面，知识高度数字化，便于存储、传播、搜索与学习，提高了知识交互的效率。另一方面，实验室、研究院和创新平台等可实现场景化、全过程知识共享，形成了多场景、多来源和多元化的产业知识管理体系。在此基础上，产业知识生态的构建给予产业创新生态系统知识治理极大的治理空间与科学基础。一是形成了以产业知识交互、共享和传播为基础的产业知识生态知识供需结构，产业知识的来源多元化，跨产业融合凸显出产业知识支撑了产业和组织跨界创新的实践基础。二是构建了服务于视频文创内容知识创造、视频文创产品和服务知识供给、视频文创技术应用等基于知识供需形态的知识网络系统。知识网络是实施知识治理的基础，在于知识网络具有关系属性，便于网络节点的协调。知识网络具有网络效应（詹湘东，2017），能促进知识治理效果的提升，通过知识治理实现对创新生态系统成员创新绩效的影响。

三、协调全面发展与重点优先战略的区域创新生态系统知识治理

（一）关键词编码与范畴提炼

1. 开放式编码

通过对湖南区域创新生态系统原始材料进行词频初级编码，得到248条初始概念词。通过词频替代及去除重复项，提炼了20条高词频作为案例的初始范畴，并对每个初始范畴的概念进行了描述或说明，如表5.7所示。

表5.7　　　　　　　区域创新生态系统案例的开放式编码结果

初始范畴	初始概念
创新投入	2021年，湖南全社会研发投入达到1028.9亿元，研发投入强度由2012年的1.3%提升到2021年的2.23%
营商环境	打造创新生态系统的同时，为企业创新创造健全的法制环境和良好的营商环境
园区建设	各类省级及以上产业园成为全省落实创新引领开放崛起战略的有力支撑和稳定区域经济增长的"顶梁柱"
产学研合作	大学、科研机构和企业等组织之间构建了完善的产学研协同创新体系
产业基础	实施《产业基础再造工程实施方案》，深入推进产业基础高级化和产业链现代化
全产业链	构建支撑内循环、连接外循环的本地化创新生态系统，打造全产业链生态圈
核心企业	构建以龙头企业为主体的企业创新生态系统，从创新资源和金融体系等多方面给予支持
知识网络	构建以大学、科研机构、创新平台、中介机构和企业等为主体的区域知识网络系统
创新水平	2021年，全省创新综合实力连续进位到全国第十一位，企业创新综合指标在全国排名第八位

续表

初始范畴	初始概念
区域创新能力	2021 年，湖南全省全年专利授权量达 98936 件，同比增长 25.68%，每万人发明专利拥有量达 10.55 件
创新服务	加强高端资源服务和研发管理涉及的信息、市场、金融等服务领域的发展，完善创新生态系统的服务能力
资源集聚	湖南形成了较大规模的产业园区和产业聚集区，无论是数量还是质量在国内都保持着高水平的增长
数字产业	湖南有着良好的大数据产业基础和互联网技术应用基础，2021 年湖南数字经济规模再上新高，突破 1.3 万亿元
数字创新生态	充分发挥数字技术产业的重大优势，改造传统产业，发展数字新兴产业，打造新兴数字创新生态
创新驱动	大力实施的创新驱动发展战略取得明显成效，数字化模式经营的企业列为创新驱动发展的战略重点
创新政策	落实人才引进、技术引进与开发的财政补贴与优惠政策提升了创新驱动效应
知识交易	2021 年，湖南输出技术合同成交额 1261.26 亿元，吸纳技术合同成交额 922 亿元，高校成果转化活力不断增强，技术合同成交额 19.32 亿元
创新平台	创新平台在集聚创新资源、推进科研攻关、引培创新人才、促进科技成果转化等方面具有独特优势
产业数字化	整合传统产业优势资源，利用数字技术进行深度优化，去除市场竞争乏力的传统产业，提升传统产业的竞争力
企业数字化	推进国有企业全面的数字化建设工作。以国企为示范，推进其他所有制类型的企业数字化转型工作，全面提升全社会整体的数字化水平

2. 主轴编码

按照副范畴关系相近的原则，共提炼 9 条主范畴，并对每条主范畴阐释了关系内涵，如表 5.8 所示。

表 5.8   区域创新生态系统案例的主轴编码结果

主范畴	副范畴	关系内涵
本地化创新生态	创新投入；营商环境；园区建设	研发投入强度 2021 年达 2.3%，为企业创新创造健全的法制环境和良好的营商环境，形成了较大规模的产业园区和产业聚集区
产业创新生态	产学研合作；产业基础；全产业链	构建了多类型的产学研合作体系，深入推进产业基础高级化和产业链现代化，打造基于优势产业的全产业链生态圈
企业创新生态	核心企业；知识网络	形成了以龙头企业或核心企业为主体的企业创新生态系统，建设了基于省市级知识产权或技术交易平台为节点的知识网络系统
创新能力	创新水平；区域创新能力	2021 年，湖南全省全年专利授权量达 98936 件*，全省创新综合实力连续进位到全国第十一位
区域创新资源	创新服务；资源集聚	完善了高端资源服务和研发管理以及相关的服务领域，形成了明显的产业资源集聚效应
数字化创新	数字产业；数字创新生态	数字产业发展基础良好，传统创新生态的数字化改造和新兴数字创新生态都有显著发展
创新环境	创新驱动；创新政策	大力实施的创新驱动发展战略取得明显成效，对实施创新驱动发展战略、推进自主创新和发展高新技术产业成效明显
知识治理	知识交易；知识平台	技术交易额不断提高，高校科技成果转化活力不断增强，搭建了多种类型的创新平台集聚创新资源
数字化转型	产业数字化；企业数字化	整合传统产业优势资源，利用数字技术提升产业竞争力。推进国企和其他所有制类型的企业数字化转型工作

注：* 数据源于《湖南统计年鉴 2022》。

3. 选择性编码

核心范畴、主范畴和副范畴之间的包含关系结构，如表 5.9 所示。

表 5. 9　　　　　　　　区域创新生态系统案例的选择性编码结果

核心范畴	主范畴	副范畴
创新生态	本地化创新生态	创新投入；营商环境；园区建设
	产业创新生态	产学研合作；产业基础；全产业链
	企业创新生态	核心企业生态系统；知识网络
演化动力	创新能力	创新水平；区域创新能力
	区域创新资源	创新服务；资源集聚
	数字化创新	数字产业；数字创新生态
治理机制	创新环境	创新驱动；创新政策
	知识治理	知识交易；知识平台
	数字化转型	产业数字化；企业数字化

4. 理论饱和度检验

通过案例材料的重新校验，发现核心范畴所组成的研究框架对该案例具有高度的理论解释力。

（二）案例分析

相比于企业和产业创新生态系统，区域创新生态系统包含更多结构和层次。以下从创新生态、演化动力与治理机制三个核心范畴总结区域创新生态系统结构、演化与治理所呈现出的特点。

1. 创新生态

区域层面创新生态系统具有明显的本地化创新生态特征，表现在以产业园区和开发区为载体的创新资源在空间地理上的集聚。聚焦打造全产业链生态圈，克服经济全球化过程中产业链不确定因素的影响，驱动创新资源在创新生态系统本地化和全球化资源中的优化配置，从而降低企业创新成本和提高创新绩效。基于本地化的属性，区域创新生态系统包括了具有显著地域特色的产业和企业创新生态系统。由此还构建了产学研合作创新网络、科技成果转化机制和具有地域优势产业特色的全产业链生态圈。例如，湖南的优势产业——工程机械装备产业，已初步形成了跨区域的开放生态系统，打造了上下游纵向和跨区域横向融合的产业创新生态共同体。在结构上，区域创新生态系统是一个由各类企业和产业创新生态系统在多元化区域知识网络链接下相互嵌套构建而成的本地化或跨区域创新生态网络体系。区域创新生态系统具有较强的资源凝聚力，系统成员在地理空间上的聚集明显，成员的合作形式多样化。

2. 演化动力

动态能力变化是区域创新生态系统演化发展的重要驱动力。2021 年湖南全省创新综合实力连续进位到全国第十一位，表征了湖南的创新水平，彰显了湖南创新生态系统发展演化的良好趋势。数字经济的发展为区域创新生态系统演化创造了更多渠道与驱动力。大数据产业和互联网技术应用为湖南数字产业发展提供了强有力的基础条件，数字化创新生态的打造与形成也成为区域创新生态系统演化的新兴驱动因素。高端资源服务与研发经济管理则为区域创新生态高端创新资源集聚提供了基础保障。

3. 治理机制

高校和科研机构科技成果转化成效显著提升，技术交易额和技术合同交易数量稳步增长，体现了知识治理在区域创新生态系统治理中不可或缺的作用。区域创新生态系统的知识治理与创新政策体系有着紧密关系，着重体现在加大了研发投入，加强了数字技术产业的发展，例如，大数据产业、软件产业等。发挥国有企业在创新生态系统中的作用，推进国企数字化转型。加快企业创新生态系统本地化建设，加强企业与高校、科研机构的合作，提高技术中介的服务能力。大力发展有特色的产业园区，聚集人才和资源。此外，产业和企业数字化转型也是区域创新生态系统治理的重要考虑因素，因为数字化转型加速了知识交互与流转的范围，提高了知识流动的速度，降低了知识交易的成本，扩展了知识治理的领域范围。

第四节 案例研究结论与讨论

一、案例研究结论

按照创新生态系统发展的层次，本研究选择从企业、产业和区域三个层面进行了案例分析。运用扎根理论的三级编码法提炼了三个案例素材的核心范畴、主范畴和副范畴关键词，也就是不同层次创新生态系统的主要影响因素。在词频分析和关键词提炼的基础上，构建创新生态、演化驱动和治理机制三个核心范畴组成的理论框架，结合案例素材进行了深入的案例分析，得出的结论如下：

（一）成员知识化和组合网络化的创新生态

以"创新生态、演化动力和治理机制"三个维度为核心范畴，三个案例中所提炼的关键词是不同的。在三个案例的词频分析中，都能提炼到能充分支撑这三个维度的关键词和内容。在企业创新生态系统案例中，先导式创新、自主创新、合作创新、数字化转型、智能制造、知识管理和知识网络等是出现频率较多的关键词，构成了企业创新生态系统的主要内容体系。在产业创新生态系统案例中，产业组织、园区建设、企业集聚和产业生态等关键词代表产业创新生态的主题。而在区域创新生态系统案例中，这些主题关键词则变为创新投入、产学研合作、营商环境等。尽管不同层次的创新生态系统在要素和结构上存在区别，但对创新生态理念的诠释是相同的。首先，创新生态系统的核心是创新主体之间的生态化关系，是各类创新组织基于价值共创和知识共享目的建立起来的组织网络化连接和角色生态化分布的群落型系统。其次，创新生态的构建与发展处于一定的创新环境之中，比如良好的营商环境、基础设施条件完善的园区等。数字经济时代，数字平台、数字基础设施成为创新生态建设的重要基础条件。我国《"十四五"数字经济发展规划》对数字经济背景下的创新生态建设提出了诸多要求："以数字技术与各领域融合应用为导向，推动行业企业、平台企业和数字技术服务企业跨界创新。鼓励发展新型研发机构、企业创新联合体等新型创新主体，打造多元化参与、网络化协同、市场化运作的创新生态体系""营造繁荣有序的产业创新生态。鼓励新型协作平台发展，培育大中小企业和社会开发者开放协作的数字产业创新生态。以园区、行业、区域为整体推进产业创新服务平台建设""探索建立各类产业集群跨区域、跨平台协同新机制，促进创新要素整合共享，构建创新协同、错位互补、供需联动的区域数字化发展生态"。在该规划中，对数字经济背景下企业、产业和区域创新生态的建设发展目标和要求进行了针对性的阐述，同时也是有针对性地描述了不同层次创新生态系统的特点与建设重点。最后，创新生态系统构建与发展的关键基础是创新组织角色与作用的发挥。从知识流动的环节来看，大部分创新组织是知识输出方和输入方的角色，平台和中介类组织则是知识流动的节点与枢纽。通过识别、获得和吸收外部组织的知识，创新生态系统成员之间的知识获取行为可以提升成员的创新产出、绩效和能力，进而提高创新生态系统整体的创新产出、绩效和能力。通过与其他外部组织的合作协同创新，创新生态系统成员之间的知识合作行为可以提升成员的创新产出、绩效和能力，从而提高创新生态系统整体的创新产出、绩效和能力。通过技术市场等中介平台进行知识交易，创新生态系统成员之间的知识交易行为可以提升成员的创新产出、绩效和能力，创新生态系统整体的创新产出、绩效和能力得到提高。

（二）多来源、数字化的演化动力

随着创新内外驱动因素的变化，创新生态系统的组织结构、成员关系、创新范式和创新产出或能力也会因此而演化，动态演变形成更佳的生态系统结构，避免创新生态的非平衡和不稳定状态出现。驱动创新生态系统演化的动力来自系统内部和外部，从案例素材的分析来看，各个层次创新生态系统的演化动力来自于诸多方面。在企业创新生态系统中，以创新绩效和水平为表征的创新能力、以数字平台和数字化生态位为特征的数字创新，以及包括创新机制、知识资源和知识数字化特征的创新驱动是其关键的驱动因素。在产业创新生态系统层面，演化动力则表现为企业和产业创新演化以及数字创新驱动。区域创新生态系统的演化则依赖创新能力、区域创新资源和数字化创新为驱动力。创新能力的增长是创新生态系统演化发展的基本目标，也印证了吴等（Oh et al.，2016）提出的创新绩效（测量与量化）是创新生态构建与发展的目标之观点。如今，数字化是创新生态系统不可忽视的演化驱动因素。一则因为数字化可以推动创新生态系统的重构，改变系统成员之间的关系结构。二则是因为数字化可以产生新的产业、新的业态，可以构建数字创新生态系统，颠覆传统创新生态在地理空间、时间和网络关系上的表征和维度。因此，数字化的应用改变了创新生态的内核。传统的创新生态系统是从创新系统延续发展而来的一种创新范式的演变，数字化的出现不但改变了创新范式从线性创新到创新生态系统的逐步递进发展规律，还使得创新范式的演化路径发生了"跃迁"。一是因为数字化对创新生态的重构，二是因为新型数字化创新生态的孵化与涌现。

此外，资源数字化以及资源集聚则是创新生态系统演化驱动的动态因素。在产业和区域创新生态系统中，这一点表现得尤为明显。产业创新涉及产业跨界融合，平台建设，尤其数字平台的构建是产业创新生态创新能力增长和生态演化的必要条件。产业平台包括了云平台、共性技术研发平台，还有研究院、实验室和综合服务平台等。平台的作用一方面发挥资源集聚的"磁场"效应。创新生态中，既有能创造知识资源的平台，也有知识流动、交互和转化的交易类平台。通过人才、设备、资金、技术和信息等要素的聚集，平台提供了资源聚集的载体、空间与网络。另一方面则发挥了资源生态化配置的"枢纽"效应。资源的集聚除了需要吸引资源的输入之外，还需要保持资源在系统中的合理配置与流动。数字平台等多元化平台为知识等资源的生态化配置提供了基础。第一个重要作用在于平台能减少或消除知识等资源流动与配置过程中的信息不对称问题。通过信息共享与数据挖掘分析等方式，发挥大数据算法、云计算等数字技术的作用，平台可以提高知识供需双方的资源匹配度，减少资源的消耗。另一个重要作用，平台是创新生态系统治理的重要载体。治理本就包含了协调、统一和整体管控等要素，平台在各类创新组织之间的链接，能形成契合创新组织需求的"张弛有度、稳中有变"的治理机制和体系。数字平台经济已然成为我国区域创新竞争优势的新来源，区域创新生态系统也面临着数字平台催生的创新新范式重大挑战。数字基础设施形成了多样化社会技术平台体系，改变了区域创新情境、创新要素结构和创新参与过程。多样化数字平台的涌现重构创新要素之间网络联结模式与关系规则，产生了超越传统区域创新理念的新的逻辑起点、新的构建方式和新的认知模式。

（三）知识化、数字化的治理机制

创新生态涉及诸多创新参与者的利益，而且参与者以异质类组织居多。维持创新生态的可持续发展，诸多创新参与者和利益攸关者的需求都需要在一定程度上得以实现。这就需要通过一系列的协调机制、分配机制、引导机制和激励机制等超越单个组织管理的治理方式来优化和保障各类创新组织的利益。创新生态系统创新过程和模式的复杂性，使得创新生态的演化控制与整体发展不能单从某个组织的角度出发进行设计，而应该是从创新生态整体的视角采用治理的理念进行机制的设计与安排。由于各类创新组织在知识基础、行业属性和产业类别上的差异性，组织创新的产出，包括产品和服务，存在诸多明显的差异。但各类创新产出载体中的数据、信息和技术等形成的知识可以在组织之间流转与共享，以至于能在各类异质性组织之间构建起认知的同一性、目标的统一性和创新模式演化的一致性。从上述三个层次的创新生态系统案例分析看，知识生态、知识治理与数字治理是创新生态系统治理机制构建的关键词。创新是一种知识创造与应用的过程，创新的知识属性决定了创新的过程必然伴随着知识管理流程的存在。企业知识管理以知识（包括知识资本与知识载体）为管理对象，通过一定手段实现知识价值的管理活动，其本身就蕴含着初始创新至再创新的创新循环理念（詹湘东，2011）。产业知识管理是对产业创新过程中知识资源交互与流动的管理，是知识资源在产业创新生态中的优化配置。数字化提升了产业知识管理的作用，体现在产业数字化和数字化产业过程中，数字化平台、数字化场景和数字化知识等构建了复杂的产业知识管理系统。而区域知识管理是指区域内或区域间的创新组织依托于一定的创新条件，在协同、合作创新过程中所形成的知识吸收、知识合作和知识扩散等知识交流活动及互动过程。区域知识管理的主体是企业、高校和研发机构、政府和中介机构等创新组织。企业是技术创新的主体，高校和研发机构是知识创新的主体，中介机构是知识转换的平台，政府是知识管理环境的引导者和构建者（詹湘东和王保林，2015）。

众多知识管理参与机构以及知识流动过程构建而成的知识网络是知识生态的基础。创新生态系统知识治理建立在系统成员知识活动基础之上，通过知识获取、知识合作和知识交易等活动促进成员之间知识交互，提升创新生态系统整体创新绩效。以下通过定量研究方法进一步研究基于知识活动行为的创新生态系统知识治理机制。

二、结论讨论

通过企业、产业和区域层面创新生态系统的案例素材分析，揭示了创新生态系统组织结构、演化动力和治理机制的内涵。从抽象理念看，创新生态是知识体的协同，是知识生态的镜像。创新本质上是知识的创造与应用，创新组织的生态关系构建源于知识共享与交易需求，创新生态的演化基于知识供需结构关系演变与重构。由此衍生出创新生态系统治理的模式——知识治理，如何实施知识治理？创新生态系统的知识治理涉及到哪些环节和过程？应构建何种机制促进知识治理效率的提升？等等相关问题的提出表明了创新生态系统治理机制研究的重要性。

从社会创新的角度看，创新生态的治理可以理解为是一种社会治理。但是社会治理是一种强调社会和经济效果的治理模式，突出宏观经济层面的解析。创新生态系统是一类资源联合体和聚集区，创新组织除了管理组织内部知识资源之外，还需组织外部知识资源的协同管理。因此，超越知识管理理念和模式的知识治理更契合创新生态系统治理的描述与解析。基于案例分析提供的结论，可以构建创新生态系统知识治理研究的逻辑框架：知识治理的实施者和相关者是所有参与创新生态的各类组织，知识治理的过程以知识活动而呈现，而知识活动是企业、高校等关键创新组织之间关系机制的载体，是创新生态系统创新绩效与产出的必要前提，由此形成创新生态系统知识治理定量实证研究的设计依据。

第五节　定量实证研究设计

一、理论基础

创新生态系统的研究是国内外学术界的热点话题，但是创新生态系统治理的研究缺乏甚至是忽视的（Colombo，2019）。对创新生态系统进行治理，表述的理念就是企业的竞争不再是企业个体的行为，是企业所依赖的创新生态系统整体的竞争，包括平台、机制、制度设计等。多元化、多层次的元素参与创新生态系统，仅仅是管理理念已不可能再适应创新生态系统发展的需要，必须从更高层次治理的角度看待创新生态系统所遇到的问题。对创新生态系统的治理，核心应是强调编排的机制、对生态系统战略的统筹、对资源的配置，而不仅仅是运用管理方式中的领导或控制（柳卸林等，2020）。

创新生态系统的知识治理需要解决三个问题：谁来治理？如何治理？治理什么内容或对象？基于生态系统的管理理论认为，知识治理是生态系统治理的关键要素，是决定生态系统效率的重要元素（Giebels et al.，2016）。知识治理的实施依赖于由政府、高校、研究机构和企业等组织联合形成的实施主体和相应政策体系（Wareham et al.，2014）。从治理的方式来说，治理是在治理对象之间建立一种协调机制，理念上需要从以控制为中心的管理理念向以协调为中心的治理理念转变（刘钒等，2020）。在协调治理的背景下，政府不再是唯一的管理者，它的作用更多表现为是政策的制定者、环境的创建者，政府需要协同多元化的创新生态系统成员参与到治理的过程中。创新的手段也将从传统的行政管理方式转向多种手段、多种工具的协调治理方式。比如，数字技术的应用为搭建成员之间的共同治理平台提供了可选择的多种方式。在资源分配方面，创新生态系统的治理应以市场调节为主，明确政府与其他创新机构的责任边界，转化各类创新机构的服务功能。

在治理的机制方面，有文献提出合同治理和关系治理是生态系统治理两种主要形式（董津津和陈关聚，2020），但这两种机制聚焦于平台生态系统成员之间的商务关系和交易机制，无法拓展到所有创新组织之间的合作与交互关系。有研究基于委托代理理论提出创新生态系统的治理框架：委托代理关系中的成员、成员所拥有的能力、与双边治理关系相关的问题类别以及解决机制、相应的管控机制、有利于系统成员经济与非经济价值的创造机制（Cunningham et al.，2019）。该研究明确指出了创新生态系统治理的内容，强调治理是以成员之间关系的管控为目标，以经济与非经济价值创造为内容，但该研究并没有解析出如何实施这些治理内容。

知识治理的内容涉及范围广泛，文献提供的研究内容相互之间区别较为明显。有文献指出创新生态系统知识治理的内容分为两类，一类是基于知识活动过程的治理机制研究，包括知识共享、转移、整合和创造等，还有一类是情景因素下的治理机制，如知识转移、知识投资和知识溢出风险的治理（郑少芳和唐方成，2018）。以知识活动过程为对象分析创新生态系统的治理机制是较为理想的，因为创新就是一种知识活动，系统结构的组成和系统成员关系链接建立在一系列知识活动的基础之上。但知识活动包含了诸多参与主体以及多种活动的类型，不同主体之间或不同类型的知识活动对创新生态系统演化与创新增长的作用亟待更多广度的研究。

从企业的视角来说，基于企业外部知识网络产生的知识活动对企业技术能力产生影响，外部知识网络的结构、关系与知识特征通过知识获取、知识转移等知识活动转化为企业的技术基础与技术创新能力（詹湘东，2018；詹湘东和谢富纪，2019）。从生态系统的视角分析，嵌入到创新生态系统中的各类创新机构之间的知识活动对创新生态系统创新产出会产生影响。开放式创新生态系统包含了多种类型创新机构之间的知识活动，生态系统成员之间知识和信息转移等知识活动的有效管理是开放式创新的重要基础。正是由于创新生态系统成员之间广泛的知识活动使企业等创新组织有机会吸收和消化基于现有知识基础的外部知识（Salazar et al.，2016）。但对于知识活动能否发挥效应的判断条件与要求，有文献认为还缺乏此类研究（Bacon et al.，2019）。一些文献研究试图捕捉某种"知识流动机制"并评估其对创新的影响过程（Baker and Sovacool，2017）。企业外部知识网络可以帮助企业创建一个知识平台，使企业的问题解决能力和新产品或流程的创新能力可以平等地在现有知识资源之间进行分配。例如，具有强大知识基础的产业集群可以扩展创新生态系统的技术创新领域和相对分散的网络结构（Lee et al.，2001；Brenner et al.，2011）。从已有研究的结果可以推论，创新生态系统能够将多种来源的知识进行汇集与调整，并将其转化为知识供给与需求，在生态圈中共享知识。创新生态系统的知识活动对系统整体创新效率产生影响，如何对知识活动进行治理，取决于这些知识活动对创新生态系统创新产出的影响程度，这种影响机制需要深入揭示。

本研究认为，创新生态系统的知识治理是指依托于政府、企业、高校、科研机构等组织联合形成的实施主体及相关政策体系，对创新生态系统成员之间的知识活动通过协调、配置和激励等方式进行优化以提高创新生态系统创新产出的一种机制设计和制度安排。创新生态系统的知识治理不同于组织的知识治理，组织知识治理是指对组织内外知识流动和流程的协调与管控，强调通过知识治理完善组织内外创新环境，提升组织的创新绩效。创新生态系统的知识治理是面向生态系统成员之间知识交互与知识活动提供的机制设计与制度安排，聚焦于创新生态系统中处于高中心度成员之间的知识活动。因为按照整体网分析的结论，创新生态系统的知识活动以及成员之间关系联结主要是集中发生在高中心度的成员之间。通过对系统成员之间知识活动的治理，优化生态系统环境，促进创新生态系统创新产出的增长。有文献试图通过对创新生态系统知识活动进行分析来研究其知识治理的问题，但是这些研究主要基于案例研究的方法（郑少芳和唐方成，2018；Colombo，2019；董津津和陈关聚，2020），而且对于知识活动指标维度的界定在概念上存在内容的重叠。根据知识管理理论对组织外部知识管理行为的界定，外部知识管理行为是指识别、选择、获得、吸收和整合外部知识及与其他组织建立更为紧密联系的方法和流程，包括了组织之间知识交互的类型和过程（詹湘东，2017）。基于外部知识管理理论，本研究将创新生态系统的知识活动定义为系统成员之间以知识创造和流动为目标，构建知识供给与需求关系结构的知识交互行为。知识活动的维度按三个概念界定，即知识获取、知识合作和知识交易。知识获取是指创新生态系统成员对外部知识资源识别、选择和引入的过程，为知识需求者提供特定的功能或价值。该指标强调处于不同生态位的系统成员根据自身知识基础与知识需求，对外部知识识别、选择和获得的过程及质量。知识合作是指系统成员通过各种合作方式进行研发、新产品和新技术开发等知识交互行为和过程，该维度代表系统成员通过项目合作、人员互派、平台整合等方式进行的合作型知识活动，强调系统成员之间合作创新的强度与质量。知识交易活动描述系统成员之间通过合同等方式形成的技术、产品和工艺等知识输出与输入活动，该指标表征系统成员之间知识交易活动，强调技术市场等中介机构在创新生态系统中承载的知识流动作用。

二、研究假设

衡量知识活动成效最适宜的指标是组织的创新产出。创新生态系统创新绩效，或是创新产出最终体现为创新机构的产出，其中主要是企业的绩效和产出。本研究以企业作为知识活动的核心节点，研究企业依托于外部知识网络，与创新生态系统其他成员之间的知识活动对创新产出的影响。知识获取与创新产出的关系在以往的研究中获得的结论较多，知识获取是组织创新产出或绩效的重要因素。由于技术创新复杂性和风险的存在，投资于外部知识资源获取的企业等组织必须扩展其科学或技术知识的来源，并越来越多地利用创新生态系统所搭建形成的外部知识网络和平台展开知识的获取活动（Radziwon and Bogers，2019）。准确识别出有价值的知识，并进行过滤和选择，获得对组织创新产出增长有促进作用的知识，这是组织外部知识获取效应的重要体现。在知识生态系统中，知识创新主体分享知识和提供知识资源的措施会更为明显，因为知识的输出可以整合创新资源和减少产品市场商业化机会消耗的可能。有一个明确的经验证据表明，向研究机构和大学、竞争者学习的企业可以减少创新的不确定性，形成一种基于科学知识的创新能力（de Vasconcelos Gomes et al.，2018）。企业的创新产出是与不同知识组织进行反复知识互动的结果，例如，与外部组织研发合作是提高公司技术能力、保持科技创新前沿引领能力的必要战略。

在知识管理文献中，知识获取长期以来一直被视为在塑造企业的知识库和创新条件方面发挥关键作用。企业创新能力取决于其与不同外部组织的互动程度，以识别和获取现有的和新的知识，知识获取活动的产生建立在企业主动搜索的基础之上（Ning et al.，2016）。此外，企业创新能力增长的速度也取决于企业所嵌入的创新生态系统知识活动的活跃程度。知识输入需要企业在搜索、识别的基础上，将外部知识与自身知识基础进行匹配，获得有利于企业技术改造和新产品开发的前沿性知识或成熟的知识体系，以达到快速缩小知识差距的目的。作为通过知识创造形成知识积累的替代方案，企业可以引进外部技术以提高技术能力，将技术作为内部创新资本整合形成知识库。在知识产权保护严格执行的创新环境中，嵌入具有稳定关系的创新生态系统中，企业将可以保持稳定的知识获取渠道，从而控制不必要的风险。系统理论指出，系统的整体能力或效能是系统各个组成部分或子系统能力或效能的集成。企业创新产出是创新生态系统创新产出的一个不可或缺的关键组成部分。因此，企业的外部知识获取活动是创新生态系统的重要知识活动，对创新生态系统整体的创新绩效产生关键影响。因此，本研究提出如下假设：

H1 企业的知识获取有利于创新生态系统创新绩效的增长。

根据知识管理理论，创新活动是一个知识创造和积累的互动过程，新知识的创造建立在不同的知识集融合和交叉的基础上（Bercovitz and Feldman，2011）。除了获取知识之外，弥补企业技术能力增长不足的方法之一是加强与其他组织的深度合作。创新生态系统的网络化结构为系统成员之间的知识合作创造了环境，成员之间的生态位差为协同创新的开展提供了驱动力。知识合作活动可以按不同技术惯例形成各种模式，如大学与企业联合实验室、行业公共研究机构与企业合作等。在这些组织中，大学和研究机构被视为知识创新中心，能够创造并输出前沿的、高水平的科学知识、技术和服务能力。它们可以向企业直接提供研发成果进行商业化应用，或是研发项目与技术开发合作帮助企业将外部知识整合应用到其创新环节和流程之中。高校是区域经济增长的战略性驱动要素，它的一个重要贡献就是可以建立大学孵化企业，并通过知识转化机制支持大学孵化企业的成长，从而产生基于大学的创新生态系统（Fuster et al.，2019）。

我国高校和科研机构掌握大量的科研资源，它们是企业外部知识资源的主要供应方。一是它们可以向企业传播知识，以解决企业技术创新中的问题；二是高校和研究机构可以将基础研究、应用研究与企业研发进行知识嵌入与整合，打通知识转化过程中存在的隐性知识社会化、显性知识个体化的障碍。有研究文献认为企业选择多种合作伙伴形成知识积累非常重要，因为多种形式的合作可以让企业接触到各类知识源的新知识和替代知识，从而改变企业现有的知识基础和知识结构，易于挖掘和产生新的创新机会（Kavusan et al.，2016）。作为创新生态系统中的高中心度节点，高校和研究机构不仅是企业的知识供应方，也是创新生态系统中知识链接的联结节点。已有研究文献指出，以创新为导向的合作创新，使得大学参与公司研发项目的方法在商业化时更可靠地实现科技成果转化（Fu et al.，2013）。此外，高校和科研机构还是创新生态系统中重要的知识公共平台，通过前沿的科学研究，大学和研究机构可以提供公共通用类知识，这些知识具有广泛的应用性，并能产生卓越的技术和更好的新产品创新理念。据此，本研究提出以下假设：

H2　企业与高校、研究机构之间的知识合作有利于创新生态系统创新绩效的增长。

通过知识交易获得外部知识资源，取得战略优势对于创新组织来说至关重要。然而，与创新过程相关的大量知识往往是复杂且不易于编码化（De Marco et al.，2017）。因此，企业需要在技术交易、技术和产品引进等方面投入大量资源，获取技术前沿和商业价值方面的相关知识和信息。知识交易是创新组织在创新生态系统中通过中介渠道获得外部知识、技术和资源或通过合作伙伴购买必要技术和设备的综合性方法。创新生态系统中的技术市场为各类系统成员的知识交易提供了中介平台，技术市场的知识交易量也能反映出中介机构在知识流动中的作用。当创新组织评估外部先进技术，并决定基于复杂知识进行创新或尽快跨越知识鸿沟创造知识价值时，组织将面临与知识交易活动相关的更多选择。技术市场的技术交易和通过合同等形式的技术进口，不仅可以积累新知识，也可能推动突破性技术创新。此外，为了更好地了解和掌握关键性的新知识，知识交易活动可以让企业有目的地与其他创新组织（如公司、高校和研究机构）建立联系，以获取和应用各方的知识资源（Roper et al.，2017）。李等（Lee et al.，2001）认为，由于社会关系调解经济交易并赋予组织合法性，企业与供应商和其他合作伙伴交易外部资源的能力可用于生产新产品并提高产品质量。知识交易与由此产生的成本效益表明，知识交易提升企业技术能力增长和创新绩效具有潜在的作用机制。

知识交易作用机制的实现，与每一类技术的交易和引进所形成的知识积累和知识整合有关。首先，一些技术资源，如知识产权，有着高度的技术防范壁垒和产权保护机制（Martínez-Noya and García-Canal，2011）。组织之间的知识交易活动可以有助于避免技术壁垒和使用限制，同时降低交易成本或来自竞争者模仿的风险。其次，知识交易是一种契约行为，是一种稳定有效的知识共享机制，可以保证组织和个人之间显性和隐性知识的分享。因此，企业不仅需要更有效地提高现有技术能力，还需要学会有效应对知识创新和能力发展所涉及的更大范围的需求。此外，知识交易还是一种"趋利避害"的市场行为，一定程度上是一种资源优化配置的过程，能达到知识资源合理流向的需要，实现知识的最佳价值收益。因此，本研究认为，技术市场等中介机构是创新生态系统中重要的知识节点，对于提升创新生态系统整体创新产出有利。据此，本研究提出假设：

H3　企业在技术市场的知识交易有利于创新生态系统创新绩效的增长。

三、数据收集与样本

本研究的实证分析采用时间序列数据来检验上述假设。研究的目的是验证哪些创新生态系统知识活动会对创新绩效产生正向影响，因此使用时间截面数据可以达到验证要求。此外，采用全国层面的统一数据，避免区域层面数据因地区经济规模不同而造成的结果差异。数据来自国家统计局编制《中国科技统计年鉴》和《中国统计年鉴》。本研究选择规模以上工业企业作为实证样本，对上述假设进行检验。一方面，规模以上工业企业承担着大部分的研发活动和创新项目，是技术创新的主体，创新生态系统中的关键主体。另一方面，规模以上工业企业不仅可以开发自主创新项目，还可以开展大量的合作创新项目，如研发外包、技术引进等。规模以上工业企业的统计范围是企业年主营业务收入超过500万元，到2011年，这一衡量标准数字已上升到 2000 万元的要求①。本研究采用了 2000～2018 年的时间序列数据，其中包括规模以上工业企业知识获取、知识合作和知识交易统计数据。为了准确获得估计结果，所有数据都进行了标准化处理，并采用了对数形式。我们遵循了斯里瓦斯塔瓦和格尼亚瓦利（Srivastava and Gnyawali，2011）的做法，并将估计模型转换为对数线性形式，可以确认直接影响的显著性。

四、指标设计

（一）被解释变量

创新生态系统创新绩效。创新生态系统创新绩效的衡量是一个较难的问题，原因在于用什么样的指标来表征创新生态系统的整体能力。已有研究文献主要是案例研究方法，其中没有对创新生态系统能力、绩效和产出的测量。创新绩效强调商业化效果，关注产品和服务最终市场化、商业化的效益。在创新生态系统中，创新绩效主要体现在企业这个单一的平台上，如新产品销售、新产品利润率等。在衡量创新生态系统整体创新水平方面，专利指标更适合作为衡量标准。笔者认为，可以用专利指标来衡量创新生态系统的创新水平，表述为创新生态系统创新绩效或创新产出。一是创新生态系统的专利申请数是直接反映知识基础和知识活动效果的最直接指标，也是体现创新生态系统创新绩效的最有效的指标。二是专利作为创新产出指标，可以体现创新生态系统中企业、高校、研究机构、中介等各类创新组织所参与的知识活动的效果，因为专利包含了专利申请单位知识基础与外部知识资源整合的能力。法依（Fai，2005）曾指出，专利可以代表技术成果，研究人员可以使用知识产权数据来分析中国日益增长的技术能力。有研究用专利作为衡量创新产出的指标，其优点是很容易计算，因为它们在公共平台上发布，并且可以提供有关专利申请单位创新程度和性质的其他信息（Tomlinson，2010）。因此，本研究采用企业专利申请数（PA：patent application）来衡量创新生态系统知识活动的整体成效。

---

① 根据《国家统计局关于布置 2010 年统计年报和 2011 年定期统计报表制度的通知》，2010 年及之前，规模以上工业企业统计范围是年主营业务收入在 500 万元以上，2011 年开始在 2000 万元以上。

（二）解释变量

（1）知识获取（*KA*：knowledge acquisition）。知识获取是指企业通过搜索、选择、吸收与转化技术和信息等知识的过程和方法。知识获取可以通过技术引进、技术购买等形式实现，这些方式发生在企业与其他企业、高校、研究机构和国外企业等外部组织之间（Kavusan et al.，2016）。本研究采用规模以上工业企业引进国外技术经费支出（*EAFT*：expenditure for acquisition of foreign technology）和购买境内技术经费支出（*EPDT*：expenditure for purchase of domestic technology）两个指标来测量此维度。

（2）知识合作（*KC*：knowledge collaboration）。知识合作是指企业与高校和科研机构等组织之间基于自身知识基础和能力进行合作创新的知识互动过程。已有对合作创新的研究表明，企业与其他组织之间的合作不仅是从外部组织获取关键知识的重要机制，也是深化合作创新成效的有效方式（Torfing and Ansell，2017）。企业知识合作的对象主要是高校或研究机构，而研发合作是它们之间的基本合作形式。基于上述概念，本研究使用企业研发经费外部支出中对境内研究研发机构的研发支出（*RDERI*：R&D expenditure to research institutions）和对境内高校的研发支出（*RDEHE*：R&D expenditure to higher education）来作为知识合作衡量指标。

（3）知识交易（*KT*：knowledge transaction）。知识交易是指知识所有者排他性控制知识转移和获得经济绩效的基于合同形式的知识买卖活动。显然，知识交易是知识提供者与需求者之间知识传播的重要机制，它表明企业能够快速获取和掌握外部知识，从而建立起技术能力（Breschi and Lissoni，2009）。本研究需要测试企业与外部组织之间的知识交易活动对创新产出的影响，因此统计交易额时是将企业作为知识购买者或进口商来考虑。我们使用两个指标作为知识交易的衡量变量，即企业按技术购买方类别在国内技术市场技术交易的合同金额（*VCDTB*：value of contract deals in domestic technical markets by category of technology buyer）和企业进口技术合同的金额（*VTCI*：value of technology contracts imported）。

（三）控制变量

企业的研发活动与其创新绩效之间存在影响关系（Torfing and Ansell，

2017）。研发投资的规模也可能以不同的方式影响其创新产出。为了排除其他因素对被解释变量的影响，本研究加入三个控制变量：

（1）有研发活动的企业占所有企业的比例（*PRDA*：percentage of firms having R&D activities to total number of firms）。企业自身研发活动是专利产出的重要因素，有研发活动的企业数量与创新生态系统知识活动强度之间存在相关关系。本研究采用具有研发活动的企业数量占企业总数中的比例值作为衡量指标。

（2）研发支出占销售收入的百分比（*PRDE*：percentage of expenditure on R&D to sales revenue）。研究表明，公司的研发强度是决定企业创新产出和能力增长的一个重要因素。有研究以 R&D 员工数量作为研发强度的衡量指标，但研发强度最适宜的衡量标准是研发支出与公司规模的比值（Haeussler et al.，2012）。参照相关研究，本研究采用研发支出除以销售收入的百分比作为检验研发强度影响程度的控制变量。

（3）研发经费内部支出（*IERD*：intramural expenditure on R&D）。该变量是指报告年内公司内部研发活动的实际支出，其中，包括研发项目的直接支出，以及管理费、服务费、与研发相关的资本支出和外部处理成本。该变量对企业创新产出存在影响，会削弱企业外部知识活动对企业创新产出的作用程度。所有变量指标的描述说明，如表 5.10 所示。

表 5.10   **变量指标的说明**

类别		变量指标	含义描述
被解释变量	创新产出	*PA*	专利申请数
解释变量	知识获取	*EAFT*	引进国外技术经费支出
		EPDT	购买境内技术经费支出
	知识合作	*RDERI*	企业研发经费外部支出中对境内研究机构支出
		RDEHE	企业研发经费外部支出中对境内高校支出
	知识交易	*VCDTB*	企业作为购买方通过国内技术市场完成的技术合同交易金额
		VTCI	企业引进国外技术合同金额
控制变量		*PRDA*	有研发活动的企业占所有企业的比例
		PRDE	研发支出占销售收入的百分比
		IERD	研发经费内部支出

第六节 定量实证分析

一、描述性统计与相关性检验

本研究使用 Stata 软件完成所有计量经济模型分析所需的检验步骤。首先是对变量进行描述性分析，并计算变量之间的相关性。表 5.11 提供了描述性统计的结果。变量之间的相关性检验结果显示在表 5.12 中。

表 5.11　　　　　　　　　变量的描述性统计

变量	平均值	标准差	最小值	最大值
PA	12.02	1.38	9.638	13.772
EAFT	15.16	0.18	14.71	15.37
EPDT	14.07	0.76	12.49	15.30
RDERI	13.75	0.83	12.41	15.03
RDEHE	13.77	0.49	13.16	14.76
VCDTB	17.05	1.05	15.34	18.75
VTCI	14.51	0.42	13.53	15.17
PRDA	2.88	0.53	1.82	3.43
PRDE	-0.23	0.19	-0.58	0.21
IERD	17.66	0.80	16.10	18.68

表 5.12　　　　　　　　　变量的相关性检验结果

序号	变量	1	2	3	4	5	6	7	8	9	10
1	PA	1									
2	EAFT	0.65 **	1								
3	EPDT	0.94 ***	0.75 ***	1							
4	RDERI	0.95 ***	0.55 **	0.85 ***	1						

续表

序号	变量	1	2	3	4	5	6	7	8	9	10
5	*RDEHE*	− 0.30	0.08	− 0.15	− 0.46 **	1					
6	*VCDTB*	0.98 ***	0.65 **	0.93 ***	0.96 ***	− 0.29	1				
7	*VTCI*	0.86 ***	0.51 **	0.76 ***	0.80 ***	− 0.25	0.82 ***	1			
8	*PRDA*	− 0.10	− 0.12	− 0.09	0.09	− 0.17	0.08	− 0.11	1		
9	*PRDE*	0.55 **	0.34	0.54 **	0.68 **	− 0.37	0.69 ***	0.69 ***	0.73 ***	1	
10	*IERD*	0.85 **	0.36	0.70 **	0.82 **	− 0.29	0.82 **	0.81 **	− 0.19	0.38	1

注：显著性水平为 * 表示 $p < 0.1$、** 表示 $p < 0.05$、*** 表示 $p < 0.01$。

如表 5.11 所示，各变量平均值和相对标准差表明各变量之间存在显著差异，且因变量标准差小于平均值。除 *VCDTB* 外，各解释变量的标准差均小于 1。为了确保变量之间的共线性问题不会影响到模型的估计，本研究进行了多重共线性诊断测试。结果表明，所有控制变量和自变量的方差膨胀系数（VIF）为 18.07。虽然此值超过临界点 10，但它将远低于 30（严重多重共线性问题的最大临界值）（Srivastava and Gnyawali，2011）。进一步调查表明，VIF 数量增加的主要原因是 *VCDTB* 和 *REDRI* 之间的相关性很高。去掉 *VCDTB* 数据之后的 VIF 数字为 9.39，低于临界值 10，说明多重共线性不会严重影响模型检验结果。表 5.12 显示，*RDEHE* 对因变量相关系数为负数，但不显著，其他解释变量对被解释变量存在影响关系，表明可以进行下一步回归分析。

二、单元根检验与协整检验

为了保证回归结果的有效性，进一步对数据进行了单元根测试和协整检验。结果显示如表 5.13 和表 5.14 所示。

表 5.13　　　　　变量的单元根检验（ADF）结果

变量	检验类型 (c, k, t)	ADF 检验值	临界值 （1% 显著水平）	临界值 （5% 显著水平）	临界值 （10% 显著水平）	结论
ln*PA*	(0, 0, 0)	− 0.567	− 3.750	− 3.000	− 2.630	非平稳
ln*PA*	(c, k, 6)	− 1.049	− 4.380	− 3.600	− 3.240	非平稳

续表

变量	检验类型 (c, k, t)	ADF 检验值	临界值 （1%显著水平）	临界值 （5%显著水平）	临界值 （10%显著水平）	结论
$D\ln PA$	(0, 0, 0)	−5.688	−3.750	−3.000	−2.630	平稳***
$\ln EAFT$	(0, 0, 0)	−3.219	−3.750	−3.000	−2.630	平稳**
$\ln EAFT$	(c, k, 6)	−4.182	−4.380	−3.600	−3.240	平稳**
$D\ln EAFT$	(0, 0, 0)	−3.893	−3.750	−3.600	−2.630	平稳***
$\ln EPDT$	(0, 0, 0)	−1.475	−3.750		−2.630	非平稳
$\ln EPDT$	(c, k, 6)	−1.995	−4.380	−3.600	−3.240	非平稳
$D\ln EPDT$	(0, 0, 0)	−2.760	−3.750	−3.000	−2.630	平稳*
$\ln RDERI$	(0, 0, 0)	−0.289	−3.750	−3.000	−2.630	非平稳
$\ln RDERI$	(c, k, 6)	−2.040	−4.380	−3.600	−3.240	非平稳
$D\ln RDERI$	(0, 0, 0)	−6.981	−3.750	−3.000	−2.630	平稳***
$\ln RDEHE$	(0, 0, 0)	−1.867	−3.750	−3.000	−2.630	非平稳
$\ln RDEHE$	(c, k, 6)	−2.631	−4.380	−3.600	−3.240	非平稳
$D\ln RDEHE$	(0, 0, 0)	−3.560	−3.750	−3.000	−2.630	平稳**
$\ln VCDTB$	(0, 0, 0)	−0.230	−3.750	−3.000	−2.630	非平稳
$\ln VCDTB$	(c, k, 6)	−0.062	−4.380	−3.600	−3.240	非平稳
$D\ln VCDTB$	(0, 0, 0)	−4.976	−3.750	−3.000	−2.630	平稳***
$\ln VTCI$	(0, 0, 0)	−1.583	−3.750	−3.000	−2.630	非平稳
$\ln VTCI$	(c, k, 6)	−1.134	−4.380	−3.600	−3.240	非平稳
$D\ln VTCI$	(0, 0, 0)	−8.231	−3.750	−3.000	−2.630	平稳***
$\ln PRDA$	(0, 0, 0)	−4.021	−3.750	−3.000	−2.630	平稳***
$\ln PRDA$	(c, k, 6)	0.213	−4.380	−3.600	−3.240	非平稳
$D\ln PRDA$	(0, 0, 0)	−5.881	−3.750	−3.000	−2.630	平稳***
$\ln PRDE$	(0, 0, 0)	−1.944	−3.750	−3.000	−2.630	非平稳
$\ln PRDE$	(c, k, 6)	2.477	−4.380	−3.600	−3.240	非平稳
$D\ln PRDE$	(0, 0, 0)	−5.256	−3.750	−3.000	−2.630	平稳***
$\ln IERD$	(0, 0, 0)	−1.339	−3.750	−3.000	−2.630	非平稳

续表

变量	检验类型 (c, k, t)	ADF 检验值	临界值 （1% 显著水平）	临界值 （5% 显著水平）	临界值 （10% 显著水平）	结论
ln*IERD*	(c, k, 6)	−4.952	−4.380	−3.600	−3.240	平稳 ***
*D*ln*IERD*	(0, 0, 0)	−11.544	−3.750	−3.000	−2.630	平稳 ***

注：检验类型中，c 和 t 表示带有常数项和趋势项，k 表示所采用的滞后阶数。当 ADF 检验值大于某显著性水平的时候可以判断为序列不平稳。显著性水平临界标准为 * 表示 $p < 0.1$，** 表示 $p < 0.05$，*** 表示 $p < 0.01$。

表 5.14   **协整检验结果**

检验变量	特征值	迹检验 统计值	临界值 （5% 显著性水平）	协整方程的 个数	p 值
ln*PA*，ln*EAFT*，ln*EPDT*	0.6865	13.2332 *	15.41	至多一个	0.000
ln*PA*，ln*RDERI*，ln*RDEHE*	0.761	17.8337 *	18.17	至多一个	0.000
ln*PA*，ln*VCDTB*，ln*VTCI*	0.507	23.5444 *	34.55	没有	0.000
ln*PA*，ln*PRDA*，ln*PRDE*	0.611	26.9108 *	34.55	没有	0.000
ln*PA*，ln*IERD*	0.402	11.0480 *	18.17	没有	0.000

注：显著性水平临界值为 * 表示 $p < 0.1$，** 表示 $p < 0.05$，*** 表示 $p < 0.01$。

从表 5.13 中可以看到，虽然所有变量水平序列的平稳性结论存在差别，但它们的一阶差分都是平稳的，需进一步进行协整检验。根据协整理论，如果这些变量在第一阶上是稳定的，而变量之间的某种组合是稳定的，那么这些变量之间的协整关系表明它们之间有长期稳定的均衡关系。从表 5.14 中，所有组合 $p = 0.000$，在 1% 的显著性水平下拒绝"不存在协整关系"的原假设，综合检验结果分析认为，各个变量组合间存在协整关系，所有变量组合都通过协整测试。

三、计量模型分析

变量为统计类计数数据，适当的实证研究方法是泊松回归。但是，使用泊松回归的前提之一是因变量的方差和均值必须相等。在这项研究中，由于数据过度分散，这种情况很少得到满足，表 5.11 结果显示因变量均值（均值 = 12.02）比标准差（标准差 = 1.38）大近五倍。因此，需要采用负二项式回归分析法，这是计数数据检验的标准选择，该研究使用负二项回归分析来检验假设。关于模型的构造如公式（5.1）所示。

$$E\left(Q_i \mid a_i, X_{im}\right) = \exp\left(a_i + \beta_{1m}X_{im} + \beta_{2m}Z_{in} + \varepsilon_i\right) \qquad (5.1)$$

其中，Q_i 代表变量创新生态系统创新绩效；X_{im} 代表自变量，$m=1$，…，6 分别是指 6 个自变量指标测量维度；i 是年度；Z_{in} 代表控制变量；ε_i 代表残差。

本研究采取了分步回归的方法。设置了五个模型，模型 1 只包括控制变量，模型 2～模型 4 将知识获取、知识合作和知识交易三个变量的测量指标逐步纳入回归模型中，模型 5 包括了所有变量，可以根据模型 5 的结果比较模型 2～模型 4 的结果。模型检验结果如表 5.15 所示。

表 5.15　　　　　　　　　　　　负二项式回归结果

变量	回归模型				
	模型 1	模型 2	模型 3	模型 4	模型 5
PRDA	−0.154 *** (0.059)	−0.002 (0.067)	−0.077 ** (0.032)	−0.02 (0.019)	0.002 (0.011)
PRDE	0.523 ** (0.226)	0.014 (0.207)	0.147 (0.135)	−0.09 * (0.054)	−0.144 *** (0.046)
IERD	0.057 * (0.032)	0.058 *** (0.014)	0.009 (0.019)	−0.005 (0.005)	0.004 (0.004)
EAFT		0.01 (0.013)			−0.01 (0.006)
EPDT		0.099 * (0.054)			0.038 *** (0.009)
RDERI			0.118 *** (0.026)		0.029 *** (0.008)
RDEHE			0.04 * (0.021)		−0.003 (0.004)
VCDTB				0.115 *** (0.005)	0.072 *** (0.014)
VTCI				0.026 ** (0.01)	0.017 *** (0.006)

续表

变量	回归模型				
	模型1	模型2	模型3	模型4	模型5
常数项	2.048 *** (0.775)	-0.076 (1.426)	0.4 (0.507)	0.258 (0.224)	0.164 (0.19)
Wald chi2	120.68 ***	580.6 ***	370.1 ***	6471.96 ***	25948.28 ***
R^2	0.0297	0.0325	0.0328	0.0336	0.0338

注：显著性水平临界值标准为 * 表示 $p < 0.1$，** 表示 $p < 0.05$，*** 表示 $p < 0.01$。

从表 5.15 的结果看出，模型 1 中控制变量对被解释变量是显著影响的。模型 2 中的 *EPDT* 的 β 系数为正向且显著（$\beta = 0.099$，$p < 0.1$），但 *EAFT* 的 β 系数不显著（$\beta = 0.1$，$p > 0.1$），表明假设 H1 只是部分获得支持，引进国外技术的知识获取活动对创新生态系统创新绩效没有正向影响作用。研究结果表明，引进国外技术并不必然带来知识基础的增加和技术能力的增强。国外技术的引进需要相应的先验知识，并且需要消化吸收转化为企业自身的知识基因。它反映了这样一个事实，即只有引进国外技术不足以提高创新的有效性，企业必须吸收并消化国外技术知识，才能实现获取和引进知识的目的。

模型 3 的结果表明，自变量 *RDERI* 的影响系数为正（$\beta = 0.118$，$p < 0.01$），且在 0.01 的显著性水平上显著。自变量 *RDEHE* 的影响系数为正（$\beta = 0.04$，$p < 0.1$），在 0.1 的显著性水平上显著。尽管在模型 5 中该变量的系数为负，但是不显著。因此可以确定假设 H2 获得支持。这一结果印证了已有研究结论，企业与高校、科研机构的合作对于创新生态系统创新绩效有着明显的正向作用。

模型 4 的结果显示，自变量 *VCDTB* 的影响系数为正（$\beta = 0.115$，$p < 0.01$），且在 0.01 的显著性水平上显著。*VTCI* 的影响系数为正（$\beta = 0.026$，$p < 0.05$），且在 0.05 的显著性水平上显著，表明假设 H3 获得验证。研究结果表明，以技术合同为载体的企业国内技术市场的技术输入和国外的技术引进有利于创新生态系统创新绩效的提升。

四、稳健性检验

为了进一步验证二项式回归的结果，使用 Logit 回归对变量之间的关系进行验证，将结果作为稳健性检验结果（Wu et al.，2020）。结果如表 5.16 所示。将表 5.16 和表 5.15 的结果进行对比，从两个表中的模型 1～模型 4 的结果看，表 5.16 对假设 H1、假设 H2 和假设 H3 的回归结果与表 5.15 是一致的，表明假设验证结果通过稳健性检验。

表 5.16 Logistic 回归模型检验结果

变量	回归模型				
	模型 1	模型 2	模型 3	模型 4	模型 5
PRDA	-0.868^{***} (0.5)	-0.232 (0.551)	-0.927^{**} (0.395)	-0.261 (0.247)	-0.071 (0.153)
PRDE	6.607^{***} (1.441)	1.09 (1.946)	2.085 (1.449)	-0.725^{*} (0.685)	-1.307^{**} (0.56)
IERD	0.626^{*} (0.243)	0.639^{***} (0.159)	0.109 (0.199)	-0.017 (0.07)	0.012 (0.058)
EAFT		0.138 (0.682)			-0.099 (0.096)
EPDT		1.034^{***} (0.248)			0.277^{***} (0.122)
RDERI			1.333^{***} (0.262)		0.288^{***} (0.098)
RDEHE			0.401^{**} (0.172)		-0.095^{***} (0.049)
VCDTB				1.299^{***} (0.066)	0.965^{***} (0.162)
VTCI				0.291^{**} (0.096)	0.222^{**} (0.098)
常数项	7.879^{***} (5.756)	-14.974 (12.769)	-10.617^{*} (4.948)	-13.479^{***} (2.712)	-13.032^{***} (2.128)
F	40.27^{***}	102.88^{***}	110.06^{***}	1543.92^{***}	1890.72^{***}
R^2	0.8675	0.9571	0.9701	0.9931	0.9981

注：显著性水平临界值标准为 * 表示 $p<0.1$，** 表示 $p<0.05$，*** 表示 $p<0.01$。

第七节　定量实证研究结论与讨论

一、研究结论

本研究将创新生态系统的知识活动分为知识获取、知识合作和知识交易三个维度，分别检验了三个维度指标对创新生态系统创新绩效的影响。指标是以企业为知识输入方作为参考对象，收集了与企业相关的发生在创新生态系统中的知识活动数据。研究结果在很大程度上支持了本研究的假设。与以往的研究相比，本研究通过纵向时间序列数据验证知识获取、知识合作和知识交易等知识活动对创新生态系统创新绩效的影响程度。研究结果表明，知识获取活动中，国内技术引进对创新绩效有正向作用；而引进国外技术则没有正向作用，假设 H1 获得部分支持。知识合作活动中，企业与高校、科研机构的合作都对创新绩效产生正向作用，假设 H2 验证通过。知识交易活动中，以技术合同形式承载的国内技术市场技术输入和国外技术引进对创新绩效有正向作用，假设 H3 获得通过。国外技术引进技术合同金额与技术引进经费支出的统计口径有区别，技术引进经费是指在报告期内，企业为购买外国技术而发生的相关费用，涉及产品设计、工艺、图纸、配方和其他技术材料以及购买关键设备、仪器等费用。国外技术合同引进涉及的范围更广，包括专利、技术咨询、软件、商标等。国外技术合同引进的知识直接应用的绩效要比企业的技术获取产生的绩效要明显，同时企业技术获取之后必须要投入经费进行转换和吸收[①]。

二、理论贡献

本研究的结论丰富了创新生态系统文献（Luo，2018），为创新生态系统知识治理（Giebels et al.，2016；Wareham et al.，2014）研究提供了理论观

[①] 国外技术引进技术合同金额与技术引进经费支出统计内容的解释参考《中国科技统计年鉴》的指标解释。

点，并扩展了关于企业外部知识活动的文献（de Vasconcelos et al.，2018；Radziwon and Bogers，2019）。创新生态系统的治理需要与战略定位结合，采取有针对性的治理措施，本研究的结论可以为此类措施的提出提供实证依据。

第一，本研究提出创新生态系统知识治理的理念，基于知识生态视角研究创新生态系统的治理问题。将知识治理分为三个维度，研究发现不同的知识活动对创新生态系统创新产出的影响程度存在区别，为创新生态系统知识治理提供了理论依据。现有文献的观点认为，企业外部知识获取、合作创新等外部知识流动机制对企业创新存在积极的作用，应强化对外部知识资源管理机制的有效管理（Chuluun et al.，2017；de Vasconcelos et al.，2018）。企业是创新生态系统价值创造的主体。现有研究表明，企业构建自身外部知识网络与创新生态，嵌入其他创新生态系统，会受到知识网络和创新生态系统特征的影响。例如，网络结构和属性会影响到企业创新能力，知识管理活动会影响企业的吸收能力和整合能力（詹湘东和谢富纪，2018）。本研究的结论对企业外部环境、外部知识的动态变化与企业创新之间的关系提供了更为全面的阐释。将企业放在创新生态系统整体的环境中，适用于分析创新生态系统知识活动的多维性，以及可以明确定位知识活动的范围与规模。更具体地说，本研究的结论可以让各创新生态系统成员了解如何与企业开展有效的知识合作或知识交互行为，企业如何有效获得和利用符合企业需要的外部知识资源，以及如何开发获取外部知识的市场。

第二，本研究探索了创新生态系统绩效的测量，提出了创新生态系统高中心度节点——高校、研究机构和企业之间知识活动对创新生态系统创新绩效的影响。这一工作侧重于从不同视角发掘创新生态系统知识治理的方法与措施。创新生态系统创新绩效的测量，应是按照研究问题和情景的需要进行研究设计，本研究是一种有价值的尝试。关于外部知识资源与企业创新绩效研究的现有文献中，由于缺乏变量和方法的一致性，所得到的研究结果也存在差异。例如，有研究发现组织的外部知识溢出对其他组织的创新绩效有积极影响（Cristiano and Claudio，2011），而技术合同交易则没有效果（Vega-Jurado et al.，2009）。本研究提供了一种可选择的解释，研究结论表明，开展特定领域的知识活动对于识别和选择相适宜的外部知识资源非常重要，因为此类知识活动能为了创新目的将专门技术和科学知识相结合。本研究验证了创新生态系统中与企业相关的各类知识活动的作用，拓展了知识治理理论的外延，扩充了其理论内涵。研究结论也明确指出了哪种知识治理机制对创新生态系统成员之间的合作关系维护不可或缺。

此外，本研究在组织外部知识活动与组织创新的关系研究方面有着积极的理论贡献。现有研究中，外部知识流动对组织创新是积极作用还是消极影响，存在不同的观点（Antonelli and Fassio，2016；Vega-Jurado et al.，2009）。现有研究中有一个明显相反的观点：一般来说，知识活动与公司业绩之间有正线性关系，但一些观点认为，一旦知识流动达到一定临界点，回报就会下降。如果缺乏相应的匹配机制，知识活动就没有明显效果（Romijn and Albalaejo，2002；Erden et al.，2014）。在本研究中，对企业的外部知识活动进行了概念化的界定，并将知识活动分成具体的指标，为组织之间知识活动的研究提供了新的视角。本研究提出了作为特定知识活动测量的具体指标，强调了知识活动是创新生态系统知识网络构建时需要考虑的重要设计参数。研究结果显示，知识活动的三个测量维度，并不全部对企业以及创新生态系统创新绩效或产出产生正向影响。因此本研究的结论将前述相反的观点进行了整合，研究结果更为细化，更具有针对性。研究结论也着重强调，创新生态系统知识治理应根据创新生态系统成员之间知识活动的具体类型和内容来确定。组织之间知识活动方式的多样化，也为创新生态系统知识治理机制的探究提供了多个方面的内容。在第四章，本研究曾提到，知识生态系统与创新生态系统之间以共有的知识网络作为关联关系存在的支撑，知识网络也是组织外部知识活动展开的渠道和平台。本部分的研究视角表明，对外部知识网络动态属性及其作用的观察可以扩展对企业网络化创新和创新生态系统创新的认识，从而为研究者提供更多的启示来引导进一步的研究工作。

三、对创新生态系统知识治理的实践启示

现有研究对创新生态系统的知识治理提出了一些观点。比如，知识治理实践的四种要素：数据基础、联合、资源获取和整体性（Giebels et al.，2016）；开放式治理与封闭式治理、中心化治理与扁平化治理（魏江和刘洋，2020）。但创新生态系统的知识治理还没有一个明确的研究框架，缺乏一个可行的知识治理操作内容。本研究用案例研究与定量分析相结合的方法，探究了创新生态系统知识治理的一些规律。

第一，本研究的结果表明，购买和引进国外技术并不必然带来创新绩效和创新产出的增长。这提醒企业的管理者，引进国外技术的前提是企业必须具有相应的先验知识和知识基础。企业在获得和引进技术后，必须采取措施吸收和"留住"国外技术。同时，该研究结论也从另一方面印证我国自主创新战略的正确性。尤其在现今，我国面临一些"卡脖子"技术的瓶颈，正体现了我国应加强基础研究、自主创新研究的紧迫性和必要性。开放式创新模式下，创新生态系统的知识治理应建立一种知识搜索与筛查机制，构建一个统一的外部知识资源过滤界面与网络系统。通过前置机制的建立，净化知识获取与流通的渠道，提高知识获取的效率。此外，对于知识输入方组织来说，需加强获取国外技术的特定能力培养，建立专门的知识输入管控机制，探讨如何重新部署内部和外部知识资源分配，以实现优于竞争对手的资源组合（Grimpe and Kaiser，2010）。

第二，研究结果显示，企业与高校、研究机构的知识合作能有效促进创新生态系统创新产出，该结论与第四章的研究结论是相呼应的。在创新生态系统中，高校和科研机构是高中心度聚集区的成员，是知识创造与流动的关键节点。要发挥企业在创新生态系统中价值创造的主导作用，必须依赖于基于高校和科研机构的知识生态系统驱动。本章研究的结论也印证了高校和科研机构在创新生态系统中有着显著的作用。高校或科研机构与企业的合作，一是科技成果的转化，这种方式一般在转化过程中会受到知识距离的影响，或者会产生知识脱节。二是研发项目合作，项目合作可以做到深度合作的程度，最重要的是可以实现人员的相互信任与关系的建立，这将有利于隐性知识的转化与学习。前后两部分的研究结论给创新生态系统的知识治理提供了较多的建议启示。一方面，加强高校、科研机构与企业的合作，尤其是实质性的合作，提高合作的质量。建立基于知识合作绩效的评价机制，用评价结果作为激励高校、科研机构与企业协同创新的导向。另一方面，本研究结果表明，企业与研究机构和高校的知识合作对创新生态系统创新绩效产生了显著的积极影响。研究机构和高校是主要的知识来源，有助于使技术协作和转让政策符合合作创新各方的具体需要，也激励企业、高校和研究机构之间的知识分享，特别是隐性知识共享。在实践中，中国的高校和研究机构拥有大量的研发资源，企业可以通过与它们的合作，加强知识基础，提高研发投资的创新产出。

第三，研究结果还表明，国内技术市场的技术交易对创新生态系统的创新产出有着提升作用，不同的知识交易模式对创新产出或绩效有着不一样的作用，说明创新生态系统成员之间的知识交易活动是治理的重要对象。研究结果也呼应了现有文献结论，基于国内技术市场的技术设备、知识资源等知识资本交易是显性知识扩散的重要机制，也能促进隐性知识的流动（Roper et al.，2017）。该结论给企业管理者带来的实践意义在于：应建立一种知识交易的审计机制，改善企业创新的审计实践，允许管理者评估他们的创新活动，更有效识别新的创新领域（Frishammar et al.，2019）。知识交易的审计应与创新活动的审计相结合，重在事前评估、事中调整和事后评价。企业管理者应努力通过这种治理手段减小创新投资者对新产品和新技术开发与应用从潜在可能到现实实现过程中不确定性因素带来的不可预判的风险。

综合来说，如何持续有效地治理创新生态系统，源自知识生态系统提供的洞察与信息。需要开发并依托于知识生态系统和创新生态系统成员所组成的并内嵌于两个生态系统中的知识网络，用以持续识别来自复杂创新生态系统动态演进过程中呈现的复杂性和挑战。通过长期的经验构建、适宜度调整和联合演化形成的本地化知识生态系统能为具备成长性的创新生态系统治理提供有效的和实用的知识、方法、理论与实践（Tengö et al.，2014）。研究结论证明，创新生态系统成员之间知识交互活动强化了系统整体的创新效率，直接效应就是提升企业的创新产出和能力。研究结论也表明，并不是任何一种知识活动都能达到理想的促进效果。原因在于，一方面，知识的供给与需求并不是简单的量的增长，也不只是项目、人员和资金的增加。关键在于供给与需求双方知识的融合，形成相似或一致的知识基因，并通过形式的转换和"基因"的突破形成知识需求方能把控和运用的知识创新能力，形成适应市场需求的创新绩效。另一方面，知识需求方必须具备相关的先验知识，这可以帮助它们识别有用的知识并转化为组织的知识惯例和能力。从组织的角度看，嵌入创新生态系统并不必然带来技术能力的提升、创新产出的增长，只有通过一系列有效的知识活动才能将存量知识转化为"活化"知识，激发知识的边际效应增长，确保足够长时间的能力增长。

创新生态系统的治理需要从政策实施、机制构建与制度安排等领域提出具体的措施，关于创新生态系统治理的政策建议在第六章详细提出。

第八节 本 章 小 结

创新生态系统是一种新的创新范式，势必会带来创新治理机制的变革。创新生态是开放与共享的，信息、技术和数据等资源被吸引而聚集，更多的创新机构因资源互补而合作参与到创新生态圈。同时创新生态也是竞合与共生的，能容许和融合大量异质类组织、竞争机构组建共生环境，创建价值共创机制。创新生态系统的治理涉及多元机构多种需求的协调，而且不同层次的创新生态系统在结构组成、成员关系和治理目标上存在实践差异。深刻理解创新生态系统知识治理规律与特征是解决创新生态系统治理研究，特别是治理机制解析中理论基础局限的关键所在。本章用案例研究方法，采用三级编码步骤探讨了企业、产业和区域创新生态系统案例中理论研究框架，提出了分析结论。采用计量统计分析方法研究了创新生态系统中的知识活动：知识获取、知识合作和知识交易对创新生态系统创新绩效的影响，发掘基于不同创新机构合作创新的知识治理机制。

通过企业、产业和区域三个层次案例素材的关键词提取和编码，由副范畴到主范畴，最终都能提炼形成以"创新生态－演化动力－治理机制"为核心范畴的案例理论研究框架。就主范畴和副范畴关键词来看，企业、产业和区域创新生态在"创新生态"范畴上包含的关键词存在较大差异，表明三个不同层次创新生态系统的结构组成、创新要素和创新环境等体现出不同的层次目标、表征不同的层次内涵。"演化动力"范畴中，数字化成为三个案例中共有的关键词；而在"治理机制"范畴中，三个案例中出现频率较多的关键词则是知识治理、知识网络、知识生态和知识平台等。知识治理涉及的要素多且复杂，包括知识主体、知识形态和治理形式。本章进一步采用计量统计分析方法，研究了创新生态系统成员之间的知识活动：知识获取、知识合作和知识交易对创新生态系统创新绩效的作用。虽然在第四章已明确了高校、科研机构和企业等是创新生态系统知识治理的主体，是处于高中心度的核心节点，但通过本章的定量实证分析，则进一步解开了系统成员之间的何种知识活动对创新生态系统创新有利。在分析知识活动的作用机制基础上，对创新生态系统知识治理的目标、实施对象和治理方向提出明确的定位与策略。

| 第六章 |

研究结论与展望

第 一 节　研 究 结 论

　　创新生态系统的研究一直是一个热点，如今依然是。但是在数字创新蓬勃发展，数字技术对创新管理深度渗透的背景下，创新生态系统已呈现新的特点和现象。用来类比创新生态系统的自然生态系统概念、种群群落、生物生态学等理论已无法完整解释数字经济时代平台创新生态系统、数字创新生态系统、大数据创新生态系统和虚拟创新生态系统等新的生态系统结构、新的创新现象和新的创新实践问题。例如，借助平台创新生态系统，新创企业可以越过常规的初创期、成长期和成熟期，可以借助多种来源的知识资源快速累积创新规模，形成明显的创新效应。而按照传统创新发展过程建设的新创企业创新生态系统则难以在较短时间内形成规模效应。创新生态系统的演进范式发生了超越传统规律的现象，其治理也面临新的挑战。

　　本研究基于知识生态、创新生态系统、知识生态系统和知识管理等理论基础，从知识生态的视角，首先充分进行了文献研究，提出创新生态系统知识生态化的认知，分析创新生态系统知识生态化的基因与架构。将创新生态系统的知识生态视角分解成知识供需关系结构，用演化博弈分析方法研究了知识供需双方博弈策略选择对创新生态系统演化路径的影响。其次，用整体网分析方法分别对知识生态系统与创新生态系统进行结构模型分析和网络中心度分析，以探究创新生态系统演进的驱动因素，提炼了创新生态系统演进范式的内容。最后，采用案例分析和定量分析的方法研究了创新生态系统的知识治理问题，并根据整体网分析、案例分析和定量分析的结果对创新生态系统治理提出了政策建议。本研究得到的结论具体而言如下：

第一，知识生态化不仅是创新生态系统研究的视角，更是一种方法论体系，包括了研究的逻辑、技术、方法和内容。通过文献的梳理与述评发现，国内外学者在知识生态、创新生态系统的研究上积累了丰富的理论观点。有学者对知识生态系统与商业生态系统、创新生态系统关系的研究也为知识生态化视角探索创新生态系统演进与治理提供了文献和理论支撑。知识生态化视角的研究，一是能契合创新生态系统成员结构、关系结构、演进范式与治理模式等的解析与阐释，能科学解答创新生态系统演进与治理的逻辑规律。二是知识生态化能为创新生态系统的研究搭建合理可行的研究框架，即基于知识供需关系结构的囊括创新生态参与主体演化博弈、知识活动等内容的逻辑框架。随着数字创新模式的兴起，知识生态化研究视角具有很好的延展性，数字化知识、数字化知识生态则能契合数字化或数智创新生态系统等新兴生态系统的视角嵌入研究。

第二，对创新生态系统知识生态化理念构建了一系列创新性的观点。提出了创新生态系统知识生态化的概念，指出了创新生态系统知识生态化基因的内涵，并从成员角色、知识基因、知识基础和知识域等四个方面阐释和构建了知识生态化基因关系。还指出了创新生态系统知识生态化的内部要素（结构、成分、功能和行为）和外部要素（市场、网络、社会和基础设施）。整合基因、内部要素和外部要素等内容，提出了创新生态系统知识生态化架构的概念及架构关系图。知识生态化之所以嵌于创新生态系统中，源于创新的本质是知识的创造与应用。创新生态的构建与演化根本在于知识供需关系的建立与消化。基于此，研究了知识生态化对创新生态系统演化的影响。基于演化博弈理论，采用演化博弈模型，分析了基于知识供需关系的知识供给和需求双方合作策略选择博弈对创新生态系统演化的影响。一方面演化博弈模型是生态系统演化研究的有效方法，另一方面演化博弈对生态系统成员竞合关系的描述和分析也极具价值。从演化博弈模型的模拟仿真分析看，知识需求方对合作成本敏感度要更强，知识供给方对合作收益及收益比例的影响反应则更为积极。在非对策合作情境下，"搭便车"现象则是研究的一个重要发现，对创新生态系统的治理有着重要启发。

第三，如何研究创新生态系统的演进范式，关键在于发掘创新生态系统演进的驱动力以及结构。整体网分析方法适宜生态系统结构的解析与研究，已有文献用整体网分析方法研究了知识生态系统与商业生态系统的关系，提供了契合的思路。通过采用矩阵数据，以省域数据为样本，用整体网分析方法分别对知识生态系统和创新生态系统进行了结构模型和网络中心度指标分析。多样本数据的研究结果发现：知识生态系统中处于关键"基石"的成员——高校和科研机构，在创新生态系统中也承担关键核心角色的作用。研究发现提供了进一步的结论推断，以知识创造、传输和转换为主题而组成的知识供给与需求关系、规模以及知识交易量大小等因素是创新生态系统成员关系演变、系统演进的关键指标。创新生态系统的演进与知识创造主体和知识流动节点所构建的知识活动规模大小有关。

第四，创新生态系统的知识治理是系统成员之间知识活动的协调、规范与平衡。一方面需要探寻治理的关键要素、要素关系和机制，另一方面则需分析治理视角下系统成员之间的知识活动如何影响创新生态系统治理的机制设计。因此，本研究采用案例分析和计量统计分析相结合的方法，通过案例研究深挖创新生态系统知识治理的逻辑，通过计量统计分析发掘影响创新生态系统创新绩效的系统成员之间具体类别的知识活动。采用基于扎根理论的数据编码，提出了"创新生态－演化动力－治理机制"理论框架，从"成员知识化和组合网络化的创新生态；多来源、数字化的演化动力；知识化、数字化的治理机制"三个方面提出了研究结论。计量统计分析结果表明，引进国外技术对创新生态系统创新绩效无显著正向作用，对于创新生态系统的治理有着重要的实践意义。该结论说明外部知识获取后的知识转化、消化整合是开放式创新的根本目的，也是自主创新能力形成的要求和前提。定量分析的结果与整体网分析结论也形成呼应，印证了两类研究方法开展问题研究的科学意义。

第二节　研究创新之处

本研究的创新之处从研究视角、研发方法、研究逻辑和研究理念四个方面进行综合归纳。

第一，提出新的研究视角。利用知识生态学理论，基于知识生态化视角，剖析创新生态系统演进和治理的规律和机制，为创新生态系统的研究提供一个新的研究视角，同时也是一种新研究范式的拓展。

现有关于创新生态系统的研究，对创新生态系统演进规律与路径缺乏深度研究，尤其是创新生态系统演进的驱动力是什么，在已有研究中缺乏明确结论。此外，创新生态系统治理的研究文献不多，已有研究结论所提出的治理机制和模式一则缺乏目标针对性和主体定位，二则缺乏契合的理论解释框架和逻辑。本研究发现，高校作为知识的主要生产者、基础研究的主要基地、知识流动的重要节点，是创新生态系统的重要组成部分。与其他知识生产机构一起，高校等机构能形成一个基于知识价值创造与流动的知识生态系统。知识生态化作为一种重要切入界面的研究视角，抓住了创新生态系统创新行为本质以及创新生态化演化的实质，对准确分析知识生态系统与创新生态系统关系，研究知识生态如何驱动创新生态系统演进具有重要的创新意义。尽管知识生态视角研究创新生态系统有一些难度，但是立足该视角能准确契合创新生态系统发展演化的要求，能推进和拓展新的且有效的研究领域。

第二，采用了新的研究方法。采用整体网分析方法研究创新生态系统和知识生态系统，突破了创新生态系统研究范式，通过方法的创新达到研究对象与研究目的的契合。

国内外现有关于创新生态系统的研究采用案例分析等定性研究方法，以及用模拟仿真模型研究共生演化等问题，或基于已有文献的综述研究，定量型实证研究缺乏。对于创新生态系统内在演化动力，多数据来源的对比还缺乏相关的研究。由于创新生态系统借用了生态学中种群演化的研究理论，对生态系统的结构解剖是研究中的一大难题。本研究采用整体网分析方法，通过结构模型图分析、网络中心度等指标计算的方法，剖析知识生态系统与创新生态系统的关系，发掘系统的关键节点和高中心度成员，用以解释创新生态系统演进的驱动力，解剖创新生态系统的成长递进关系及演进路径。整体网分析方法的使用，丰富了创新生态系统研究方法论，扩展了创新生态系统研究的统计分析模型。

第三，提出新的研究理念与逻辑关系，拓展了知识生态和创新生态理论的研究范畴。已有学者对知识生态与创新生态系统、知识生态系统与创新生态系统和商业生态系统的关系在理论上进行了阐述和总结，但基于案例的分析或基于有限指标变量的研究还无法满足对创新生态系统演进与治理广度和深度的理解，有定量分析则发现与研究逻辑不一致的结论。本研究提出创新生态系统知识生态化的新理念，对该理念进行了系统的诠释，构建了一种新的逻辑架构。

基于知识学理念，本研究解析了创新生态系统的认知挑战，提出创新生态系统知识生态化认知视角的内容：创新主体的知识分布、创新行为的知识互动、创新地位的知识竞争和创新能力的知识演化。提出了创新生态系统知识生态化的概念，并从本质、实质、特性和机理等四个方面阐释了其内涵。提出创新生态系统知识生态化基因、内部要素和外部要素，构建了创新生态系统知识生态化架构。提出了基于知识生态化视角探究创新生态系统演进与治理的研究逻辑框架，为解释"知识生态化如何影响创新生态系统的治理效率进而促进系统效率增长"这一命题开拓了新的逻辑思路，从而丰富了创新生态系统演化发展理论，拓展了创新生态系统结构、成长与治理等理论研究成果。基于知识供需关系结构的逻辑框架，采用演化博弈模型研究了知识生态视角下知识供给和需求方博弈策略选择对创新生态系统演化的影响路径。这一研究逻辑不仅推动了演化博弈模型在创新生态系统研究中的创新性应用，而且也揭示了创新生态系统成员合作创新的多种机制及重要的影响因素。

第四，就创新生态系统知识治理研究，提出了新的方法体系与研究框架。已有文献中涉及创新生态系统治理的研究不多，一些文献采用案例分析等方法探讨了创新生态系统知识治理的问题，但是研究结论针对性不够，可借鉴成果缺乏。

本研究系统论述了创新生态系统知识治理的理论基础与认知概念，通过案例研究提出了创新生态系统治理研究的"创新生态–演化动力–治理机制"理论逻辑框架。用计量经济模型实证分析了创新生态系统成员之间的知识活动对创新生态系统创新绩效的影响。通过研究结果发掘有价值的结论，针对结论提出了创新生态系统知识治理的观点。并在研究总结部分，提出了加强创新生态系统治理的政策建议。新的研究框架延伸了知识生态与创新生态系统的研究空间，挖掘了创新生态系统知识治理涉及的重要因素，归纳总结了创新生态系统治理的基本规律，推动了创新生态系统研究的进一步深入。

第三节　加强创新生态系统治理的政策建议

创新生态系统研究具有非常重要的实践意义，企业、高校、研究机构、中介和金融机构及竞争者都因为嵌入在创新生态系统中而受到系统环境的影响。不管是政府宏观政策的制定，还是企业在创新生态系统中生态位的维持，或是高校、科研机构知识创新主体地位的行使，创新生态系统研究的一个重要目标就是为生态系统成员提供有价值的政策建议。本研究从政府、企业、高校和科研机构、产业、区域和数字经济等多个方面提出加强创新生态系统知识治理的政策建议。

一、深化政府的创新治理机制改革

（一）建立加强顶层设计的长效机制

明确创新生态建设的目标与要求，制定相关的战略规划。落实规划实施的具体方案，促进具体政策的推广与落地，让宏观决策"接通地气"。推进创新治理体系和治理能力的现代化，建立与各方组织参与、专家咨询制度密切相关的创新治理协商制度、治理决策论证制度等长效机制，确保政府的创新治理机制和制度规范有效。

（二）探索新型财政投入机制

建立以创新价值实现为选择依据的市场化创新支持模式，发挥市场在财政投入机制中的选择作用。对于企业研发类项目可以采取先推广应用、后补助的财政资助方式。对于风险投资、金融机构投资和支持的成果转化和产业化项目，可采用风险补偿和政府奖励等新型投入方式。建立面向需求面的财政补贴政策，利用企业的研发转移支付鼓励产学研合作与创新。

（三）完善创新政策的形成机制

建立创新政策科学甄别与决策的分布式体系。可由政府部门、专家等组建基本规则和政策体系架构,同时也可纳入公众等利益相关者合理参与决策过程,促进政策形成机制的不断完善。构建政策改进与完善的反馈渠道与有效机制,形成政策决策系统自我组织、自我完善的稳定机制。

（四）强化需求侧政策的实施机制

推行需求侧政策改革,提升其与供给侧政策面的政策合力。建设好数字经济领域新兴产业的数字化平台与基础设施,有序推进友好型法规与标准的建设,为创新成果的转化与领先市场的塑造创造良好的市场和营商环境。综合运用政府采购、技术标准和创新券等政策工具,强化应用用户补贴的市场信号,促进需求侧政策的效应释放,引导创新资源的流向。

（五）健全政策实施的评价机制

探索创新政策实施前的预评估,搭建信息化平台和信息系统进行政策模拟,提高政策的针对性和有效性。建立全方位的政策评价体系,注重政策在发布之后的有效实施及其成效的评价。强化政策评价的顶层设计和推广,应用科学的政策工具开展政策测量与审计,促进创新政策实施效应的提升。

二、引导企业创新生态系统的培育

（一）建立企业为主体的开放式创新生态圈,培育领先型本土基石企业

注重区域内企业创新生态系统的打造,引进国内外创新型企业在区域设立研发中心或总部,打造共生共赢的企业创新生态圈。通过实施针对性的、有效的资金扶持政策,鼓励企业与其他企业、高校、科研机构进行产学研深度合作。对合作产生的知识产权等所有权进行本地化品牌打造和保护,打造本土企业的核心能力,培育领先型基石企业。

（二）促进制造企业创新模式转型升级,打造企业创新生态的整体品牌

引导和鼓励制造企业充分应用数字化技术和平台具有的创新赶超效应,建构面向全球市场的创新生态系统,促进创新模式的转型、创新层次的升级。引导企业立足产业资源与创新特色,促进企业实施全方位核心技术能力战略,

构建和完善自身的创新生态系统，打造创新生态建设的区域品牌。

（三）聚焦科技型中小企业创新发展，助推独角兽企业的培育与成长

提升科技型中小企业的创新能力，以专项项目方式支持企业知识管理系统等信息系统的标准化建设，提高企业内外部知识交互的效率和创新成功率。在战略性新兴产业的细分领域，通过财税及金融体系的改革促进现代服务业新业态的专业化发展，造就一批引领行业发展的"独角兽"企业。

（四）实施共生型企业创新生态战略，提升企业应对环境危机的能力

通过政策实施的链接与产业链发展的耦合作用，有效打通高校、科研机构知识资源，政府、金融机构的创新资源与企业商业化行为的联动壁垒，规避企业在创新方面的薄弱之处。企业在面对外部环境危机时，如新冠疫情等公共卫生事件，能借助异质性成员的知识与创新资源，提高企业应对外部环境危机的能力。

三、发挥高校和科研机构的支柱作用

（一）加强高校和科研院所的 R&D 投入，提升其创新驱动水平

研发机构与高校的研发具有体制管理的特点，应根据组织属性分别采取不同的发展战略。事业单位性质的研发机构应加强科技成果转化管理，在完善研发机构体制机制的基础上，促进研发机构研发投入的动力。高校研发重在解决研究与产业化"两张皮"的问题，消除成果转化中的体制机制障碍。应充分赋予研发机构和高校科研项目、资金、收益的自主管理权，引进市场化机制激发其创新活力，释放成果转化潜力。完善高校技术无形资产管理办法，明确技术类无形资产市场定价的原则，赋予高校科研人员以技术无形资产参与科研成果转化的权益。改革高校科研人员唯国外论文的考核机制，纠正高校科研供给与市场成果需求之间错位的机制，促使高校科研人员的科研立足于国家和区域经济建设，立足于企业技术创新需求，使高校科研成果真正能与实践相对接。

（二）实施基础研究与应用研究提升战略

基础研究与应用研究投入周期长、风险高，投入经费大，但是要保持区域竞争力，打造研发经济良好生态，必须由政府主导和组织前沿性、基础性的技术攻关研究。政府通过主导一些关键性技术、"卡脖子"技术的研究和攻关，突破技术应用中的技术壁垒，提升区域整体的技术应用和创新能力。加大高校和研究机构基础研究与应用研究的政府财政投入，通过项目管理机制的完善与优化激励高校和研究机构的研发专注度。探索实施多元化的方式，通过政策引导、项目支持、税收优惠、社会捐赠、慈善基金等措施来增加企业对高校和科研院所的 R&D 投入。加强企业与高校、科研院所在基础研究与应用研究领域的协同，政策引导和鼓励企业积极参与高校牵头的重大项目。

四、强化产业创新生态体系的治理服务能力

（一）强化产业关键共性技术研发，服务产业创新生态整体的知识需求

建立产业共性技术协同创新平台，发挥政府在支持关键共性技术研发攻关中的政策引导和杠杆作用。企业重点进行技术跟踪和储备，与高校、科研院所建立产学研协同关系，组织实施重大关键共性技术研发的攻关专项项目。通过共性技术的突破，解决产业创新中关键共性技术的"瓶颈"问题，满足各类创新机构对知识的需求。

（二）促进产业新业态、新模式的发展，培育新的创新群落

研究制定科技创新型企业评审、认定与过程管理的操作办法，建立企业创新动态数据库，建立监测和评估技术创新创业过程与结果的服务体系。从研发转化、政策支持、合作网络等方面提升支持企业技术创新和技术转移的公共信息和专业技术服务水平，促进科技资源共享，培育并服务于新的产业创新群落的形成与发展。

（三）健全创新服务政策体系，增强创新服务能力

产业创新生态系统建设，汇聚高端创新资源，离不开创新服务政策的支

持。作为地区产业技术协同创新的基础，必须重视并切实落实创新服务政策的实施，并通过实施细则提高政策的创新效应。加快构建产业技术协同创新的金融服务网络，支持商业银行发展科技金融专营服务机构。发展第三方支付、互联网金融等机构，促进融资租赁和金融租赁发展，服务实体经济。增强对高端人才尤其是产业领军人才的吸引力。充分发挥产业领军人才引进政策的导向作用，完善人才服务政策，增强高端人才的归属感。建立知识产权维权机制，保护创新主体利益。激发高校、科研机构科研人员科技成果转化的积极性，创造尊重创新、保护创新的创新文化。

（四）创建全产业链创新生态环境，增强产业创新平台服务能力

按照"构建平台创新生态系统，创建产业创新生态环境，提升产业创新生态效应"的总体思路，大力发展研发设计、科技金融、知识产权和资源信息共享等创新服务平台，加强平台间的互联互通，打造全产业链的平台创新生态系统。搭建集创新资源"发现、培育、推介和服务"功能于一体的资源信息服务平台，建设政策性、基础性的科技金融服务平台，开发多元化的科技金融产品，形成多层次的科技金融服务体系。加强重大项目的知识产权规划和布局，健全知识产权投融资服务体系，增强知识产权服务平台的支持作用。以产业创新联盟的形式制定相关的产品和技术标准，提高企业在关键部件及工艺采购与供给上的议价能力。

五、提升区域创新生态系统治理水平和效应

（一）优化研发投入政策结构，聚合产业创新资源

加大研发投入，增强研发投入在原始性创新领域的份额。通过研发投入的增加提升区域技术创新能力，夯实创新资源整合的基础。改革研发投资的机制，以市场融资机制为主导改革研发补贴的新供给。搭建研发投资平台，通过研发投资机制的优化引导研发融资市场的新组合。强化研发投资的项目评估效应，以项目评估为研发投资的优化提供评价机制。

（二）强化技术引进政策的效应

加大对区域技术引进的支持，创新财政和税收政策的支持方式，采取针

对性的财政补贴和税收优惠鼓励企业对高新技术的引进与消化吸收。鼓励企业对引进技术的持续投入，强化对引进技术的消化吸收和再创新，建立技术再创新专项资金管理制度。建立技术引进项目管理制度，加大技术引进项目的合作力度。提高项目的自主研发能力，促进高端技术的应用。形成产业协同创新体系的技术引进机制，以产业技术协同创新体系建设的需求建立技术引进项目的筛选机制。

（三）深化市场激励政策的作用

建立市场评判与选择机制，以市场选择为标准，聚合多层面的创新资源，客观评价和平等对待多种所有制结构的企业，推动不同所有制企业的协同创新。建立市场公平竞争环境，打破地区和行业利益的垄断与封锁，为各种类型的企业和其他创新组织建立协同创新网络提供平台和机遇。鼓励科研机构、高校依据市场需求机制进行科技成果转化，对参与产业技术协同创新过程的机制进行创新，建立基于数字化平台的多方参与协同机制。

（四）增强创新生态圈创新资源管理的治理与协同能力

加大地区创新基础设施建设，构建跨区域大数据共享平台，促进产业技术协同创新体系中各创新主体之间的知识共享与协同。从宏观政策层面促进全球化开放式创新生态系统的形成，整合全球化高端创新资源，通过全球产业链的调整优化来助推地区产业转型升级。建立面向"互联网＋"的创新生态系统环境，为地区创新创业提供全方位的服务，为产业技术协同创新体系的建设提供良好环境，为创新创业生态系统的内在发展提供政策驱动力。

六、推动数字经济时代创新驱动发展战略的深度实施

（一）优化创新生态系统，完善创新驱动发展的战略环境

在新的形势下，创新生态系统需深度优化。健全完善高校和科研机构科技成果转化的机制，解决科技成果转化过程中的知识产权保护、投融资体系和成果转化评估等重点问题。强化高新技术企业认定的标准，加强企业认定之后的支持与监管问题，保证企业在认定之后确实能加强企业技术创新能力，

取得技术创新的明显成效。加强政府部门的协同管理，以科技创新主管部门为主进行统一协调。建立部门之间的沟通机制和行政协同体制，促进跨部门、跨行业、跨专业和跨领域的协作，为企业、高校、科研机构、金融机构等的直接合作提供体制支撑。建立创新网络的链接平台，为各类创新组织之间的合作创新打造多种类型的创新模式。企业打造用户创新平台，加大创意开发的力度，强化用户创新的作用。政府部门打造公共创新平台，为创新机构之间的合作与协同降低成本、提高效率。

（二）建立科技创新平台，打通创新驱动发展的连通渠道

数字技术在创新过程中的渗透，为科技创新平台的建立提供了便利条件。打造共性技术开发平台，为企业技术创新提供支持。共性技术开发周期长，所需的资源多，因此需要建立共性技术平台整合多方面的资源。打造知识共享平台，可以打通创新资源流通过程中的节点。建立知识产权流通交易的保护制度，建立知识共享过程中的"信任"体系。打造数据要素流通平台，发挥数据要素禀赋的生产力作用。创新平台的链接需要数据的共享，出台数据要素管理的法律法规，理顺数据要素市场交易的体制机制，激发数据要素的生产力作用。

（三）聚集高端创新人才，夯实创新驱动发展的人才基础

增强对高端人才尤其是产业领军人才的吸引力。充分发挥产业领军人才引进政策的导向作用，完善人才服务，增强高端人才的归属感。健全知识产权保护机制，保护创新主体利益。激发高校、科研机构科研人员科技成果转化的积极性，创造尊重创新、保护创新的创新文化。鼓励基础性研究，完善科研项目的审批与管理制度，提高科研人员经费自主权。深层次转变科技创新模式，避免创新工作的低端重复。引进和扶持高端创新人才。坚持突出重点、项目带动、企业为主的原则，围绕支柱性新兴产业和高端产业集聚的需要，重点引进高端产业发展所需的研发人才、技术人才、管理人才和教育行业人才。实行人才柔性管理，突破地域、单位和工作方式的限制，留住高端人才，发挥人才的核心作用。

（四）推动高端产业发展，建立创新驱动发展的高端产业链优势

高端产业高科技含量高，属新兴产业或新概念产业，契合数字经济发展的趋势。数字经济时代创新驱动发展需依托于高端产业的推动作用。加大高端产业技术的开发，设立中长期产业技术研发计划，通过财政政策鼓励企业重视产业技术的研发。打造高端产业链，必须牢固树立新发展理念，聚焦新技术、新业态、新产业，聚力新动能，在发展中促进传统产业转型以及新兴产业的蓬勃发展。汇聚数据、科技、资本和人才等关键要素，发挥他们的重要引擎作用。提升高端产业链的整体竞争力，大力培育新兴的潜力型、主导型产业，实现产业发展的升级换代，以新兴产业带动经济增长。

第四节 研究局限

本研究结合知识生态与创新生态系统理论，采用整体网分析、演化博弈模型、案例分析和计量分析方法对创新生态系统的演进范式和治理机制进行了研究。研究还存在一些尚未深入和尚需完善之处，具体包括以下三个方面：

一、样本选择的局限

运用整体网分析方法研究创新生态系统的结构模型图和中心度，只选择了东部、中部和西部一共四个省域的样本。一是因为研究篇幅的限制，无法做到对所有省份的样本都进行分析。二是从研究的目的与意义来看，选择具有代表性的四个省域的样本，以达到研究目的，通过分析结果可以观察发现知识生态系统与创新生态系统之间的关系。当然，如果再选择一批地区样本，可以会有更多发现，但是总体而言，现有样本数量的选择并不影响研究结论的有效性。

二、变量指标选择的局限

在考虑创新生态系统知识活动测量维度时，主要选用了知识获取、知识合作和知识交易三个维度。因为这三个维度基本囊括了企业与高校、研究机

构之间的知识流动关系，包含了技术市场中介在创新生态系统中所承担的知识流通角色。维度的选择也符合关于创新生态系统知识治理问题探讨所需要参考的指标要求。知识治理活动因活动主体的不同可以呈现多种形式，后续研究可以考虑扩充创新生态系统知识治理的测量维度和指标，使实证检验结果能挖掘更多的知识治理机制。

三、案例和数据收集受限

案例研究中，用了企业、产业和区域三个层次的创新生态系统案例素材。一则是为了避免同一层次的案例在内容、视角和可分析维度上的局限；二则是考虑到分别从企业、产业和区域的视角探讨创新生态系统的治理，能全面系统地挖掘出重要信息，对创新生态系统中存在的知识活动解析更为准确。在实证检验创新生态系统的治理机制时，收集了企业相关的知识活动。一是企业是所有创新过程的联结点，尤其高校和科研机构中心度作用的体现，是通过向企业供应知识资源而形成的；二是因为企业是链接所有创新生态系统成员的节点，了解企业在系统中与其他成员的知识活动关系，可以对创新生态系统的知识治理进行判断与分析。此外，因为主要关注知识活动的治理问题，因此数据的收集不是按各个省份的地域范围来收集的区域数据。

第五节　研究展望

创新的本质是知识的创造、传播与应用。开放式创新背景下，企业获取外部知识资源并有效转化和运用决定了企业创新的竞争能力。从初步的创新互动开始到创新生态系统的形成，企业创新呈现出创新竞争模式的战略性演化。随着创新生态系统结构要素的增加、内部关联方式的增多，创新生态系统将会从企业层面的创新生态系统演变成为产业或区域层面，然后到国家层面的创新生态系统。随着微观到宏观的升级，创新生态系统的组成结构更为复杂，需处理的知识存量和知识流动渠道也更多，创新辐射面也更为广阔。因此需要用生态系统理念进行思考、以公共政策为导向的宏观管理方式强化创新生态系统的有效运行。创新生态系统从微观向中观、宏观的形态演进，其实质是以企业为主导核心的创新组织与其外部组织在知识的供给和需求上的协同博弈，尤其是在知识管理能力上的博弈。在演化博弈过程中，包括主导企业在内的各类创新组织会选择与自身资源能力、知识供给与需求地位相配的生态位。生态位关系包括创新组织在知识网络中的生态位、在创新空间中的生态位以及知识供需关系中的生态位。创新生态系统知识生态化的演化关系奠定了知识生态化视角研究创新生态系统演进与治理的理论基础。创新生态系统的治理关键取决于对创新生态系统的管理能力。对于企业创新生态系统来说，企业的外部知识管理效率提高外部知识生态网络对企业技术创新效率的影响作用。区域创新生态系统创新效能的提升需要有系统的区域知识管理过程和完善的区域知识管理能力。国家创新生态系统对国家创新能力的作用以及创新政策效应的体现则取决于国家知识创新政策的实施以及知识创新能力的提升。笔者认为，随着数字化创新以及创新生态系统研究的深入，有以下三方面的研究值得探讨。

一、数字创新生态系统的数字化治理

数字创新无疑是创新管理研究领域最新的研究热点，数字技术支撑下创新生态系统呈现出与传统意义上的创新生态系统不一样的特点。数字创新生态系统聚焦于成员的动机与行为，成员之间的联结以及它们在重新组合演化过程中的资源需求（Nambisan，2018）。传统的生物学理论对创新生态系统的研究关注生态系统的结构组成，但是数字资源的虚拟性、边界模糊的特点淡化了结构组成的特点，数字创新更倾向一种虚拟边界、快速演化的生态组成模式。数字创新生态系统打破基于产业链和价值链上下游合作伙伴共享资源的理念，呈现出的是一种多元化组织的自发集成，是核心企业利用数字技术与其他互补型组织共建的价值创造网络（魏江和刘洋，2020）。数字创新的特点决定了数字创新生态系统的有效治理至关重要，不同治理方式关系到数字创新创业的成功与发展，对数字创新生态系统的治理也将成为一个尚需深化研究的问题。数字创新生态系统的治理将会是一个多维的价值创造实践过程（Suseno et al.，2018）。后续的研究可以关注数字创新生态系统的数字创新组织问题，研究数字创新的领导者与价值创新支持群体之间的关系，聚焦数字化治理模式下数字创新生态系统演化、规模增长等新的理论构建。

二、创新生态系统基本问题的深度研究

里塔拉和阿尔姆帕诺普卢（Ritala and Almpanopoulou，2018）曾在文章中指出，尽管创新生态系统近十多年以来引起学界的极大关注，但是还有许多问题尚不明确。比如，国家创新生态系统与区域创新生态系统的区别；创新生态系统绩效的测量；自然生态系统和创新生态系统的相似点和区别；用各种不同词汇描述创新生态系统时的区别等。格兰斯特兰德和霍尔格松（Granstrand and Holgersson，2020）认为近十五年的研究，导致在创新生态系统的关联问题研究和概念研究上产生了一些争议。笔者认为，争议主要源于新的创新模式的出现。数字化技术冲击下创新方式的改变等现象的出现，本质上是创新生态系统演进与治理的过程中新的元素加入从而带来了新问题、新的研究领域，需要加以深度研究。后续研究可以关注创新生态系统演进在不同形态下呈现出的新特点，探究在异质类创新组织情境下，如何认识创新生态系统的演进范式与规律。可以从新的理论视角、认知视角强化对创新生态系统构建、演化与治理中某一个层面所展现出的问题研究，以深化对创新生态系统新的深层次认知。

三、创新生态系统研究方法的选用

已有的研究文献中，关于创新生态系统的研究主要以案例研究为主，有单案例和多案例等方式。案例研究有其研究优势，能深度探究研究对象的行为与特点，便于进行理论提炼和阐述。但是案例研究也具有一些局限性，一是案例样本数量有限，由于选择的样本具有特定目标，因此案例无法覆盖各种现象。尽管可以采用多案例的方法减小这种影响，但在案例的选择上无法做到全面的覆盖。二是案例研究的结论针对某些特定问题、特定现象具有适用价值，比如行业案例、显著性的企业案例等。但是研究结论不一定能解释其他行业和企业所嵌入的创新生态系统所具有的规律、路径与机理。因此，在充分运用案例研究的基础上，创新生态系统的研究应深化定量分析方法的应用，发挥定量研究与案例研究相辅相成的作用，也使得研究结论能具有更广泛的适用价值。定量分析方法也能促使研究结论更为科学，对实践管理和政策建议更加具有适用价值。

　　本研究采用了整体网分析方法、演化博弈模型和计量回归模型分别研究了知识生态系统与创新生态系统的关系、创新生态系统演化、创新生态系统知识治理问题。通过定量分析方法的使用，得到相应的一些有价值的结论。后续的研究可以用整体网分析方法进行创新生态系统凝聚力研究，分析不同层次的创新生态系统之间的影响关系，例如，企业创新生态系统对区域创新生态系统的影响等。可以推进创新生态系统创新绩效的测量，绩效测量应该与分析层次和研究问题相关联（Ritala and Almpanopoulou，2017）。用社会计算方法分析各类创新生态系统成员跨界合作创新的机理及重构的路径等。

参考文献

［1］波洛克，克拉兹．当代知识论［M］．陈真，译．上海：复旦大学出版社，2008.

［2］曹玉娟．数字化驱动下区域科技创新的框架变化与范式重构［J］．学术论坛，2019，42（1）：110－116.

［3］车乐，吴志强．知识与生态［M］．广州：华南理工大学出版社，2013.

［4］陈劲．企业创新生态系统论［M］．北京：科学出版社，2017.

［5］陈衍泰，夏敏，李欠强，等．创新生态系统研究：定性评价，中国情境与理论方向［J］．研究与发展管理，2018，30（4）：37－53.

［6］戴亦舒，叶丽莎，董小英．创新生态系统的价值共创机制：基于腾讯众创空间的案例研究［J］．研究与发展管理，2018，30（4）：24－36.

［7］道奇森，等．牛津创新管理手册［M］．李纪珍，陈劲，译．北京：清华大学出版社，2019.

［8］德勤中国．中国创新崛起：中国创新生态发展报告2019［R］．2019.

［9］董津津，陈关聚．技术创新视角下平台生态系统形成、融合与治理研究［J］．科技进步与对策，2020，37（20）：20－26.

［10］董微微，蔡玉胜，陈阳阳．数据驱动视角下创新生态系统价值共创行为演化博弈分析［J］．工业技术经济，2021，40（12）：148－155.

［11］高静，李瑛，于建平．中国企业创新生态系统研究的知识图谱分析：来自CSSCI的数据源［J］．技术经济，2020，39（8）：43－50.

［12］高政利，梁工谦．价值性差异，知识域结构与知识计量研究：基于知识的一般性经济原理［J］．科学学研究，2009，27（6）：881－888.

［13］桂黄宝，孙璞，江密．创新资源约束区创新驱动发展形成机制：基于扎根理论的探索性分析［J］．中国科技论坛，2022（6）：75－83．

［14］和征，张志钊，杨小红．云制造创新生态系统知识共享激励的演化博弈分析［J］．中国管理科学，2022，30（7）：77－87．

［15］黄鲁成，米兰，吴菲菲．国外产业创新生态系统研究现状与趋势分析［J］．科研管理，2019，40（5）：1－12．

［16］黄鲁成．区域技术创新生态系统的特征［J］．中国科技论坛，2003（1）：23－26．

［17］霍尔，罗森伯格．创新经济学手册［M］．上海市科学学研究所，译．上海：上海交通大学出版社，2017．

［18］蒋石梅，吕平，陈劲．企业创新生态系统研究综述：基于核心企业的视角［J］．技术经济，2015，34（7）：18－23．

［19］经济合作与发展组织，欧盟统计署．奥斯陆手册：创新数据的采集和解释指南［M］．北京：科学技术文献出版社，2011．

［20］李斌，王宋涛．区域创新生态系统研究综述［J］．当代经济，2020（5）：69－71．

［21］李平，杨政银，曹仰锋．再论案例研究方法：理论与范例［M］．北京：北京大学出版社，2019．

［22］李婉红，李娜．绿色智能制造生态系统多主体协同创新的随机演化博弈［J］．运筹与管理，2022，（3）：1－10．

［23］李万，常静，王敏杰，等．创新3.0与创新生态系统［J］．科学学研究，2014，32（12）：1761－1770．

［24］李玥，马湘莹，姚锋敏，王卓．新兴产业创新服务平台生态系统协同创新演化博弈分析［J］．计算机集成制造系统，2022（6）：1－15．

［25］林艳，张欣婧．制造企业数字化转型不同阶段的影响因素：基于扎根理论的多案例研究［J］．中国科技论坛，2022（6）：123－132，142．

［26］刘钒，吴晓烨．国外创新生态系统的研究进展与理论反思［J］．自然辩证法研究，2017，33（11）：47－52．

［27］刘钒，向叙昭，吴晓烨．面向高质量发展的创新生态系统治理研究［J］．社会科学动态，2020（8）：41－46．

［28］刘军．整体网分析：UCINET软件实用指南（第三版）［M］．上

海：格致出版社，上海人民出版社，2019.

[29] 刘平峰，张旺. 创新生态系统共生演化机制研究 [J]. 中国科技论坛，2020（2）：17-27.

[30] 刘伟，游静. 基于循环型知识域生命周期模型的知识扩散路径优化研究 [J]. 研究与发展管理，2008，20（5）：22-28.

[31] 刘杨，徐艳菊. 核心企业构建的平台型创新生态系统的演化博弈研究：基于平台企业赋能的视角 [J]. 上海管理科学，2021，43（4）：60-67.

[32] 刘洋，董久钰，魏江. 数字创新管理：理论框架与未来研究 [J]. 管理世界，2020，36（7）：198-217，219.

[33] 柳卸林，董彩婷，丁雪辰. 数字创新时代：中国的机遇与挑战 [J]. 科学学与科学技术管理，2020，41（6）：3-15.

[34] 柳卸林，高雨辰，丁雪辰. 寻找创新驱动发展的新理论思维：基于新熊彼特增长理论的思考 [J]. 管理世界，2017（12）：8-19.

[35] 柳卸林，魏江，戎珂. 专稿：数字时代的创新生态 [J]. 科学学研究，2021，39（6）：961.

[36] 鲁馨蔓，张博欣，王君，李艳霞. 云计算开源生态知识共享及风险治理的演化博弈研究 [J]. 运筹与管理，2022，（7）：1-9.

[37] 吕一博，韩少杰，苏敬勤，等. 大学驱动型开放式创新生态系统的构建研究 [J]. 管理评论，2017，29（4）：68-82.

[38] 吕一博，蓝清，韩少杰. 开放式创新生态系统的成长基因：基于 iOS，Android 和 Symbian 的多案例研究 [J]. 中国工业经济，2015（5）：148-160.

[39] 梅亮，陈劲，刘洋. 创新生态系统：源起，知识演进和理论框架 [J]. 科学学研究，2014，32（12）：1771-1780.

[40] 米捷，郭彬，陈怀超，范建红. 创新生态系统内的知识势差与知识流动机制 [J]. 北京理工大学学报（社会科学版），2020，22（6）：78-87.

[41] 前瞻产业研究院. 2020 年中国数字经济发展报告 [R/OL]. https：//www. thepaper. cn/newsDetail_forward_8836276，2020.

[42] 邱栋，陈明礼. 数字平台生态系统驱动区域韧性发展的机理研究

［J］. 自然辩证法研究, 2020, 36 (10): 37-41.

［43］石新泓. 创新生态系统: IBM Inside ［J］. 商业评论, 2006 (8): 60-65.

［44］苏敬勤, 刘静. 案例研究规范性视角下二手数据可靠性研究 ［J］. 管理学报, 2013, 10 (10): 1405-1409, 1418.

［45］孙聪, 魏江. 企业层创新生态系统结构与协同机制研究 ［J］. 科学学研究, 2019, 37 (7): 1316-1325.

［46］谭劲松, 赵晓阳. 创新生态系统主体技术策略研究: 基于领先企业与跟随企业的演化博弈与仿真 ［J］. 管理科学学报, 2022, 25 (5): 13-28.

［47］汤临佳, 郑伟伟, 池仁勇. 创新生态系统的理论演进与热点前沿: 一项文献计量分析研究 ［J］. 技术经济, 2020, 39 (7): 1-9.

［48］汤森路透. 2016 年全球创新报告 ［R/OL］. http://www.199it.com/archives/495040.html, 2016.

［49］王保林, 詹湘东. 知识的效能和互补性对知识扩散的影响: 基于协调博弈的视角 ［J］. 科学学与科学技术管理, 2013, 34 (7): 45-51.

［50］王发明, 朱美娟. 创新生态系统价值共创行为协调机制研究 ［J］. 科研管理, 2019, 40 (5): 71-79.

［51］王健友. 知识治理的起源与理论脉络梳理 ［J］. 外国经济与管理, 2007, 29 (6): 19-26.

［52］危小超, 潘港美. 创新生态系统治理研究: 基于三方演化博弈的视角 ［J］. 北京邮电大学学报 (社会科学版), 2022, 24 (2): 68-78.

［53］魏江, 刘洋. 数字创新 ［M］. 北京: 机械工业出版社, 2020.

［54］魏江, 赵雨菡. 数字创新生态系统的治理机制 ［J］. 科学学研究, 2021, 39 (6): 965-969.

［55］温珺, 阎志军, 程愚. 数字经济驱动创新效应研究: 基于省际面板数据的回归 ［J］. 经济体制改革, 2020 (3): 31-38.

［56］吴建南, 郑烨, 张攀, 顾华伟. 基于共词网络分析的国内创新驱动研究热点与趋势 ［J］. 中国科技论坛, 2014 (6): 17-23.

［57］吴剑. 宁波市智能制造产业研究院: 引领市场走入研发经济时代 ［J］. 宁波通讯, 2017 (13): 27-28.

[58] 吴金希. 创新生态体系的内涵，特征及其政策含义 [J]. 科学学研究，2014，32（1）：44 – 51.

[59] 吴绍波，顾新. 战略性新兴产业创新生态系统协同创新的治理模式选择研究 [J]. 研究与发展管理，2014，26（1）：13 – 21.

[60] 解学梅，余生辉，吴永慧. 国外创新生态系统研究热点与演进脉络：基于科学知识图谱视角 [J]. 科学学与科学技术管理，2020，41（10）：20 – 42.

[61] 解学梅，王宏伟. 开放式创新生态系统价值共创模式与机制研究 [J]. 科学学研究，2020，38（5）：912 – 924.

[62] 徐淑英，任兵，吕力. 管理理论构建论文集 [M]. 北京：北京大学出版社，2016.

[63] 杨乃定，王郁，王琰，张延禄. 复杂产品研发网络中企业技术创新行为演化博弈研究 [J]. 中国管理科学，2022，（4）：1 – 13.

[64] 杨伟，周青，方刚. 产业创新生态系统数字转型的试探性治理：概念框架与案例解释 [J]. 研究与发展管理，2020，32（6）：13 – 25.

[65] 姚伟. 知识治理研究回顾：成因、现象、表现维度、机理及作用综述 [J]. 软科学，2013，27（11）：121 – 126.

[66] 于淼，朱方伟，张杰，孙昭. 知识治理：源起、前沿研究与理论框架 [J]. 科研管理，2021，42（4）：65 – 72.

[67] 余江，孟庆时，张越，张兮，陈凤. 数字创新：创新研究新视角的探索及启示 [J]. 科学学研究，2017，35（7）：1103 – 1111.

[68] 詹湘东，王保林. 区域知识管理对区域创新能力的影响研究 [J]. 管理学报，2015，12（5）：710 – 718.

[69] 詹湘东，王保林. 知识生态与都市圈创新系统研究：基于文献的述评 [J]. 科学学研究，2014，32（12）：1909 – 1920.

[70] 詹湘东，谢富纪. 外部知识网络与企业技术能力：知识距离的调节作用 [J]. 科学学与科学技术管理，2019，40（4）：76 – 93.

[71] 詹湘东，谢富纪. 网络结构对企业技术能力的作用机制：外部知识管理的中介效应 [J]. 软科学，2018，32（12）：60 – 63，70.

[72] 詹湘东. 基于用户创新社区的开放式创新研究 [J]. 中国科技论坛，2013（8）：34 – 39.

［73］詹湘东．结构资本与技术能力：外部知识管理及知识距离的作用 ［J］．科技进步与对策，2019，36（2）：144－152.

［74］詹湘东．聚焦高端创新资源 加强湖南产业技术协同创新体系建设 ［J］．科技中国，2020（2）：89－95.

［75］詹湘东．数字经济时代湖南创新驱动发展的政策研究 ［J］．科技中国，2020（12）：55－59.

［76］詹湘东．外部知识网络的创新效应及其知识管理模型研究 ［M］．北京：经济科学出版社，2017.

［77］詹湘东．知识管理与企业技术创新协同关系研究 ［J］．技术经济与管理研究，2011（11）：42－45.

［78］詹晓宁，欧阳永福．数字经济下全球投资的新趋势与中国利用外资的新战略 ［J］．管理世界，2018（3）：78－86.

［79］战睿，王海军，孟翔飞．企业创新生态系统的研究回顾与展望 ［J］．科学学与科学技术管理，2020，41（5）：179－196.

［80］张爱丽．国内外知识治理研究综述 ［J］．中国科技论坛，2011（12）：121－127.

［81］张超，陈凯华，穆荣平．数字创新生态系统：理论构建与未来研究 ［J］．科研管理，2021，42（3）：1－11.

［82］张华．合作稳定性、参与动机与创新生态系统自组织进化 ［J］．外国经济与管理，2016，38（12）：59－73，128.

［83］张龙．知识网络结构及其对知识管理的启示 ［J］．研究与发展管理，2007，19（2）：86－91.

［84］张敏，段进军．区域创新生态系统：生成的合理性逻辑与实现路径 ［J］．管理现代化，2018，38（1）：36－38.

［85］张培媛，刘春腊．长沙市马栏山视频文创产业园区位特征及其影响因素 ［J］．资源开发与市场，2019，35（6）：146－150.

［86］张维迎．博弈与社会 ［M］．北京：北京大学出版社，2013.

［87］张运生，田继双．高科技企业创新生态系统合作伙伴选择研究 ［J］．科技与经济，2011，24（5）：21－26.

［88］张运生．高科技企业创新生态系统边界与结构解析 ［J］．软科学，2008，22（11）：95－97.

［89］赵放，曾国屏. 多重视角下的创新生态系统［J］. 科学学研究，2014，32（12）：1781 - 1796.

［90］郑少芳，唐方成. 高科技企业创新生态系统的知识治理机制［J］. 中国科技论坛，2018（1）：47 - 57.

［91］Abbate T, Codini A, Aquilani B, et al. From knowledge ecosystems to capabilities ecosystems: when open innovation digital platforms lead to value co-creation［J］. Journal of the Knowledge Economy, 2022, 13（1）: 290 - 304.

［92］Adner R, Kapoor R. Value creation in innovation ecosystems: How the structure of technological interdependence affects firm performance in new technology generations［J］. Strategic Management Journal, 2010, 31（3）: 306 - 333.

［93］Adner R. Match your innovation strategy to your innovation ecosystem ［J］. Harvard Business Review, 2006, 84（4）: 98 - 107.

［94］Agrawal A, Cockburn I M. University research, industrial R&D, and the anchor tenant hypothesis［R］. National Bureau of Economic Research, 2002.

［95］Alavi M, Leidner D E. Knowledge management and knowledge management systems: Conceptual foundations and research issues［J］. MIS Quarterly, 2001, 25（1）: 107 - 136.

［96］Amburgey T L, Rao H. Organizational ecology: Past, present, and future directions［J］. Academy of Management Journal, 1996, 39（5）: 1265 - 1286.

［97］Antonelli C, Fassio C. The role of external knowledge（s）in the introduction of product and process innovations［J］. R&D Management, 2016, 46（S3）: 979 - 991.

［98］Attour A, Lazaric N. From knowledge to business ecosystems: emergence of an entrepreneurial activity during knowledge replication［J］. Small Business Economics, 2020, 54（2）: 575 - 587.

［99］Bacon E, Williams M D, Davies G H. Recipes for success: Conditions for knowledge transfer across open innovation ecosystems［J］. International Journal of Information Management, 2019, 49: 377 - 387.

［100］Baker L, Sovacool B K. The political economy of technological capabilities and global production networks in South Africa's wind and solar photovoltaic

（PV）industries［J］. Political Geography，2017，60：1 – 12.

［101］ Bakhtadze N，Suleykin A. Industrial digital ecosystems：Predictive models and architecture development issues［J］. Annual Reviews in Control，2021，51：56 – 64.

［102］ Bao A R H，Liu Y，Dong J，et al. Evolutionary game analysis of co-opetition strategy in energy big data ecosystem under government intervention［J］. Energies，2022，15（6）：2066.

［103］ Bathelt H，Cohendet P. The creation of knowledge：Local building，global accessing and economic development-toward an agenda［J］. Journal of Economic Geography，2014，14（5）：869 – 882.

［104］ Beltagui A，Rosli A，Candi M. Exaptation in a digital innovation eco-system：The disruptive impacts of 3D printing［J］. Research Policy，2020，49（1）：103833.

［105］ Bercovitz J，Feldman M. The mechanisms of collaboration in inventive teams：Composition，social networks，and geography［J］. Research Policy，2011，40（1）：81 – 93.

［106］ Bevir M，Rhodes R. Governance stories［M］. Routledge，2006.

［107］ Bowonder B，Miyake T. Technology management：A knowledge ecology perspective［J］. International Journal of Technology Management，2000，19（7 – 8）：662 – 684.

［108］ Bray D A. Knowledge Ecosystems：Technology，Motivations，Processes，and Performance［D］. Emory University，2009.

［109］ Brenner T，Cantner U，Graf H. Innovation networks：Measurement，performance and regional dimensions［J］. Industry & Innovation，2011，18（1）：1 – 5.

［110］ Breschi S，Lissoni F. Mobility of skilled workers and co-invention net-works：An anatomy of localized knowledge flows［J］. Journal of Economic Geography，2009，9（4）：439 – 468.

［111］ Briscoe G. Complex adaptive digital ecosystems［C］//Proceedings of the International Conference on Management of Emergent Digital EcoSystems，2010：39 – 46.

[112] Bristow G, Healy A. Innovation and regional economic resilience: An exploratory analysis [J]. The Annals of Regional Science, 2018, 60 (2): 265 – 284.

[113] Bulc V. Innovation ecosystem and tourism [J]. Academica Turistica-Tourism and Innovation Journal, 2011 (1): 27 – 34.

[114] Byosiere P, Luethge D J. Knowledge domains and knowledge conversion: An empirical investigation [J]. Journal of Knowledge Management, 2008, 12 (2): 67 – 78.

[115] Carayannis E G, Campbell D F J. 'Mode 3' and 'Quadruple Helix': Toward a 21st century fractal innovation ecosystem [J]. International Journal of Technology Management, 2009, 46 (3 – 4): 201 – 234.

[116] Cavallo A, Burgers H, Ghezzi A, et al. The evolving nature of open innovation governance: A study of a digital platform development in collaboration with a big science centre [J]. Technovation, 2022, 116: 102370.

[117] CeArley D, Burke B, Searle S, et al. Top 10 strategic technology trends for 2018 [J]. The Top, 2016, 10: 1 – 246.

[118] Chae B K. A General framework for studying the evolution of the digital innovation ecosystem: The case of big data [J]. International Journal of Information Management, 2019, 45: 83 – 94.

[119] Challet D, Zhang Y C. Emergence of cooperation and organization in an evolutionary game [J]. Physica A: Statistical Mechanics and its Applications, 1997, 246 (3 – 4): 407 – 418.

[120] Chapin Ⅲ F S, Matson P A, Vitousek P. Principles of terrestrial ecosystem ecology [M]. Springer Science & Business Media, 2011.

[121] Chen D N, Liang T P, Lin B. An ecological model for organizational knowledge management [J]. Journal of Computer Information Systems, 2010, 50 (3): 11 – 22.

[122] Chen D N, Liang T P. Knowledge evolution strategies and organizational performance: A strategic fit analysis [J]. Electronic Commerce Research and Applications, 2011, 10 (1): 75 – 84.

[123] Cheng C, Wang L. How companies configure digital innovation attrib-

utes for business model innovation? A configurational view ［J］. Technovation, 2022, 112: 102398.

［124］ Chesbrough H, Kim S, Agogino A. Chez Panisse: Building an open innovation ecosystem ［J］. California Management Review, 2014, 56 (4): 144 – 171.

［125］ Chesbrough H W. Open innovation: The new imperative for creating and profiting from technology ［M］. Harvard Business Press, 2003.

［126］ Chuluun T, Prevost A, Upadhyay A. Firm network structure and innovation ［J］. Journal of Corporate Finance, 2017, 44: 193 – 214.

［127］ Ciarli T, Kenney M, Massini S, et al. Digital technologies, innovation, and skills: Emerging trajectories and challenges ［J］. Research Policy, 2021, 50 (7): 104289.

［128］ Clarysse B, Wright M, Bruneel J, et al. Creating value in ecosystems: Crossing the chasm between knowledge and business ecosystems ［J］. Research Policy, 2014, 43 (7): 1164 – 1176.

［129］ Colombo M G, Dagnino G B, Lehmann E E, et al. The governance of entrepreneurial ecosystems ［J］. Small Business Economics, 2019, 52 (2): 419 – 428.

［130］ Corallo A, Protopapa S. Business networks and ecosystems: Rethinking the biological metaphor ［J］. Digital Business Ecosystems, 2007, 6064: 1 – 6.

［131］ Coskun-Setirek A, Tanrikulu Z. Digital innovations-driven business model regeneration: A process model ［J］. Technology in Society, 2021, 64: 101461.

［132］ Cristiano A, Claudio F. The role of external knowledge in the introduction of product and process innovations ［J］. Department of Economics and Statistics Cognetti de Martiis LEI & BRICK-Laboratory of Economics of Innovation "Franco Momigliano", Bureau of Research in Innovation, Complexity and Knowledge, Collegio Carlo Alberto. WP series, 2011, 46 (S3): 979 – 991.

［133］ Cunningham J A, Menter M, Wirsching K. Entrepreneurial ecosystem governance: A principal investigator-centered governance framework ［J］. Small

Business Economics, 2019, 52 (2): 545 – 562.

[134] Cusumano M. Technology strategy and management: The evolution of platform thinking [J]. Communications of the ACM, 2010, 53 (1): 32 – 34.

[135] Dattée B, Alexy O, Autio E. Maneuvering in poor visibility: How firms play the ecosystem game when uncertainty is high [J]. Academy of Management Journal, 2018, 61 (2): 466 – 498.

[136] Dedehayir O, Mäkinen S J, Ortt J R. Roles during innovation ecosystem genesis: A literature review [J]. Technological Forecasting and Social Change, 2018, 136: 18 – 29.

[137] Deloitte. Deloitte state of AI in the enterprise (2nd ed.). Deloitte LLC, 2018. Retrieved from www. deloitte. com/insights/stateofai.

[138] Dhanaraj C, Parkhe A. Orchestrating innovation networks [J]. Academy of Management Review, 2006, 31 (3): 659 – 669.

[139] De Marco A, Scellato G, Ughetto E, et al. Global markets for technology: Evidence from patent transactions [J]. Research Policy, 2017, 46 (9): 1644 – 1654.

[140] Den Ouden E. Innovation design: Creating value for people, organizations and society [M]. Springer Science & Business Media, 2011.

[141] De Reuver M, Sørensen C, Basole R C. The digital platform: A research agenda [J]. Journal of Information Technology, 2018, 33 (2): 124 – 135.

[142] De Vasconcelos Gomes L A, de Faria A M, Borini F M, et al. Dispersed knowledge management in ecosystems [J]. Journal of Knowledge Management, 2021, 25 (4): 796 – 825.

[143] De Vasconcelos Gomes L A, Facin A L F, Salerno M S, et al. Unpacking the innovation ecosystem construct: Evolution, gaps and trends [J]. Technological Forecasting and Social Change, 2018, 136: 30 – 48.

[144] De Vasconcelos Gomes L A, Salerno M S, Phaal R, et al. How entrepreneurs manage collective uncertainties in innovation ecosystems [J]. Technological Forecasting and Social Change, 2018, 128: 164 – 185.

[145] Dosi G. Technological paradigms and technological trajectories: A suggested interpretation of the determinants and directions of technical change [J].

Research Policy, 1982, 11 (3): 147 –162.

[146] Dougherty D, Dunne D D. Digital science and knowledge boundaries in complex innovation [J]. Organization Science, 2012, 23 (5): 1467 –1484.

[147] Eisenhardt K M, Martin J A. Dynamic capabilities: What are they? [J]. Strategic Management Journal, 2000, 21 (10 –11): 1105 –1121.

[148] Eisenhardt K M. Building theories from case study research [J]. Academy of Management Review, 1989, 14 (4): 532 –550.

[149] Elia G, Margherita A, Passiante G. Digital entrepreneurship ecosystem: How digital technologies and collective intelligence are reshaping the entrepreneurial process [J]. Technological Forecasting and Social Change, 2020, 150: 1 –12.

[150] Erden Z, Klang D, Sydler R, et al. Knowledge-flows and firm performance [J]. Journal of Business Research, 2014, 67 (1): 2777 –2785.

[151] Fai F M. Using intellectual property data to analyse China's growing technological capabilities [J]. World Patent Information, 2005, 27 (1): 49 –61.

[152] Ferasso M, Takahashi A R W, Gimenez F A P. Innovation ecosystems: A meta-synthesis [J]. International Journal of Innovation Science, 2018, 10 (4): 495 –518.

[153] Fichman R G, Dos Santos B L, Zheng Z. Digital innovation as a fundamental and powerful concept in the information systems curriculum [J]. MIS Quarterly, 2014, 38 (2): 329 –A15.

[154] Firk S, Gehrke Y, Hanelt A, et al. Top management team characteristics and digital innovation: Exploring digital knowledge and TMT interfaces [J]. Long Range Planning, 2022, 55 (3): 102166.

[155] Fitzgerald M, Kruschwitz N, Bonnet D, et al. Embracing digital technology: A new strategic imperative [J]. MIT Sloan Management Review, 2014, 55 (2): 3 –12.

[156] Foss N J, Mahoney J T. Exploring knowledge governance [J]. International Journal of Strategic Change Management, 2010, 2 (2 –3): 93 –101.

[157] Friedman D. Evolutionary games in economics [J]. Econometrica:

Journal of the Econometric Society, 1991, 59 (3): 637 –666.

[158] Frishammar J, Richtnér A, Brattström A, et al. Opportunities and challenges in the new innovation landscape: Implications for innovation auditing and innovation management [J]. European Management Journal, 2019, 37 (2): 151 –164.

[159] Fuster E, Padilla-Meléndez A, Lockett N, et al. The emerging role of university spin-off companies in developing regional entrepreneurial university eco-systems: The case of Andalusia [J]. Technological Forecasting and Social Change, 2019, 141: 219 –231.

[160] Fu W, Diez J R, Schiller D. Interactive learning, informal networks and innovation: Evidence from electronics firm survey in the Pearl River Delta, China [J]. Research Policy, 2013, 42 (3): 635 –646.

[161] Gamidullaeva L. Towards combining the innovation ecosystem concept with intermediary approach to regional innovation development [C] //MATEC Web of Conferences. EDP Sciences, 2018, 212: 09017.

[162] Gawer A, Cusumano M A. Industry platforms and ecosystem innovation [J]. Journal of Product Innovation Management, 2014, 31 (3): 417 –433.

[163] Gawer A, Cusumano M A. Platform leadership: How Intel, Microsoft, and Cisco drive industry innovation [M]. Boston, MA: Harvard Business School Press, 2002.

[164] Gawer A, Henderson R. Platform owner entry and innovation in complementary markets: Evidence from Intel [J]. Journal of Economics & Management Strategy, 2007, 16 (1): 1 –34.

[165] Gawer A. Bridging differing perspectives on technological platforms: Toward an integrative framework [J]. Research Policy, 2014, 43 (7): 1239 – 1249.

[166] Giebels D, van Buuren A, Edelenbos J. Knowledge governance for ecosystem-based management: Understanding its context-dependency [J]. Environmental Science & Policy, 2016, 55: 424 –435.

[167] Ginige A, De Silva L, Ginige T, et al. Towards an agriculture knowledge ecosystem: A social life network for farmers in Sri Lanka [C]. 9th Conference

of the Asian Federation for Information Technology in Agriculture – 2014, L. Armstrong and A. Neuhaus (eds.), Perth, Australia: Australian Society of Information ad Communication Technologies in Agriculture Inc., 2014, 170 – 179.

[168] Ginsberg A, Horwitch M, Mahapatra S, et al. Ecosystem strategies for complex technological innovation: The case of smart grid development [C] // PICMET 2010 Technology Management for Global Economic Growth. IEEE, 2010: 1 – 8.

[169] Gold A H, Malhotra A, Segars A H. Knowledge management: An organizational capabilities perspective [J]. Journal of Management Information Systems, 2001, 18 (1): 185 – 214.

[170] Grandori A. Governance structures, coordination mechanisms and cognitive models [J]. Journal of Management & Governance, 1997 (1): 29 – 47.

[171] Granovetter M. The impact of social structure on economic outcomes [J]. Journal of Economic Perspectives, 2005, 19 (1): 33 – 50.

[172] Granstrand O, Holgersson M. Innovation ecosystems: A conceptual review and a new definition [J]. Technovation, 2020, 90 – 91: 1 – 12.

[173] Grimpe C, Kaiser U. Balancing internal and external knowledge acquisition: The gains and pains from R&D outsourcing [J]. Journal of Management Studies, 2010, 47 (8): 1483 – 1509.

[174] Guittard C, Schenk E, Burger – Helmchen T. Crowdsourcing and the evolution of a business ecosystem [J]. Advances in Crowdsourcing, 2015: 49 – 62.

[175] Gupta R, Mejia C, Kajikawa Y. Business, innovation and digital ecosystems landscape survey and knowledge cross sharing [J]. Technological Forecasting and Social Change, 2019, 147: 100 – 109.

[176] Haeussler C, Patzelt H, Zahra S A. Strategic alliances and product development in high technology new firms: The moderating effect of technological capabilities [J]. Journal of Business Venturing, 2012, 27 (2): 217 – 233.

[177] Hanseth O, Lyytinen K. Design theory for dynamic complexity in information infrastructures: The case of building internet [J]. Journal of Information Technology, 2010, 25 (1): 1 – 19.

[178] Hao X, Liu G, Zhang X, et al. The coevolution mechanism of stake-

holder strategies in the recycled resources industry innovation ecosystem: The view of evolutionary game theory [J]. Technological Forecasting and Social Change, 2022, 179: 121627.

[179] Helfat C E, Raubitschek R S. Dynamic and integrative capabilities for profiting from innovation in digital platform-based ecosystems [J]. Research Policy, 2018, 47 (8): 1391 – 1399.

[180] Henfridsson O, Mathiassen L, Svahn F. Managing technological change in the digital age: The role of architectural frames [J]. Journal of Information Technology, 2014, 29 (1): 27 – 43.

[181] Henfridsson O, Nandhakumar J, Scarbrough H, et al. Recombination in the open-ended value landscape of digital innovation [J]. Information and Organization, 2018, 28 (2): 89 – 100.

[182] Henfridsson Y O Y, Lyytinen K. The new organizing logic of digital innovation: An agenda for information systems research [J]. Information Systems Research, 2010, 21 (4): 724 – 735.

[183] Hevner A, Gregor S. Envisioning entrepreneurship and digital innovation through a design science research lens: A matrix approach [J]. Information & Management, 2020, 59 (3): 103350.

[184] Hinings B, Gegenhuber T, Greenwood R. Digital innovation and transformation: An institutional perspective [J]. Information and Organization, 2018, 28 (1): 52 – 61.

[185] Hofbauer J, Sigmund K. Evolutionary game dynamics [J]. Bulletin of the American Mathematical Society, 2003, 40 (4): 479 – 519.

[186] Holgersson M, Granstrand O, Bogers M. The evolution of intellectual property strategy in innovation ecosystems: Uncovering complementary and substitute appropriability regimes [J]. Long Range Planning, 2018, 51 (2): 303 – 319.

[187] Holmström J. Recombination in digital innovation: Challenges, opportunities, and the importance of a theoretical framework [J]. Information and Organization, 2018, 28 (2): 107 – 110.

[188] Huber T L, Kude T, Dibbern J. Governance practices in platform eco-

systems: Navigating tensions between cocreated value and governance costs [J].
Information Systems Research, 2017, 28 (3): 563 – 584.

[189] Hund A, Wagner H T, Beimborn D, et al. Digital innovation:
Review and novel perspective [J]. The Journal of Strategic Information Systems,
2021, 30 (4): 101695.

[190] Iansiti M, Levien R. Strategy as ecology [J]. Harvard Business
Review, 2004, 82 (3): 68 – 78, 126.

[191] Iansiti M, Levien R. The keystone advantage: What the new dynamics
of business ecosystems mean for strategy, innovation, and sustainability [M].
Harvard Business Press, 2004.

[192] Inoue Y. Indirect innovation management by platform ecosystem govern-
ance and positioning: Toward collective ambidexterity in the ecosystems [J].
Technological Forecasting and Social Change, 2021, 166: 120652.

[193] Ismail S. Exponential Organizations: Why new organizations are ten
times better, faster, and cheaper than yours (and what to do about it) [M]. Di-
version Books, 2014.

[194] Jackson D J. What is an innovation ecosystem [J]. National Science
Foundation, 2011, 1 (2): 1 – 13.

[195] Jahanmir S F, Cavadas J. Factors affecting late adoption of digital
innovations [J]. Journal of Business Research, 2018, 88: 337 – 343.

[196] Jean R J B, Sinkovics R R, Kim D. Antecedents and outcomes of
supplier innovativeness in international customer-supplier relationships: the role of
knowledge distance [J]. Management International Review, 2017, 57 (1):
121 – 151.

[197] Jin Z, Zeng S, Chen H, et al. Creating value from diverse knowl-
edge in megaproject innovation ecosystems [J]. International Journal of Project
Management, 2022, 40 (6): 646 – 657.

[198] Järvi K, Almpanopoulou A, Ritala P. Organization of knowledge eco-
systems: Prefigurative and partial forms [J]. Research Policy, 2018, 47 (8):
1523 – 1537.

[199] Kallinikos J, Aaltonen A, Marton A. The ambivalent ontology of digit-

al artifacts [J]. Mis Quarterly, 2013, 37 (2): 357 – 370.

[200] Kavusan K, Noorderhaven N G, Duysters G M. Knowledge acquisition and complementary specialization in alliances: The impact of technological overlap and alliance experience [J]. Research Policy, 2016, 45 (10): 2153 – 2165.

[201] Ketels C H M, Memedovic O. From clusters to cluster-based economic development [J]. International Journal of Technological Learning, Innovation and Development, 2008, 1 (3): 375 – 392.

[202] Khin S, Ho T C F. Digital technology, digital capability and organizational performance: A mediating role of digital innovation [J]. International Journal of Innovation Science, 2020, 11 (2): 177 – 195.

[203] Klein A, Sørensen C, de Freitas A S, et al. Understanding controversies in digital platform innovation processes: The Google Glass case [J]. Technological Forecasting and Social Change, 2020, 152: 119883.

[204] Kokkinakos P, Markaki O, Koussouris S, et al. Digital technology and innovation trajectories in the Mediterranean region: A casualty of or an antidote to the economic crisis? [J]. Telematics and Informatics, 2017, 34 (5): 697 – 706.

[205] Kolloch M, Dellermann D. Digital innovation in the energy industry: The impact of controversies on the evolution of innovation ecosystems [J]. Technological Forecasting and Social Change, 2018, 136: 254 – 264.

[206] Koskinen K, Bonina C, Eaton B. Digital platforms in the global south: Foundations and research agenda [C] //International conference on social implications of computers in developing countries. Springer, Cham, 2019: 319 – 330.

[207] Kwak D W, Seo Y J, Mason R. Investigating the relationship between supply chain innovation, risk management capabilities and competitive advantage in global supply chains [J]. International Journal of Operations & Production Management, 2018, 38 (1): 2 – 21.

[208] Lee C, Lee K, Pennings J M. Internal capabilities, external networks, and performance: A study on technology-based ventures [J]. Strategic Management Journal, 2001, 22 (6 – 7): 615 – 640.

[209] Lerner J, Brynjolfsson E, Kahin B. Small business, innovation, and public policy in the information technology industry [M]//Understanding the Digital Economy, Data, Tools and Research, MIT Press, Cambridge, 2000.

[210] Li W, Vanelslander T, Liu W, et al. Co-evolution of port business ecosystem based on evolutionary game theory [J]. Journal of Shipping and Trade, 2020, 5 (1): 1 – 16.

[211] Lotakov I. The Essential Eight technologies: How to prepare for their impact [J/OL]. 2016. https://www.pwc.ru/ru/new-site-conte nt/2016-global-tech-megat rends-eng. pdf. Accessed 21 Nov 2020.

[212] Lütjen H, Schultz C, Tietze F, et al. Managing ecosystems for service innovation: A dynamic capability view [J]. Journal of Business Research, 2019, 104: 506 – 519.

[213] Luo J. Architecture and evolvability of innovation ecosystems [J]. Technological Forecasting and Social Change, 2018, 136: 132 – 144.

[214] Malerba F. Sectoral systems of innovation and production [J]. Research Policy, 2002, 31 (2): 247 – 264.

[215] Malhotra Y. Information ecology and knowledge management: Toward knowledge ecology for hypertubulent organizational environments, encyclopedia of Life Support Systems (EOLSS) [M]. UK Oxford: UNESCO/Eolss Publishers, 2002: 100 – 120.

[216] Maracine V, Scarlat E. Dynamic knowledge and healthcare knowledge ecosystems [J]. Electronic Journal of Knowledge Management, 2009, 7 (1): 99 – 110.

[217] March J G. Exploration and exploitation in organizational learning [J]. Organization Science, 1991, 2 (1): 71 – 87.

[218] Markkula M, Kune H. Making smart regions smarter: Smart specialization and the role of universities in regional innovation ecosystems [J]. Technology Innovation Management Review, 2015, 5 (10): 7 – 15.

[219] Martin R, Sunley P. Path dependence and regional economic evolution [J]. Journal of Economic Geography, 2006, 6 (4): 395 – 437.

[220] Martínez-Noya A, García-Canal E. Technological capabilities and the

decision to outsource/outsource offshore R&D services [J]. International Business Review, 2011, 20 (3): 264 – 277.

[221] Mazzucato M, Robinson D K R. Co-creating and directing Innovation Ecosystems? NASA's changing approach to public-private partnerships in low-earth orbit [J]. Technological Forecasting and Social Change, 2018, 136: 166 – 177.

[222] Mendling J, Pentland B T, Recker J. Building a complementary agenda for business process management and digital innovation [J]. European Journal of Information Systems, 2020, 29 (3): 208 – 219.

[223] Metcalfe S, Ramlogan R. Innovation systems and the competitive process in developing economies [J]. The Quarterly Review of Economics and Finance, 2008, 48 (2): 433 – 446.

[224] Moore J F. Business ecosystems and the view from the firm [J]. The Antitrust Bulletin, 2006, 51 (1): 31 – 75.

[225] Moore J F. Predators and prey: A new ecology of competition [J]. Harvard Business Review, 1993, 71 (3): 75 – 86.

[226] Moore J F. The death of competition: leadership and strategy in the age of business ecosystems [M]. HarperCollins, 2016.

[227] Murray R, Caulier-Grice J, Mulgan G. The open book of social innovation [M]. London: National Endowment for Science, Technology and the Art, 2010.

[228] Murthy V K, Krishnamurthy E V. Entropy and smart systems [J]. International Journal of Smart Engineering System Design, 2003, 5 (4): 481 – 490.

[229] Nambisan S. Architecture vs. ecosystem perspectives: Reflections on digital innovation [J]. Information and Organization, 2018, 28 (2): 104 – 106.

[230] Nambisan S, Sawhney M. Orchestration processes in network-centric innovation: Evidence from the field [J]. Academy of Management Perspectives, 2011, 25 (3): 40 – 57.

[231] Nambisan S, Lyytinen K, Majchrzak A, et al. Digital innovation management [J]. MIS quarterly, 2017, 41 (1): 223 – 238.

[232] Nelson R R. An evolutionary theory of economic change [M]. Harvard

University Press, 2009.

[233] Nicholls A, Simon J, Gabriel M. Introduction: Dimensions of social innovation [M] //New frontiers in social innovation research. Palgrave Macmillan, London, 2015: 1 - 26.

[234] Nielsen P. Digital innovation: A research agenda for information systems research in developing countries [C] //International Conference on Social Implications of Computers in Developing Countries. Springer, Cham, 2017: 269 - 279.

[235] Ning L, Wang F, Li J. Urban innovation, regional externalities of foreign direct investment and industrial agglomeration: Evidence from Chinese cities [J]. Research Policy, 2016, 45 (4): 830 - 843.

[236] Nischak F, Hanelt A. Ecosystem change in the era of digital innovation—A longitudinal analysis and visualization of the automotive ecosystem [J]. ICIS 2019 Proceedings, 2019, (5): 1 - 17.

[237] Nonaka I, Konno N. The concept of "Ba": Building a foundation for knowledge creation [J]. California Management Review, 1998, 40 (3): 40 - 54.

[238] Nonaka I. A dynamic theory of organizational knowledge creation [J]. Organization Science, 1994, 5 (1): 14 - 37.

[239] Nylén D, Holmström J. Digital innovation strategy: A framework for diagnosing and improving digital product and service innovation [J]. Business Horizons, 2015, 58 (1): 57 - 67.

[240] OECD. LEED Forum on Social Innovation [EB/OL]. http://www.oecd.org/fr/regional/leed/social-innovation.htm, 2011.

[241] Offenberg J. Balancing between mutualism and exploitation: The symbiotic interaction between Lasius ants and aphids [J]. Behavioral Ecology and Sociobiology, 2001, 49 (4): 304 - 310.

[242] Oh D S, Phillips F, Park S, et al. Innovation ecosystems: A critical examination [J]. Technovation, 2016, 54: 1 - 6.

[243] Overholm H. Collectively created opportunities in emerging ecosystems: The case of solar service ventures [J]. Technovation, 2015, 39: 14 - 25.

[244] Oyelaran-Oyeyinka B. Knowledge networks and technological capabili-

ties in the African manufacturing cluster [J]. Science, Technology and Society, 2003, 8 (1): 1 - 23.

[245] Papaioannou T, Wield D, Chataway J. Knowledge ecologies and ecosystems? An empirically grounded reflection on recent developments in innovation systems theory [J]. Environment and Planning C: Government and Policy, 2009, 27 (2): 319 - 339.

[246] Peltoniemi M. Preliminary theoretical framework for the study of business ecosystems [J]. Emergence: Complexity & Organization, 2006, 8 (1): 10 - 19.

[247] Poblete L, Kadefors A, Rådberg K K, et al. Temporality, temporariness and keystone actor capabilities in innovation ecosystems [J]. Industrial Marketing Management, 2022, 102: 301 - 310.

[248] Pombo-Juárez L, Könnölä T, Miles I, et al. Wiring up multiple layers of innovation ecosystems: Contemplations from Personal Health Systems Foresight [J]. Technological Forecasting and Social Change, 2017, 115: 278 - 288.

[249] Por G, Molloy J. Nurturing Systemic Wisdom through Knowledge Ecology [J]. The Systems Thinker, 2000, 11 (8): 1 - 5.

[250] Por G. Designing knowledge ecosystems for communities of practice [C] //Präsentation an der ICM conference on Knowledge Management. 1997: 29 - 30.

[251] Powell W W, Koput K W, Smith-Doerr L. Interorganizational collaboration and the locus of innovation: Networks of learning in biotechnology [J]. Administrative Science Quarterly, 1996, 41 (1): 116 - 145.

[252] Radziwon A, Bogers M. Open innovation in SMEs: Exploring interorganizational relationships in an ecosystem [J]. Technological Forecasting and Social Change, 2019, 146: 573 - 587.

[253] Rao B, Jimenez B. A comparative analysis of digital innovation ecosystems [C] //2011 Proceedings of PICMET'11: Technology Management in the Energy Smart World (PICMET). IEEE, 2011: 1 - 12.

[254] Rayna T, Striukova L. Open innovation 2. 0: is co-creation the ultimate challenge? [J]. International Journal of Technology Management, 2015, 69 (1): 38 - 53.

[255] Reynolds E B, Uygun Y. Strengthening advanced manufacturing inno-

vation ecosystems: The case of Massachusetts [J]. Technological Forecasting and Social Change, 2018, 136: 178 - 191.

[256] Ritala P, Almpanopoulou A. In defense of 'eco' in innovation ecosystem [J]. Technovation, 2017, 60: 39 - 42.

[257] Robertson J. Competition in Knowledge Ecosystems: A Theory Elaboration Approach Using a Case Study [J]. Sustainability, 2020, 12 (18): 7372.

[258] Romijn H, Albaladejo M. Determinants of innovation capability in small electronics and software firms in southeast England [J]. Research Policy, 2002, 31 (7): 1053 - 1067.

[259] Roper S, Love J H, Bonner K. Firms' knowledge search and local knowledge externalities in innovation performance [J]. Research Policy, 2017, 46 (1): 43 - 56.

[260] Russell M G, Smorodinskaya N V. Leveraging complexity for ecosystemic innovation [J]. Technological Forecasting and Social Change, 2018, 136: 114 - 131.

[261] Salazar A, Gonzalez J M H, Duysters G, et al. The value for innovation of inter-firm networks and forming alliances: A meta-analytic model of indirect effects [J]. Computers in Human Behavior, 2016, 64: 285 - 298.

[262] Santoro G, Bresciani S, Papa A. Collaborative modes with cultural and creative industries and innovation performance: The moderating role of heterogeneous sources of knowledge and absorptive capacity [J]. Technovation, 2020, 92: 102040.

[263] Scaringella L, Radziwon A. Innovation, entrepreneurial, knowledge, and business ecosystems: Old wine in new bottles? [J]. Technological Forecasting and Social Change, 2018, 136: 59 - 87.

[264] Schumpeter J, Backhaus U. The theory of economic development [M] //Joseph Alois Schumpeter. Springer, Boston, MA, 2003: 61 - 116.

[265] Seo H, Chung Y, Yoon H D. R&D cooperation and unintended innovation performance: Role of appropriability regimes and sectoral characteristics [J]. Technovation, 2017, 66: 28 - 42.

[266] Shaw D R, Allen T. Studying innovation ecosystems using ecology the-

ory [J]. Technological Forecasting and Social Change, 2018, 136: 88 – 102.

[267] Sigmund K, Nowak M A. Evolutionary game theory [J]. Current Biology, 1999, 9 (14): R503 – R505.

[268] Srivastava M K, Gnyawali D R. When do relational resources matter? Leveraging portfolio technological resources for breakthrough innovation [J]. Academy of Management Journal, 2011, 54 (4): 797 – 810.

[269] Stuermer M, Abu-Tayeh G, Myrach T. Digital sustainability: Basic conditions for sustainable digital artifacts and their ecosystems [J]. Sustainability Science, 2017, 12 (2): 247 – 262.

[270] Summit N I I, Competitiveness C O. Innovate America : National Innovation Initiative summit and report [M]. Council on Competitiveness, 2005.

[271] Surie G. Creating the innovation ecosystem for renewable energy via social entrepreneurship: Insights from India [J]. Technological Forecasting and Social Change, 2017, 121: 184 – 195.

[272] Suseno Y, Laurell C, Sick N. Assessing value creation in digital innovation ecosystems: A Social Media Analytics approach [J]. The Journal of Strategic Information Systems, 2018, 27 (4): 335 – 349.

[273] Su Y S, Kajikawa Y, Tsujimoto M, et al. Innovation ecosystems: Theory, evidence, practice, and implications [J]. Technological Forecasting and Social Change, 2018, 136: 14 – 17.

[274] Su Y S, Zheng Z X, Chen J. A multi-platform collaboration innovation ecosystem: the case of China [J]. Management Decision, 2018, 56 (1): 125 – 142.

[275] Talmar M, Walrave B, Podoynitsyna K S, et al. Mapping, analyzing and designing innovation ecosystems: The Ecosystem Pie Model [J]. Long Range Planning, 2020, 53 (4): 101850.

[276] Tansley A G. The use and abuse of vegetational concepts and terms [J]. Ecology, 1935, 16 (3): 284 – 307.

[277] Teece D J. Explicating dynamic capabilities: The nature and micro-foundations of (sustainable) enterprise performance [J]. Strategic Management Journal, 2007, 28 (13): 1319 – 1350.

[278] Teece D J. Profiting from innovation in the digital economy: Enabling technologies, standards, and licensing models in the wireless world [J]. Research Policy, 2018, 47 (8): 1367 – 1387.

[279] Teece D J. Profiting from technological innovation: Implications for integration, collaboration, licensing and public policy [J]. Research Policy, 1986, 15 (6): 285 – 305.

[280] Tengö M, Brondizio E S, Elmqvist T, et al. Connecting diverse knowledge systems for enhanced ecosystem governance: The multiple evidence base approach [J]. Ambio, 2014, 43 (5): 579 – 591.

[281] Thomson A J. How should we manage knowledge ecosystems? Using adaptive knowledge management! [J]. Reynolds K, Thomson AJK ~ hl M, et al. Sustainable Forestry: From Monitoring And Modeling to Knowledge Management And Policy Science. Ox-ford, Oxford University Press, 2007: 461 – 479.

[282] Tilson D, Lyytinen K, Sørensen C. Research commentary—Digital infrastructures: The missing IS research agenda [J]. Information Systems Research, 2010, 21 (4): 748 – 759.

[283] Tomlinson P R. Co-operative ties and innovation: Some new evidence for UK manufacturing [J]. Research Policy, 2010, 39 (6): 762 – 775.

[284] Torfing J, Ansell C. Strengthening political leadership and policy innovation through the expansion of collaborative forms of governance [J]. Public Management Review, 2017, 19 (1): 37 – 54.

[285] Tortora D, Chierici R, Briamonte M F, et al. 'I digitize so I exist'. Searching for critical capabilities affecting firms' digital innovation [J]. Journal of Business Research, 2021, 129: 193 – 204.

[286] Trocin C, Hovland I V, Mikalef P, et al. How Artificial Intelligence affords digital innovation: A cross-case analysis of Scandinavian companies [J]. Technological Forecasting and Social Change, 2021, 173: 121081.

[287] Tsai W. Knowledge transfer in intra organizational networks: Effects of network position and absorptive capacity on business unit innovation and performance [J]. Academy of Management Journal, 2001, 44 (5): 996 – 1004.

[288] Tushman M L, Anderson P. Technological discontinuities and organi-

zational environments [J]. Administrative Science Quarterly, 1986, 31 (3): 439 – 465.

[289] Urbinati A, Chiaroni D, Chiesa V, et al. The role of digital technologies in open innovation processes: An exploratory multiple case study analysis [J]. R&D Management, 2020, 50 (1): 136 – 160.

[290] Usai A, Fiano F, Petruzzelli A M, et al. Unveiling the impact of the adoption of digital technologies on firms' innovation performance [J]. Journal of Business Research, 2021, 133: 327 – 336.

[291] Valkokari K. Business, innovation, and knowledge ecosystems: How they differ and how to survive and thrive within them [J]. Technology Innovation Management Review, 2015, 5 (8): 17 – 23.

[292] Van der Borgh M, Cloodt M, Romme A G L. Value creation by knowledge-based ecosystems: Evidence from a field study [J]. R&D Management, 2012, 42 (2): 150 – 169.

[293] Varadarajan R, Welden R B, Arunachalam S, et al. Digital product innovations for the greater good and digital marketing innovations in communications and channels: Evolution, emerging issues, and future research directions [J]. International Journal of Research in Marketing, 2022, 39 (2): 482 – 501.

[294] Vega-Jurado J, Gutiérrez-Gracia A, Fernández-de-Lucio I. Does external knowledge sourcing matter for innovation? Evidence from the Spanish manufacturing industry [J]. Industrial and Corporate Change, 2009, 18 (4): 637 – 670.

[295] Velu C. Knowledge management capabilities of lead firms in innovation ecosystems [J]. AMS Review, 2015, 5 (3 – 4): 123 – 141.

[296] Viardot E. Redefining collaborative innovation in the digital economy [M] //Strategy and communication for innovation. Springer, Cham, 2017: 265 – 290.

[297] Walrave B, Talmar M, Podoynitsyna K S, et al. A multi-level perspective on innovation ecosystems for path-breaking innovation [J]. Technological Forecasting and Social Change, 2018, 136: 103 – 113.

[298] Wareham J, Fox P B, Cano Giner J L. Technology ecosystem govern-

ance [J]. Organization Science, 2014, 25 (4): 1195 – 1215.

[299] Weber M L, Hine M. Who inhabits a business ecosystem? The techno-species as a unifying concept [J]. Technology Innovation Management Review, 2015, 5 (5): 31 – 44.

[300] Weil H B, Sabhlok V P, Cooney C L. The dynamics of innovation ecosystems: A case study of the US biofuel market [J]. Energy Strategy Reviews, 2014, 3: 88 – 99.

[301] Weitzman M L. Hybridizing growth theory [J]. The American Economic Review, 1996, 86 (2): 207 – 212.

[302] Westley F, Antadze N. Making a difference: Strategies for scaling social innovation for greater impact [J]. Innovation Journal, 2010, 15 (2): 1 – 19.

[303] Whittington K B, Owen-Smith J, Powell W W. Networks, propinquity, and innovation in knowledge-intensive industries [J]. Administrative Science Quarterly, 2009, 54 (1): 90 – 122.

[304] Williamson P J, De Meyer A. Ecosystem advantage: How to successfully harness the power of partners [J]. California Management Review, 2012, 55 (1): 24 – 46.

[305] Willis A J. The ecosystem: An evolving concept viewed historically [J]. Functional Ecology, 1997, 11 (2): 268 – 271.

[306] Witte P, Slack B, Keesman M, et al. Facilitating start-ups in port-city innovation ecosystems: A case study of Montreal and Rotterdam [J]. Journal of Transport Geography, 2018, 71: 224 – 234.

[307] Wrede M, Velamuri V K, Dauth T. Top managers in the digital age: Exploring the role and practices of top managers in firms' digital transformation [J]. Managerial and Decision Economics, 2020, 41 (8): 1549 – 1567.

[308] Wright M. Academic entrepreneurship, technology transfer and society: Where next? [J]. The Journal of Technology Transfer, 2014, 39 (3): 322 – 334.

[309] Wu J, Ye R M, Ding L, et al. From "transplant with the soil" toward the establishment of the innovation ecosystem: A case study of a leading high-tech company in China [J]. Technological Forecasting and Social Change, 2018,

136：222 – 234.

[310] Wu Y, Gu F, Ji Y, Guo, J. , Fan, Y. Technological capability, eco-innovation performance, and cooperative R&D strategy in new energy vehicle industry：Evidence from listed companies in China [J]. Journal of Cleaner Production, 2020, 261：121157.

[311] Wu L, Chen J L. Knowledge management driven firm performance：The roles of business process capabilities and organizational learning [J]. Journal of Knowledge Management, 2014, 18 (6)：1141 – 1164.

[312] Xu G, Wu Y, Minshall T, et al. Exploring innovation ecosystems across science, technology, and business：A case of 3D printing in China [J]. Technological Forecasting and Social Change, 2018, 136：208 – 221.

[313] Yablonsky S. A multidimensional framework for digital platform innovation and management：From business to technological platforms [J]. Systems Research and Behavioral Science, 2018, 35 (4)：485 – 501.

[314] Yoo Y, Boland Jr R J, Lyytinen K, et al. Organizing for innovation in the digitized world [J]. Organization Science, 2012, 23 (5)：1398 – 1408.

[315] Yoo Y, Henfridsson O, Lyytinen K. Research commentary—the new organizing logic of digital innovation：An agenda for information systems research [J]. Information Systems Research, 2010, 21 (4)：724 – 735.

[316] Zahra S A, George G. Absorptive capacity：A review, reconceptualization, and extension [J]. Academy of Management Review, 2002, 27 (2)：185 – 203.

[317] Zhan X, Xie F. Knowledge Activities of External Knowledge Network and Technological Capability：Evidence from China [J]. Journal of the Knowledge Economy, 2022, (2)：1 – 28.

[318] Zmiyak S S, Ugnich E A, Taranov P M. Development of a regional innovation ecosystem：The role of a pillar university [M] //Growth poles of the global economy：Emergence, changes and future perspectives. Springer, Cham, 2020：567 – 576.

后记

　　组织的创新实践中，生态系统是目前诠释多类型、异质性组织合作与协同创新等的创新机理最契合的创新范式。党的二十大报告指出，要"形成具有全球竞争力的开放创新生态"，创新生态系统研究也将面向更多更广阔的需求。从攻读硕士研究生开始，我就开始关注创新管理与知识管理研究，在文章《知识管理在企业技术创新中的作用》中提出了知识管理对技术创新的作用。后来在知识生态与都市圈创新系统的研究中对组织外部知识网络、多元化组织生态化聚集创新以及创新生态的研究产生浓厚兴趣，开始着重创新生态系统的研究。

　　本专著是在我承担的国家社会科学基金项目"知识生态化视阈下创新生态系统演进范式与治理机制研究"（16BGL035）的结题成果基础上修改完善而成。课题研究成果得到了诸多评审专家特别有价值的评审意见，在此谨向全国社会科学规划办公室以及各位评审专家表示衷心感谢。此外，本书也得到了湖南省教育科学"十三五"规划2017年度课题"地方高校科研合作网络的知识治理：机理、模型与策略"（XJK17BJG008）的资助。

　　如今，国家创新体系战略需求、数字经济发展、数字创新涌现推动创新生态系统研究跃入一个新的阶段，新现象和新需求催生理论的创新，新的场景要求新的研究方法的介入。尽管相关项目已经结题，但研究不会停止。在本书出版之际，我再次获得国家社科基金项目立项，课题为"数字化创新生态下组织跨界合作创新网络演化机理及重构策略研究"（22BGL036），并有幸承担主持了国家社会科学基金重大项目的子课题"聚焦关键核心技术突破的国家创新体系生态系统研究"（21&ZD130）（首席专家为上海交通大学谢富纪教授）。我将继续推动数字创新、知识管理、创新生态系统等领域新的问题的研究，扎根中国创新实践情境与场景，学习国内外相关前沿研究成果与方法，持续深度深化问题的思考，产生更多研究成果。

学术研究重在新知识探索。由于精力有限，书中难免出现纰漏和不足，敬请各位读者进行批评指正。

詹湘东

2022 年 12 月